GROUP

中国建投 ｜ 远见成就未来

中国建投研究丛书·报告系列
JIC Institute of Investment Research Books · Report

中国文化消费投资发展报告（2020）

ANNUAL REPORT ON THE DEVELOPMENT OF
CULTURAL CONSUMPTION INVESTMENT IN CHINA (2020)

主编／建投华文投资有限责任公司　中国人民大学创意产业技术研究院

社会科学文献出版社
SOCIAL SCIENCES ACADEMIC PRESS (CHINA)

总　序

　　一千多年前，维京海盗抢掠的足迹遍及整个欧洲。南临红海，西到北美，东至巴格达，所到之处无不让人闻风丧胆，所经之地无不血流成河。这个在欧洲大陆肆虐整整三个世纪的悍匪民族却在公元1100年偃旗息鼓，过起了恬然安定的和平生活。个中缘由一直在为后人猜测、追寻，对历史的敬畏与求索从未间歇。2007年，在北约克郡哈罗盖特（曾属维京人居住领域）的山谷中出土了大量来自欧洲各国的货币，各种货币发行时间相差半年，"维京之谜"似因这一考古圈的重大发现而略窥一斑——他们的财富经营方式改变了，由掠夺走向交换；他们懂得了市场，学会了贸易，学会了资金的融通与衍生——而资金的融通与衍生改变了一个民族的文明。

　　投资，并非现代社会的产物；借贷早在公元前1200年～公元前500年的古代奴隶社会帝国的建立时期便已出现。从十字军东征到维京海盗从良，从宋代的交子到犹太人的高利贷，从郁金香泡沫带给荷兰的痛殇到南海泡沫树立英国政府的诚信丰碑，历史撰写着金融发展的巨篇。随着现代科学的进步，资金的融通与衍生逐渐成为一国发展乃至世界发展的重要线索。这些事件背后的规律与启示、经验与教训值得孜孜探究与不辍研习，为个人、企业乃至国家的发展提供历久弥新的助力。

　　所幸更有一批乐于思考、心怀热忱的求知之士勤力于经济、金融、投资、管理等领域的研究。于经典理论，心怀敬畏，不惧求索；于实践探索，尊重规律，图求创新。此思索不停的精神、实践不息的勇气当为勉励，实践与思索的成果更应为有识之士批判借鉴、互勉共享。

　　调与金石谐，思逐风云上。"中国建投研究丛书"是中国建银投资有限责任公司组织内外部专家在回顾历史与展望未来的进程中，深入地体察和研究市场发展及经济、金融之本性、趋向和后果，结合自己的职业活动，精制而成。本"丛书"企望提供对现代经济管理与金融投资多角度的认知、借鉴与参考。如果能够引起读者的兴趣，进而收获思想的启迪，即是编者的荣幸。

是为序。

张睦伦

2012 年 8 月

编辑说明

中国建银投资有限责任公司（以下简称集团）是一家综合性投资集团，投资覆盖金融服务、工业制造、文化消费、信息技术等行业领域，横跨多层次资本市场及境内外区域。集团下设的投资研究院（以下简称建投研究院）重点围绕国内外宏观经济发展趋势、新兴产业投资领域，组织开展理论与应用研究，促进学术交流，培养专业人才，提供优秀的研究成果，为投资研究和经济社会发展贡献才智。

"中国建投研究丛书"（以下简称"丛书"）收录建投研究院组织内外部专家的重要研究成果，根据系列化、规范化和品牌化运营的原则，按照研究成果的方向、定位、内容和形式等将"丛书"分为报告系列、论文系列、专著系列和案例系列。报告系列为行业年度综合性出版物，汇集集团各层次的研究团队对相关行业和领域发展态势的分析与预测，对外发表年度观点。论文系列为建投研究院组织业界知名专家围绕市场备受关注的热点或主题展开深度探讨，强调前沿性、专业性和理论性。专著系列为内外部专家针对某些细分行业或领域进行体系化的深度研究，强调系统性、思想性和市场深度。案例系列为建投研究院对国内外投资领域案例的分析、总结和提炼，强调创新性和实用性。希望通过"丛书"的编写和出版，为政府相关部门、企业、研究机构以及社会各界读者提供参考。

本研究丛书仅代表作者本人或研究团队的独立观点，不代表中国建投集团的商业立场。文中不妥及错漏之处，欢迎广大读者批评指正。

《中国文化消费投资发展报告(2020)》编辑委员会

主　　　编：杜鹏飞　白连永　宋洋洋
常务副主编：何文进
执 行 主 编：张璐璐　邱子亿　刘一琳　齐　悦
特 别 鸣 谢：（按姓氏笔画）
　　　　　　　王　鑫　王晓辉　申　波　刘　辉　刘　锋
　　　　　　　刘川郁　邹正宇　沈黎晖　张云帆　张凌云
　　　　　　　赵文权　侯建彬　袁国良　贾　伟　徐毛毛
　　　　　　　翁志超　康海钧　雷彬艺　解建军

建投华文投资有限责任公司简介

建投华文投资有限责任公司（简称"建投华文"）是中国建投在文化传媒、消费品及服务、医疗健康领域进行战略布局的专业投资和运营平台，成立于2013年10月，总部位于北京。

建投华文遵循价值投资核心理念，把握中国消费升级的投资主线，坚持做根植本土、布局全球、持续整合、提升价值的战略性投资，加强在文化传媒、消费品及服务、医疗健康等领域的基础产业布局的同时，助推中国产业转型升级。

中国人民大学创意产业技术研究院

  中国人民大学创意产业技术研究院是中国人民大学与北京市政府合作共建的重点项目，是中国人民大学文化领域科研平台和转化窗口，是依托顶级高校学术资源的文化产业高端专业智库。研究院现有专家库成员 30 余位，常驻研究团队 10 余位，建设并运营"文化和旅游部产业公共服务平台""文化品牌评测技术文化和旅游部重点实验室"，受科技部、中宣部委托，承担"国家文化和科技融合示范基地管理办公室"部分工作，承担中宣部、文化和旅游部、科技部、国家广电总局、国家新闻出版署等部委政策咨询、标准制定等课题几十项，与全国 20 余家省市宣传、文化系统合作研究区域文化产业规划、园区规划等课题几十项，每年持续发表在业内具有核心影响力的论文、专著、产业指数、排行榜单等数十项。随着文化产业的进一步发展，研究院将继续整合中国人民大学文化产业相关研究资源，深化文化产业理论和政策的研究，与各级政府领导、学者、企业家、投资者一起，为中国文化产业的发展提供智力支持、理论支撑和公共服务。

序　言

随着我国经济从高速增长向高质量发展迈进，经济增长的动力格局发生了重大变化，消费已经成为拉动我国经济增长的第一动力。互联网技术革命催生了共享经济、移动支付等新兴生活方式，以数字经济和新零售为代表的新消费时代已经来临。从挥舞指尖的移动支付到扫码即走的共享出行，从足不出户的外卖美食到自动买单的智能超市，从全景智能的虚拟导购到多感官互动的沉浸式体验……从来没有哪一个时代会像今天这样，消费方式和场景在互联网、大数据、人工智能、VR/AR等高科技冲击下快速演变。新冠肺炎疫情期间，投资缓慢、出口受阻，消费领域催生了"无接触服务""云旅游""云逛展""云音乐"等众多新消费场景，不仅在一定程度上对冲了疫情带来的损失，而且有效带动了消费升级。新形势、新技术助催下的新消费必将释放出更多的潜能。

目前，我国社会主要矛盾已经转化为人民日益增长的美好生活需要和不平衡不充分的发展之间的矛盾。满足人们的美好生活新期待，一方面需要提供丰富且优质的精神文化产品；另一方面需要文化赋能推动国民消费转型升级。文化消费是文化产业链的终端环节和文化市场发展的"晴雨表"，消费需求的变化可以倒逼供给端产品和服务升级，提供更加多样化、个性化、智能化、情景化的文化产品和服务，更好地满足人们的美好生活需要。此外，美好生活需要推动我国消费步入"品质时代"，人们的消费需求从"物质型"向"品质型"跃迁，更加追求美学创意、设计创新，喜欢有文化气质、有格调的产品和体验，热衷于选择高颜值、高品质、高性价比的"三高"产品。这需要文化元素的注入，需要依靠文化赋能带动我国消费向"品质型"转变。

时下，新技术加持下的文化消费对推动国民经济转型升级、提升国民幸福感具有重要意义。在此形势下,《中国文化消费投资发展报告(2020)》从行业发展和资本运作双视角,全面分析我国文化消费发展和投融资状况,致力于为政府、学者、文化企业和投资企业提供我国文化消费投资发展最新的理论与实践,为政策制定、行业发展与投融资决策提供参考和借鉴,进而有效激发文化消费潜力。本报告的主要特色亮点和创新点如下。

1. 本报告是首部反映文化消费行业发展与投融资情况的报告集。报告分为"总报告""文化企业篇""投资企业篇"三部分,从政策分析、行业发展、投融资表现、文化企业案例、投资企业案例等方面进行了深入剖析,对于全面了解我国文化消费行业发展和投融资状况具有重要意义。

2. 报告内容既有理论高度又贴近行业实际。本报告主编方为中国人民大学创意产业技术研究院和建投华文投资有限责任公司。前者作为国内最早研究文化消费的专业学术机构之一,依托人大优势学术资源,参与文化消费多项课题研究和标准制定,为本报告撰写积累了大量创作素材。后者长期专注于文化传媒、消费品及服务等文化消费领域的专业投资和运营,为本报告提供了翔实的投资数据分析。两家机构的合作能充分发挥专业学术研究机构和市场投资机构的叠加优势,让报告内容既具有前瞻学术高度,又贴近行业发展实际。

3. 运用大量一手案例素材反映行业和投资发展走势。通过团队调研和专家推荐等方式,遴选了16家覆盖文化消费各细分领域、具有典型代表性的优质文化企业和3家不同类型的投资企业,采用了大量来自企业的一手素材,有利于深刻剖析文化消费各行业运营模式及发展状况,力求对文化企业转型升级及投资趋势给出宝贵的借鉴和启示。

4. 打通文化消费行业和资本市场信息壁垒。一方面,本报告对文化消费各行业和典型案例进行阐释,有利于金融机构加强对文化消费领域的基本理解和估值判断,提高投资成功率。另一方面,对投资机构在文化消费行业的投资逻辑和趋势进行分析,有利于文化企业更精准地把握投资偏好和行业走势，提升发展效益。

本报告收集整理并深入分析了文化消费相关的政策动向、最新的行业发展和投资数据以及典型案例，对于准确把握文化消费政策导向、行业发展状态与走势以及投资重点等，有重要的学术借鉴和决策参考价值，希望能助力"后疫情时代"文化消费提质扩容，让文化消费的潜力充分释放，为经济高质量发展聚合强劲的"文化动力"。

中国人民大学党委常委、副校长

2020 年 5 月 27 日

目　录

总报告

中国文化传媒和消费行业政策趋势分析与展望 …………………… ／003
中国文化传媒行业投资趋势分析与展望 ………………………………… ／031
中国文化消费行业投资趋势分析与展望 ………………………………… ／095

文化企业篇

故宫文化：博物馆文化创意事业的践行与创新 …………………… ／123
腾讯动漫：国漫行业生态建设者 ………………………………………… ／133
蓝色光标：从公关市场领头羊到开启智能营销时代 ……………… ／143
洛可可设计：颠覆式创新 ………………………………………………… ／157
猪八戒网：众包服务的独角兽 …………………………………………… ／167
朝宗文旅：江上知音　武汉倒影 ………………………………………… ／177
东道：品牌创意进化者 …………………………………………………… ／187
摩登天空：践行"音乐+"之路 …………………………………………… ／197
无忧传媒：拥抱MCN发展的黄金时代 ……………………………… ／213
巅峰智业：开启创新发展之道 …………………………………………… ／225
新湃传媒：用"90后"的语言讲述中国故事 ……………………… ／235

掌阅科技：引领品质阅读……………………………………………／245
纵横文学：打造以网络文学为核心的全球化泛娱乐生态…………／255
鲲池影业：抓住海外视角打造年轻内容厂牌………………………／271
咕咚运动：在体育产业大发展时代下开启互联网体育事业………／285
作业帮：学习的变革——以科技驱动在线教育新供给……………／301

投资企业篇

北京银行：文化金融"排头兵"………………………………………／319
敦鸿资产：在大科技时代，做好文化科技投资……………………／329
盛景嘉成：追求安全前提下的中长期复利回报……………………／347

附　录

2019年中国文化消费行业大事记……………………………………／361

总报告

中国文化传媒和消费行业政策趋势分析与展望　／003

中国文化传媒行业投资趋势分析与展望　／031

中国文化消费行业投资趋势分析与展望　／095

中国文化传媒和消费行业政策趋势分析与展望

辛婷婷　冯　格　姚洁洁　卢　琪　袁春健

一 2019年文化消费政策分析

消费作为市场流通的最终环节，受消费需求、产品供给和消费环境等因素的综合影响。近两年，我国相关政府部门相继出台多项文化消费政策，如《国务院办公厅关于进一步激发文化和旅游消费潜力的意见》《关于促进消费扩容提质加快形成强大国内市场的实施意见》等，从消费侧、供给侧和消费环境等方面综合发力，全面激活消费需求，丰富产品供给，优化消费环境，推动文化消费提质扩容，不断增强文化消费对经济增长的拉动作用。特别是新冠肺炎疫情之后，着力刺激文化消费，对冲疫情带来的影响，形成经济发展新动能。

（一）宏观政策分析

1. 需求侧：多点布局，激活消费需求

（1）提升消费能力。

相关政策从增加收入和消费时间两个层面，着力提升居民文化消费能力。一是稳就业，促增收。《国务院办公厅关于应对新冠肺炎疫情影响强化稳就业举措的实施意见》《国务院关于进一步做好稳就业工作的意见》《人力资源社会保障部国务院扶贫办关于应对新冠肺炎疫情进一步做好就业扶贫工作的通知》提出要鼓励企业吸纳就业，扶持创业，重点做好深度贫困地区的就业帮扶，推动就业增收。多部门联合发布的《关于促进消费扩容提质加快形成强大国内市场的实施意见》强调支持农民工、高校毕业生、退役军人等人员返乡入乡创业，挖掘新型农业经营主体增收潜力；丰富和规范居民投资理财产品……探索赋予农民对集体资产股份的占有、收益、有偿退出及通过抵押、担保、继承权，以增加居民财产性收入，挖掘消费潜力。《国家级文化生态保护区管理办法》《关于推进非遗扶贫就业工坊建设的通知》《关于2019年全国优选文化和旅游投融资项目推荐遴选工作的通知》《关于开展全国乡村旅游重点村名录建设工作的通知》鼓励依托项目培训传统技艺，带动就业，促进增收。二是鼓励增加休闲时间。《国务院办公厅关于进一步激发文化和旅游消费潜力的意见》强调要落实带薪休假制度，鼓励结合工作和个人需求分段灵活安排带薪年休假、错峰休假。此外，为促进新冠肺炎疫情后经济复苏，推动消费恢复，浙江、江西及甘肃省陇南市等省市出台相关政策，鼓励一周4.5天弹性工作制，每周休闲时间增至2.5天。

（2）提高消费便利度。

相关政策鼓励文化消费场所提高消费便利度。《国务院办公厅关于进一步激发文化和旅游消费潜力的意见》提出从以下三个方面提升文化消费便利度：一是实施移动支付便民示范工程，推广互联网新兴支付方式，提高消费场所支付便捷度；二是引导文化娱乐和景区景点等消费场所采用网络售票、二维码验票；三是提高通信网络覆盖率，科学规划旅游交通路线和站点设置，提供网络智能化出行信息服务。《关于促进消费扩容提质加快形成强大国内市场的实施意见》针对入境旅游提出要推动出入境便利、支付便利、离境退税、免税业等，提升入境游客消费便利度。

（3）创新消费金融产品。

相关政策鼓励开发新型文化消费信贷产品和金融服务模式，深挖文化消费潜力。《国务院办公厅关于进一步激发文化和旅游消费潜力的意见》《国务院办公厅关于加快发展体育竞赛表演产业的指导意见》《中华人民共和国文化产业促进法（草案送审稿）》等政策皆提出鼓励和支持金融机构开发新型文化消费信贷产品。其中，《国务院办公厅关于进一步激发文化和旅游消费潜力的意见》明确提出消费分期等用户权益，并开发文化消费信贷业务，创新消费信贷抵质押模式，开发不同首付比例、期限和还款方式的文化消费信贷产品。

(4) 加大消费补贴。

相关政府部门通过政府购买、发行消费券等方式加大文化消费补贴。《国务院办公厅关于进一步激发文化和旅游消费潜力的意见》鼓励推动景区、演出、大型公共体育场馆等门票减免，举办文化和旅游消费季、消费月，举办数字文旅消费体验等活动。在依法合规的前提下鼓励发行文化和旅游消费联名银行卡并给予特惠商户折扣、消费分期等用户权益。此外，近期为对冲新冠肺炎疫情的影响，各地发放消费券、行业券等来补贴商户和消费者。《北京市文化改革和发展领导小组办公室关于应对新冠肺炎疫情影响促进文化企业健康发展的若干措施》提出进一步扩大惠民文化消费电子券发放范围，发放行业专用券，对受疫情影响严重的行业进行重点支持；并提出加大疫情后政府采购基层公益性演出的力度，扩大惠民低价票政策补贴范围，做到能补尽补。南京预计发放总额3.18亿元的消费券，宁波发放1亿元的文化和旅游惠民消费券，济南发放2000万元文旅消费券，大力刺激消费和提振消费信心。

2. 供给侧：提质升级，优化供给体系

(1) 壮大经营主体。

部分政策鼓励各文化领域结合行业特点培育和壮大市场主体。一是鼓励通过推进股权融资、并购重组来推动形成大型经营集团。《关于促进旅游演艺发展的指导意见》提出要推动旅游演艺经营主体与相关企业合作，打造跨界融合的产业集团。《关于推动广播电视和网络视听产业高质量发展的意见》提出要引导生产要素向优势企业集中，培育大型专业化主体，加快推进融合新媒体资源整合，鼓励其开展跨地区、跨行业、跨所有制并购重组，打造拥有较强实力和竞争力的新型媒体融合集团和综合性产业集团。二是扶持有特色的中小型企业和中介机构发展壮大。《关于促进旅游演艺发展的指导意见》鼓励各地通过政府购买等方式，扶持有特色、有前景的中小型经营主体。《关于加快发展体育竞赛表演产业的指导意见》提出要充分发挥中介咨询机构作用，鼓励其向体育竞赛表演机构提供信息咨询、人员培训等服务。

(2) 优化产品和服务。

部分政策鼓励通过丰富产品供给、改善产品品质、提升公共文化服务效能来优化产品和服务。一是丰富产品供给。《国务院办公厅关于进一步激发文化和旅游消费潜力的意见》鼓励丰富产品类型，拓展文化消费广度和深度，促进演艺、旅游、娱乐等行业创新发展，扩大文化和旅游产品及服务有效供给。二是提升产品品质。《关于推进非遗扶贫就业工坊建设的通知》提出要积极引入高校、企业和行业组织等相关资源，帮助非遗工坊发展提升传统工艺产品，改善产品设计，提升整体品质，对接市场需求。《国家出版产业基地（园区）管理办法》强调基地建设要着力加快出版产业优化升级，为人民群众提供更加优质的出版产品和服务。三是推动景区提质扩容。《国务院办公厅关于进一步激发文化和旅游消费潜力的意见》支持各地对旅游景区设施设备进行更新换代，推动产品创新和项目升级；提出打造一批高品质旅游景区，优化游览线路和方式，扩展游览空间。四是提升公共文化服务效能。《公共数字文化工程融合创新发展实施方案》提出要建立群众文化需求反馈机制，针对不同服务场景、特定服务人群精准推送公共数字文化产品。

(3) 发展文化新业态。

众多政策提出鼓励和优先支持发展文化新业态。一是鼓励发展线上线下融合消费新业态。《关于促进消费扩容提质加快形成强大国内市场的实施意见》提出要完善"互联网+"消费生态体系，鼓励建设"智慧商店""智慧街区""智慧商圈"，促进线上线下互动、商旅文体协同，建设一批线上线下融合的新消费体验馆，促进消费新业态、新模式、新场景的普及应用。二是鼓励发展文化科技融合新业态。《国务院办公厅关于进一步激发文化和旅游消费潜力的意见》提出促进文化、旅游与现代技术相互融合，发展基于5G、超高清、增强现实、虚拟现实、人工智能等技术的新一代沉浸式体验型文化和旅游消费内容。《国家广播电视总局关于统筹疫情防控和推动广播电视行业平稳发展有关政策措施的通知》提出加快发展超高清视频、虚拟现实、可穿戴设备等新型信息产品,推动居民家庭文化消费升级。三是优先支持文化新业态新模式项目。《关于2019年全国优选文化和旅游投融资项目推荐遴选工作的通知》提出优先支持包括动漫游戏、网络音乐、网络文学、数字艺术、数字文化装备、互联网旅游等与数字技术、互联网融合项目,以及体育旅游、康养旅游、研学旅游等旅游新业态项目等在内的文化、旅游产业新业态、新模式项目。

(4)完善基础设施和配套。

部分政策提出要利用好社会资金和财政投入,改善文化基础设施和服务供给。一是改善文化消费基础设施和配套服务供给。《国务院办公厅关于进一步激发文化和旅游消费潜力的意见》提出要用好各类资金支持各地文化和旅游基础设施建设,支持部分地区发展支线航空、通用航空服务,鼓励老旧厂房再次开发利用,落实土地、用水用电等方面政策支持。二是推进科技支撑类基础设施建设。2020年中共中央政治局常务委员会会议强调,加快5G基建、大数据中心、人工智能、工业互联网等新型基础设施建设。《关于促进文化和科技深度融合的指导意见》提出要完善文化大数据基础设施和应用设施的装备配备。

(5)注重品牌培育。

部分政策积极推动文化产业重点领域品牌化建设。一是培育传统文化工艺品牌。《国家级文化生态保护区管理办法》提出国家级文化生态保护区建设管理机构应当挖掘区域内传统工艺项目资源,培养一批能工巧匠,培育一批知名品牌,推动传统工艺振兴。二是加强旅游品牌培育和建设。《关于实施旅游服务质量提升计划的指导意见》探索建立优质旅游服务承诺标识和管理制度,建立完善优质旅游服务品牌培育、评价和推广机制,积极参与"中国品牌日"活动。《关于促进消费扩容提质加快形成强大国内市场的实施意见》提出要提升国家级旅游度假区品质和品牌影响力。《关于促进旅游演艺发展的指导意见》提出鼓励旅游演艺经营主体开发具有自主知识产权的产品，努力形成拥有自主知识产权的核心技术和知名品牌。三是开展平台品牌建设。《关于促进平台经济规范健康发展的指导意见》鼓励平台进一步拓展服务范围，加强品牌建设，提升服务品质，发展便民服务新业态，延伸产业链和带动扩大就业。

（6）点亮夜间经济。

部分政策关注和鼓励夜间经济发展，推动培育夜间消费市场。一是鼓励打造夜间消费场景。《关于加快发展流通促进商业消费的意见》鼓励主要商圈和特色商业街与文化、旅游、休闲等相互融合，适当延长营业时间，开设深夜营业专区、24小时便利店和"深夜食堂"等特色餐饮街区。有条件的地方可加大投入，打造夜间消费场景和集聚区，提高夜间消费的活跃度。二是推动发展夜间文旅经济。《国务院办公厅关于进一步激发文化和旅游消费潜力的意见》鼓励有条件的旅游景区在保证安全、避免扰民的情况下开展夜间游览服务，丰富夜间文化演出市场，优化文化和旅游场所的夜间餐饮、购物、演艺等服务，鼓励建设24小时书店等。《文化和旅游部关于进一步加强演出市场管理的通知（征求意见稿）》支持具备条件的A级旅游景区、全域旅游示范区、特色小镇发展音乐、戏剧、杂技、舞蹈等具有地方文化特色的旅游演出项目，促进夜间演出消费。

3. 发展环境：规范秩序，改善消费环境

（1）完善消费领域信用体系。

部分政策引导完善信用体系建设。一是完善社会信用体系建设。《关于加快推进社会信用体系建设构建以信用为基础的新型监管机制的指导意见》提出按照依法依规、改革创新、协同共治的原则，通过健全纵贯事前、事中、事后全监管环节的新型信用监管机制，全力开展社会信用体系建设。二是推进消费领域信用体系建设。《关于促进消费扩容提质加快形成强大国内市场的实施意见》强调通过完善个人信息保护制度和消费后评价制度，依托全国信用信息共享平台、金融信用信息基础数据库等，建立健全企业和相关人员信用记录，并逐步实现行政许可、行政处罚、产品抽检结果、缺陷产品召回等不涉及国家秘密、商业秘密或者个人隐私的信息依法向全社会公开等措施，全力推进消费领域信用体系建设。

（2）优化知识产权服务。

部分政策强化知识产权保护，优化知识产权服务。一是加强知识产权保护。《关于强化知识产权保护的意见》提出不断改革完善知识产权保护体系，综合运用法律、行政、经济、技术、社会治理手段强化保护，促进保护能力和水平整体提升。《专利领域严重失信联合惩戒对象名单管理办法（试行）》提出为加快专利领域信用体系建设，提出建立严重失信联合惩戒对象名单，对专利领域有过重复专利侵权行为、不依法执行行为、专利代理严重违法行为、专利代理人资格证书挂靠行为、非正常申请专利行为、提供虚假文件行为的严重失信联合惩戒对象实施行为认定、列入名单、联合惩戒、移出名单以及信用修复等措施。二是推进知识产权领域监管改革。《关于深化知识产权领域"放管服"改革营造良好营商环境的实施意见》提出要提升知识产权审查质量和效率，推动知识产权监管制度创新，强化知识产权保护，提升知识产权服务水平。三是完善知识产权信息公共服务。《关于新形势下加快建设知识产权信息公共服务体系的若干意见》提出要整合公共资源拓展服务渠道，加快建设国家知识产权大数据中心和知识产权公共服务平台、区域或专业性信息公共服务节点、社会化信息服务机构，不断完善知识产权信息公共服务体系。

（3）加强消费者权益保护。

部分政策要求加强消费者权益保护。《关于促进消费扩容提质加快形成强大国内市场的实施意见》提出要加强12315行政执法体系和消费者维权信息化建设，形成线上线下一体的消费者维权服务体系，通过落实和完善网络、实体店商品以及特色旅游商品无理由退货制度，利用网络、广播电视等进行消费投诉信息公示，并充分发挥媒体监督功能，加大对违法行为的曝光力度等措施，加强对消费者权益的行政保护。《优化营商环境条例》提出市场主体应当遵守法律法规，诚实守信、公平竞争，履行安全、质量、消费者权益保护方面的法定义务。

(4) 加强市场监管执法。

部分政策要求加强市场监管和综合执法。《国务院办公厅关于进一步激发文化和旅游消费潜力的意见》提出要严格市场监管执法，包括严厉打击违法违规经营行为，加强对文化和旅游市场的安全管理，强化对文化娱乐和旅游设施的质量安全监管。《文化市场综合执法管理条例》（征求意见稿）详细规定了文化市场综合执法行为，不断强化对文化市场的综合执法管理，推动文化市场繁荣健康发展。《关于促进平台经济规范健康发展的指导意见》提出依托国家"互联网+监管"等系统，推动监管平台与企业平台联通，加强交易、支付、物流、出行等第三方数据分析比对，开展信息监测、在线证据保全、在线识别、源头追溯，增强对行业风险和违法违规线索的发现识别能力，实现以网管网、线上线下一体化监管。

(5) 推进行业标准建设。

部分政策文件不断强化标准规范建设。国务院制定的《优化营商环境条例》，提出了一系列全国统一的制度、标准，着力解决长期以来由于各地、各行业相关制度、标准不一而阻碍市场主体发展的问题。该条例提出建立全国统一的营商环境评价体系、市场主体维权服务平台、企业登记业务规范、数据标准和平台服务接口、社会信用代码、市场准入负面清单、全国一体化在线政务服务平台、动产和权利担保登记公示系统等措施，这将推动文化市场标准和规范逐渐走向统一，也将进一步推进文化市场公平、公正营商环境的形成。此外，相关政府部门发布的《舞台灯光控制台通用技术条件》《无线广播电视遥控监测站工程技术标准》《工业电视系统工程设计标准》等文件将有效推动我国文化传媒行业产品和服务标准化建设。

(6) 健全法律法规体系。

《中华人民共和国文化产业促进法（草案送审稿）》公布，文化产业高质量发展将得到方向引导和法律保障。2019年12月13日，司法部公布了《中华人民共和国文化产业促进法（草案送审稿）》，该草案送审稿围绕

"促进什么"和"怎么促进"这两个有关文化产业发展的关键环节和核心要素，着重在创作生产、文化企业、文化市场三个关键环节发力，在人才、科技、金融财税等方面予以政策扶持和保障。该草案送审稿在文化消费部分提出营造良好的文化消费环境和氛围，改善文化消费条件，培育新型文化消费模式，引导和促进文化消费。这为促进文化消费和文化产业发展提供了全方位的扶持和法律保障。

（二）文化传媒行业政策分析

1. 加强对出版产业基地和出版物重大选题备案的管理

出版业相关政策加强对国家出版产业基地（园区）和出版物重大选题备案的规范管理，推进出版业优化升级和健康发展。一是加强国家出版产业基地（园区）管理。《国家出版产业基地（园区）管理办法》提出基地应注重统筹区域经济发展布局，推进资源的优化配置、集聚融合，改革创新，加快出版产业优化升级，国家新闻出版署为被认定的基地提供政策倾斜、交流培训、基地内项目入库绿色通道、优先基金支持等扶植政策，以进一步规范和加强国家出版产业基地（园区）管理，强化产品内容建设，推动出版产业高质量发展。二是加强出版物重大选题备案工作。《图书、期刊、音像制品、电子出版物重大选题备案办法》要求列入备案范围内涉及国家安全、社会稳定等方面内容的重大选题，图书、期刊等出版物出版单位在出版之前，应当依照该办法报国家新闻出版署备案。未经备案批准的，不得出版发行。

2. 着力推进旅游演艺转型升级

演艺业相关政策着力推进旅游演艺转型升级，并加强对演出行业的内容审核和现场监管。一是促进旅游演艺产业发展。《关于促进旅游演艺发展的指导意见》强调要提升创作水平，推进业态创新，壮大经营主体，树立精品意识，培育一批旅游演艺品牌和竞争力强、信誉度高的经营主体，推进产业链条更加完善。二是加强演出内容审核和现场监管。《文化和旅游部关于进一步加强演出市场管理的通知（征求意见稿）》提出要加强对脱口秀、相声以及先锋话剧、实验话剧等语言类节目的内容审核和现场监管，严防人员踩踏等事故风险。对于沉浸式演出活动，提出要做好演出全流程审核，防止演出过程中出现封建迷信、血腥恐怖等违规内容。

3. 加强对优质内容创作生产传播的引导和扶持

影视业相关政策加强对优质内容创作生产传播的引导和扶持，同时进一步规范了未成年人节目管理。一是加大对优秀内容创作生产传播的支持力度。《国家广播电视总局关于统筹疫情防控和推动广播电视行业平稳发展有关政策措施的通知》提出鼓励围绕疫情防控和经济社会发展重大决策部署，创作生产优秀的影视作品，优先列入重点选题和资金扶持范围，加大资金扶持力度，并提出加强对"智慧广电"新产品、新业态、新模式支持。《超高清视频产业发展行动计划（2019～2022年）》提出加快4K、8K等超高清技术在广播电视领域的应用，创新内容生产，丰富超高清电视节目有效供给。二是加强广播电视对脱贫攻坚的支持。《国家广播电视总局关于开展智慧广电专项扶贫行动的通知》提出要开展"电视+电商"等专项扶贫活动，发挥广播电视在产销助农、品牌强农等方面的作用。《关于做好脱贫攻坚题材电视剧创作播出工作的通知》提出各级电视台要加大脱贫攻坚题材电视剧购买、排播力度，讲好脱贫攻坚故事。三是规范未成年人节目管理。《未成年人节目管理规定》指出未成年人节目不得含有渲染暴力、血腥、恐怖等内容，防止未成年人节目出现商业化、成人化和过度娱乐化倾向。

4. 推动网络视听产业内容提质升级

网络视听产业相关政策加强网络视听内容管理，推动网络视听产业提质升级。一是推动网络视听产业高质量发展。《关于推动广播电视和网络视听产业高质量发展的意见》强调要进一步推动广播电视和网络视听的创作作品丰富化和制作精良化，加快智慧广电建设，提升网络综合承载能力和智能化水平，推动产业提质升级。二是加强网络音视频信息服务内容管理。《网络音视频信息服务管理规定》提出网络音视频信息服务提供者应当落实信息内容安全管理主体责任，对音视频信息服务进行安全评估，不得制作、发布、传播虚假新闻信息，依法依约停止传输和消除含有法律法规禁止的信息内容的视频信息。

5. 加强对网络游戏及游戏设备的规范管理

游戏业相关政策加强对网络游戏以及游戏游艺设备的规范管理，引导游戏产业健康发展。《关于防止未成年人沉迷网络游戏的通知》提出实行网络游戏用户账号实名注册，严格控制未成年人游戏时长，规范未成年人付费游戏服务，探索适龄提示制度等措施，防止未成年人沉迷网络游戏。《游戏游艺设备管理办法》提出鼓励研发生产拥有自主知识产权、内容健康向上，具有运动体验、技能训练、益智教育、亲子互动等功能的游戏游艺设备，禁止生产、进口、销售、经营具有安全隐患以及违法违规内容的游戏游艺设备，强调加强对游戏游艺设备的内容审核和监督管理，促进行业健康发展。

6. 不断强化网络广告监管

广告业政策不断强化网络广告监管，整治虚假违法广告。《整治虚假违法广告部际联席会议2020年工作要点》和《整治虚假违法广告部际联席会议工作制度》具体工作内容包括：一是加强广告导向监管。清理整治含有"软色情"内容等低俗庸俗媚俗广告，依法严肃查处妨碍社会公共秩序、违背社会良好风尚、造成恶劣社会影响的涉及导向问题的违法广告。二是治理规范网络广告。加大对网络媒体、媒介广告的监管力度，夯实互联网平台责任，严肃查处平台和机构违规广告行为。三是强化广告协同监管。加强部门间沟通及信息共享，强化联合部署、联合约谈告诫、联合执法、联合调研，提升部际联席会议协调调度能力。健全完善重点案件联合督办机制，对重大违法案件实行统一挂牌督办。

7. 推动旅游产业提质升级

旅游业相关政策强调要提高旅游服务质量，推动旅游产业提质升级。一是提升旅游服务质量。《关于实施旅游服务质量提升计划的指导意见》提出提升旅游区点、旅行社的服务水平，规范和优化旅游住宿、在线旅游经营服务，提高导游和领队业务能力，建立完善旅游信用体系，不断增强旅游市场秩序治理能力，提升旅游服务质量，推动旅游业高质量发展。二是规范国家旅游区发展。《国家级旅游度假区管理办法》规范国家级旅游度假区的认定和管理，促进旅游度假区高质量发展。三是推进乡村旅游提质升级。《促进乡村旅游发展提质升级行动方案（2018～2020年）》重点提出要完善交通基础设施建设、改善农村居住环境，健全乡村旅游产品和服务标准，引导社会资本投入乡村旅游建设等，推进乡村旅游提质扩容。《关于金融支持全国乡村旅游重点村建设的通知》提出要通过加大信贷投放、推进产品创新、促进乡村消费等金融措施扶持重点村发展，并积极推广"景区开发贷""景区收益权贷""美丽乡村贷""惠农 e 贷""农家乐贷""个人生产经营贷"等乡村旅游特色信贷产品，加快推动重点村乡村旅游产业升级。

（三）消费行业政策分析

1. 大力促进就业，就业优先战略

2019 年《政府工作报告》首次将"就业优先"政策置于宏观政策层面，稳就业、促就业政策力度明显加大。一是 2019 年 4 月 30 日，国务院常务会议召开，确定使用 1000 亿元失业保险基金结余实施职业技能提升行动，通过高职院校扩招 100 万人实施方案。二是人力资源和社会保障部发文开展就业政策落实服务落地专项行动，并联合发改委等八部门发文部署切实做好化解过剩产能中职工安置的工作。三是人力资源和社会保障部组织开展 2019 年全国高校毕业生就业服务行动，部署积极拓宽就业领域、加

强就业服务、强化就业权益保护、全力做好兜底保障等工作。四是教育部办公厅、退役军人事务部办公厅、财政部办公厅发文部署全面做好退役士兵职业教育工作，部署加大招生力度，灵活开展教育教学，加强就业指导服务。五是人力资源和社会保障部、财政部部署进一步精简证明材料和优化申办程序，充分便利就业补贴政策享受。六是2019年12月4日国务院常务会议再次部署进一步多措并举做好稳就业工作，要求大力支持灵活就业。

2. 减税降费，减轻个人所得税负担

2019年以来，中央全面落实了新一轮个税改革，推出六项"个税专项附加扣除"。根据国家统计局公布的《中华人民共和国2019年国民经济和社会发展统计公报》，全年减税降费超过2.3万亿元，较2018年增加1万亿元。

3. 促进城乡居民收入增加

促进城乡居民收入增加。收入增长是决定消费增长的根本因素，增加城镇居民收入方面，2019年一些地方相继上调了最低工资标准、低保标准和工资增长指导线。增加农民收入方面，加大了保障农民收入的政策力度，具体来看，一是通过《保障农民工工资支付条例（草案）》，用法治手段治理欠薪问题；二是通过关于修改《中华人民共和国土地管理法》的决定，规定农村集体建设用地可通过出让、出租等方式交由农村集体经济组织以外的单位或个人直接使用，并允许已经进城落户的农村村民自愿有偿退出宅基地；三是印发《关于积极稳妥开展农村闲置宅基地和闲置住宅盘活利用工作的通知》，要求以提高农村土地资源利用效率、增加农民收入为目标，探索盘活利用农村闲置宅基地和闲置住宅的有效途径和政策措施。此外，党的十九届四中全会提出"健全劳动、资本、土地、知识、技术管理、数据等生产要素由市场评价贡献、按贡献决定报酬的机制"。

4. 优化供给，支持服务业发展

发改委等 10 部门印发《进一步优化供给推动消费平稳增长，促进形成强大国内市场的实施方案（2019 年）》，提出了优化机动车限购管理措施，促进农村汽车更新换代，加快发展养老和托幼设施，挖掘农村网购和旅游消费潜力，支持绿色、智能家电销售，促进信息消费和超高清视频产品消费，持续完善消费基础设施，加强质量认证体系建设，进一步加大消费者权益保护力度等措施。

5. 促进汽车消费

政府大力促进汽车消费。一是明确严禁各地出台新的汽车限购政策，已实施限购的地方应加快由限制购买转向引导使用。二是研究制定老旧汽车更新政策，积极推动农村车辆消费升级。三是着力培育汽车特色消费市场，主要是鼓励发展房车市场和皮卡车市场。四是全面完善二手车流通管理，大力提升二手车便利交易，积极引导汽车金融产品创新，完善充换电等基础设施建设。

6. 大力支持绿色智能家电销售

发改委提出有条件的地方可针对产业链条长、带动系数大、节能减排协同效应明显的新型绿色、智能化家电产品销售，给予消费者适当补贴。为促进家电产品更新换代，有条件的地方可对消费者交售旧家电并购买新家电产品给予适当补贴，推动高质量新产品销售。2019 年 2 月 1 日北京正式实施新一轮为期 3 年的节能减排促消费政策，对家庭常用电器按能效等级进行补贴。6 月，广西推出"以旧换新补贴"，对电视机、电冰箱、洗衣机、空调四类家电实行以旧换新补贴政策。

7. 改善城镇消费设施

政府加强城镇消费设施改造。一是发布《关于开展步行街改造提升试点工作的通知》，宣布对北京王府井步行街等 11 条步行街进行试点改造，优化街区环境，提高供给质量，发挥带动作用。目前，这 11 条步行街改造提升工作正在进行中。二是召开品牌连锁便利店发展工作会议，发布《关于推动便利店品牌化连锁化发展的工作通知》，确定重点推进城市，抓紧制定品牌连锁便利店发展工作方案，完善支持品牌连锁便利店发展的政策体系。三是印发《推动步行街改造提升工作方案》，计划利用3年左右的时间，在直辖市、省会城市、计划单列市重点培育30～50条环境优美、商业繁华、文化浓厚、管理规范的全国示范步行街，指导各地培育一批代表本地特色的步行街。四是印发《关于培育建设国际消费中心城市的指导意见》，提出了聚集优质消费资源、建设新型消费商圈、推动消费融合创新等五项重要任务，要求各地指导试点城市制定培育建设实施方案。

8. 促进农村消费升级

一是2019年初，发改委等多部门联合印发《进一步优化供给推动消费平稳增长促进形成强大国内市场的实施方案（2019年）》，提出着力挖掘农村网购和旅游消费潜力，引导电商在乡镇和农村建设服务网点。鼓励地方特别是中西部地区和"三区三州"深度贫困地区政府与电商企业开展多种形式的合作。扩大农村对合格产品的消费使用。积极开展有机产品认证，提升食品农产品供给质量。二是2019年4月，国务院扶贫办会同商务部、财政部发布《关于开展2019年电子商务进农村综合示范工作的通知》，鼓励各地优先采取以奖代补、贷款贴息等支持方式，通过中央财政资金引导带动社会资本共同参与农村电子商务工作。三是2019年5月，财政部办公厅、商务部办公厅、国务院扶贫办综合司联合发布通知，中央财政资金重点支持方向包括农村流通基础设施、农村电商公共服务体系、农村电子商务培训。四是2019年8月，交通运输部等18个部门联合印发《关于认真落实习近平总书记重要指示、推动邮政业高质量发展的实施意见》，部署到2020年基本实现建制村电商配送服务全覆盖。

9. 扩大进口商品和服务消费

政府采取措施扩大进口商品和服务消费。2019年4月，国务院关税税则委员会发布通知，自4月9日起调整进境物品进口税，将税目1、2

的税率分别由现行15%、25%调降为13%、20%。7月3日，国务院常务会议部署完善跨境电商等新业态促进政策，一是在现有35个跨境电商综合试验区基础上，根据地方意愿，再增加一批试点城市；二是鼓励搭建服务跨境电商发展的平台；三是完善包容审慎监管，严厉打击假冒伪劣，依法保护商家和消费者权益。加强国际交流合作，积极参与跨境电商相关国际规则制定。11月，国家主席习近平在第二届中国国际进口博览会开幕式上表示，中国将更加重视进口的作用，进一步降低关税和制度性成本，培育一批进口贸易促进创新示范区，扩大对各国高质量产品和服务的进口。① 11月19日，中共中央、国务院发布《关于推进贸易高质量发展的指导意见》。该意见提出，支持日用消费品、医药和康复、养老护理等设备进口，促进研发设计、节能环保、环境服务等生产性服务进口。

10. 加快促进信息消费

政府要求加快促进我国信息消费。一是发布《超高清视频产业发展行动计划（2019~2022年）》，部署加快超高清视频关键系统设备的产业化，丰富超高清视频的内容供给，促进超高清在广电、娱乐、医疗、安防、交通等领域的应用，促进视频行业数字化转型，撬动巨大的消费和应用市场。地方相关政策在2019年6月密集出台，广东、北京、上海、湖南、深圳等9省市发布了超高清视频产业发展计划和相关措施。二是推出宽带网络提速降费2019专项行动，明确开展"精准降费"，实现中小企业宽带和专线平均资费均降低15%，内地与港澳地区间流量漫游费降低30%，移动网络流量平均资费降低20%以上。三是工信部向四大运营商（中国移动、中国电信、中国联通、中国广电）发放5G商用牌照，2019年底，运营商选定的一线城市均已完成商用5G网络。

---

① 《习近平在第二届中国国际进口博览会开幕式上的主旨演讲》（全文），新华网，http://www.xinhuanet.com/world/2019-11/05/C_1125194405.htm。

二 2020年文化消费政策趋势展望

2020年受全球新冠肺炎疫情的影响，短期内国际贸易下滑，我国经济增长对国内消费的依赖程度逐渐加深。与此同时，国内疫情导致居民出行活动受限，院线影业、实体书店、娱乐场所、旅游、会展等临场体验型文化消费明显收缩，受此影响，部分中小型实体企业濒临倒闭。而疫情之下"宅"状态直接促成了网络文化消费的直线提升，倒逼众多实体文化消费生产主体推进产品、服务供给网络化的改革进程。综观国内外经济发展局势，结合既有政策分析，可以预测未来一定阶段内，拉动国内文化消费、把握疫情过后的发展关键时机，将成为2020年文化消费行业的政策布局重点。

（一）文化消费政策总体展望

1. 加大消费直补力度，重点惠及中低收入消费者

受新冠肺炎疫情影响，消费者收入预期下降，大量的消费支出用于刚性消费，文化消费或被挤占，需要出台相应的政策措施刺激文化消费。因此预计短期内政策发力点之一应是扩大消费直补，具体做法可以有以下几点。一是针对困难群体加大补贴力度。加大对低收入群体的文化消费补贴力度，可以通过发放较大面额的文化消费券或者提供免费消费机会来激活其文化消费意愿。二是扩大消费补贴的覆盖面。丰富文化消费券种类，开发电影券、图书券、旅游券等各种类型的文化消费券，满足消费者多样化文化消费需求。三是提升消费券投放精准度。相关政府部门综合运用大数据、云计算等新技术手段深入挖掘和分析居民消费相关数据，经由网络平台，向不同消费能力群体精准投放不同类型的消费券。

2. 加大对企业扶持力度，重点扶持中小企业

国内外新冠肺炎疫情蔓延，导致众多文化企业停工歇业，部分中小企业甚至面临破产倒闭的危险处境，文化市场供给严重受阻，亟须政府出台相关的政策帮助文化企业渡过疫情难关。因此，加大对企业扶持力度将成为未来一定阶段内政策发力点之一，具体可能会从以下方面着手。一是金融扶持。支持银行等金融机构加大对中小微文化企业扶持力度，降低贷款利率，简化贷款审核流程，放宽审核标准。二是降费减税。对受疫情影响严重、存在缴纳税费困难的文化企业，可以延期或减免企业所得税、社保等税费的缴纳。三是房租费用减免。鼓励和引导业主（房东）减免房租，对于疫情期间减免租金的大型商务楼宇、商场和产业园区等出租方，可适当减免房产税、城镇土地使用税，对承租政府性资产中经营用房的中小企业给予房租减免优惠政策。四是稳岗补贴。对于经营困难且吸纳劳动力的企业，给予每人每月一定数额的财政补贴。

3. 积极扩展就业渠道，提供消费能力保障

2019年以来，受中美贸易摩擦影响，我国经济运行压力较大，加之新冠肺炎疫情的蔓延，国内失业率上升。1月和2月，全国城镇调查失业率分别为5.3%和6.2%，环比分别上升0.1个和0.9个百分点。[①] 因此，为鼓励就业、提振文化消费信心，我国各地政府预计会出台相关政策扩宽就业渠道，鼓励当地居民就业。具体政策可能包括：一是鼓励未就业群体创业。推行创业相关手续简化，提高创业行政手续办理效率。成立创业基金，对经济、社会预期收益显著的创业项目，优先给予基金支持。对创业投资企业提供基金扶持等金融政策支持，引导投资机构扩大对创业项目的投资力度。二是扩宽高校毕业生就业渠道。鼓励国有企业扩大高校毕业生招聘规模，提高当地各级事业单位空缺岗位专项招聘高校毕业生的比例。

---

① 张毅：《疫情冲击下失业率上升统筹政策实施将带动就业形势改善》，国家统计局网站，http://www.stats.gov.cn/tjsj/sjjd/202003/t20200316_1732415.html，2020年3月16日。

探索提供招聘补贴，支持私营企业扩大招聘需求。

4. 推动文化产业全球扩张，为"两头在外"的文化企业提供帮扶

新冠肺炎疫情在全球范围内传播，给全球文化贸易带来巨大冲击。我国部分"两头在外"的文化企业面临极大的经营压力。与此同时，全球网络文化消费却在疫情期间逆势上扬，成为各国文化领域竞争的新赛道。为支持我国网络文化企业在全球市场进行扩张，以及帮助外贸文化企业渡过难关，预计政府将出台相关政策，可能会从以下几方面发力：一是鼓励和引导数字文化企业积极拓展海外市场，开发和升级适合海外市场的文化产品和服务，把握全球领跑的关键机遇期；二是保证出口文化产品或供应链在国外的文化企业享受减税减费政策；三是加大外贸信贷金融支持力度，鼓励金融机构加大对文化出口企业信贷投放支持力度，推行贷款延期还本付息等贷款优惠政策，支持保险机构探索短期文化出口信用保险业务。

5. 加快新型基础建设，推动科技赋能文化产业

新基建中的5G技术、大数据中心、人工智能、工业互联网等是贯穿网络文化消费全部环节的关键基础建设，将会在未来很长一段时间内影响文化消费环境的提升、消费模式的演化和消费产品的优化，是未来文化消费提质升级的新动能。因此，为把握住新基建带来的关键机遇，政府极有可能将推动新基建赋能文化产业作为政策发力点之一，具体可能会从以下方面着手：一是提升新基建区域覆盖率。推动5G技术、VR和AR虚拟现实技术、人工智能技术等基础建设，提高新型基础建设区域覆盖率和行业应用普及率。二是推进文化产业供给侧结构升级。促进5G、VR/AR、人工智能技术在文化产业领域的应用，不断探索新技术应用场景，研发设计搭载新型技术的文化产品和服务，推动文化新业态和新模式不断涌现。推动传统文化行业运用新技术，进行产业链和消费链优化和升级，实现文化产业供给侧结构性改革。

（二）文化传媒行业政策基本面展望

1. 专项资金支持优秀文化作品创作

国内努力抗击新型冠状肺炎和全面建成小康社会期间，涌现了许多可歌可泣的真实故事，为文化作品创作积累了大量优秀素材。以此为主题的优秀文学作品，既可以鼓舞士气、凝聚人心，又能宣传当地精神文化，形成地域名片。因此，各地方政府预计将成立专项资金，鼓励和支持围绕当地疫情防控、脱贫攻坚等重大决策部署创作生产优秀影视作品，以振奋精神、鼓舞士气。具体政策可能从以下角度入手：一是鼓励创作多类型作品，满足不同消费需求，作品形式可以包括电视剧、纪录片、动画片、网络影视剧、电视节目、公益广告、MV、短视频等；二是设立专项资金支持以抗击疫情和脱贫攻坚为主题的文化作品创作，优先将围绕抗击疫情、脱贫攻坚主题进行创作的作品列入重点选题和资金扶持范围，通过专项资金鼓励多类型优秀文化作品创作，满足市场多样化的文化消费需求。

2. 政府补贴+新销售模式撬动电影消费

新冠肺炎疫情的高传播性导致各地防控升级，线下影院消费空间被强制隔断，国内影院基本处于停映状态，影视产业损失惨重。2020年春节当日的影院票房收入为181万元，仅达上年同期的0.12%。[①]《唐人街探案3》《夺冠》《姜子牙》《007》《隐形人》《花木兰》等众多影片未能如期上映，消费者原有的观影需求远未满足，电影产品的潜在消费需求量较大。因此，预计激发电影消费需求会成为政策发力点之一，具体做法可能包括：一是相关政府部门综合运用文化消费和其他网络平台发放线上电影券，刺激观影需求；二是鼓励电影企业创新发行模式，增强

---

① 《大年初一全国电影票房仅收181万　去年同期为14.85亿》，东方财富网，http://finance.eastmoney.com/a/202001261367928320.html，2020年1月26日。

抗风险能力。无论是国内电影《囧妈》对春节档发行模式的突破，还是国外 Netflix 模式对传统院线的冲击，都在某种程度上表明，院线电影"零窗口期"向线上平台转移将是一个趋势。

3. 重点扶持冰雪体育竞赛表演及相关产业

在 2022 年北京冬季奥运会赛事的带动下，未来一段时期内，国民对冰雪体育赛事表演的消费需求将会迅速提升。因此，预计相关政府部门会将扶持冰雪体育竞赛表演相关行业的发展作为未来一定阶段内政策的发力点之一，以满足未来市场消费需求。具体政策可能包括：一是加强版权保护，完善冰雪体育竞赛表演转播权和相关创作作品版权保护；二是减税降费鼓励行业发展，通过财政税收优惠，鼓励以冰雪竞赛表演为核心的相关行业，如旅游、会展等行业的发展；三是设立专项资金补贴相关文化作品创作，设立专项资金支持创作与冰雪竞赛表演相关的电视剧、短视频、纪录片、综艺节目等类型的影视作品。

4. 进一步规范网络文化产业发展

受疫情的影响，"宅"文化大行其道，网络直播、网络短视频、网络动漫、网络电视剧等网络文化产业发展迅猛。但随之而来的是网络文化产业乱象丛生，如网络虚假信息肆意横行，盗版侵权事件屡见不鲜，网络暴力形势越发严峻，这些网络文化行业问题，将极大影响其长远发展。因此可以推测，未来一定时期内，政府会将规范网络文化产业发展作为政策发力点之一。具体政策可能包括：一是完善数字版权保护，鼓励引入区块链、人工智能等新技术加强数字版权保护，同时健全相关的法律法规；二是加强行业监管，针对网络文化市场出现的新行为、新情况，强化市场监管和综合执法，促进网络文化产业持续健康发展。

5. 鼓励探索"云"文化消费模式

疫情期间居民出行受限，严重影响线下文化消费，与此同时也倒逼旅游、文博、影视等传统业态依托新技术，对生产创作和消费体验进行数字化升级改造。武汉大学与多家媒体合作推出"云赏樱"，收获社会效益；

八大博物馆联手淘宝直播上线"云春游",开创"博物馆游览+线上销售"模式;各大卫视以及网络电视尝试节目云录制和云互动,口碑收视双丰收。放眼未来VR、AR虚拟现实技术的普及,将形成虚拟文化消费趋势。我国各传统文化生产主体需要把握机会,顺应疫情期间催生的"云"文化消费趋势,实现产业数字化升级。预计相关政府部门会将鼓励探索"云"文化消费模式作为政策发力点之一,具体措施可能包括:鼓励和支持文博单位、影视创作主体等传统文化生产者应用VR、AR等新技术,推进生产和传播模式创新,不断探索培育新业态、新模式,促进文化消费提质升级。

6. 支持数字文化企业海外扩张

截至2020年5月,国外新冠肺炎疫情仍十分严峻,多国施行出行管控,疫情期间外国互联网用户的网络办公、网上学习、网络文化等网络消费需求迅速提升。抖音国际版TikTok 2020年2月下载量近1.13亿次,位列全球移动应用(非游戏)下载榜冠军,较2019年增长96.5%[①],与此同时国内网络文化消费用户规模基本趋近顶峰,用户红利拐点已至。因此,为了寻求长远发展,国内数字文化企业需要把握当前机遇,调整全球发展重心。预计相关政府部门会因势利导,出台税收财政优惠政策,鼓励数字文化产业积极拓展海外市场。具体政策可能包括:一是鼓励和引导国内数字文化企业进行海外市场产品研发推广;二是对已经在海外网络文化市场发行网络文化产品的企业主体,提供税收优惠政策;三是对经由海外文化市场发布传播中国正能量和优质中国故事,且市场反馈良好的网络文化创作主体予以财政奖励。

7. 多重政策齐发力激活演出市场

新冠肺炎疫情期间,居民旅游出行和多人聚集活动被禁,旅游演艺、

---

① 《2月全球热门移动应用下载量榜单:抖音及其海外版TikTok居首》,钛媒体网站,https://www.tmtpost.com/nictation/4267930.html,2020年3月9日。

剧场演出等临场表演几乎停滞。2020年1~3月，全国有近2万场演出已取消或延期，直接票房损失已超过20亿元。[①] 此外，受疫情影响，演出市场零复工，极大增加了演出市场主体的生存压力，部分中小型演出市场主体濒临倒闭。在此种形势下，可以预测相关政府部门将出台相关政策，全面发力，帮助中小型演出企业活下来，挽救演出市场。具体政策可能包括：一是加强政策扶持，通过减免租金、税费和贷款成本，多重政策共同发力，帮助中小型演出主体战胜疫情困境；二是鼓励探索"云演出"模式，鼓励和引导演出企业，运用新技术进行线上创作和演艺创新，探索"云演出"模式。

（三）消费政策基本面展望

1. 进一步加大保障就业的政策力度

2019年12月4日，国务院常务会议做出部署，进一步多措并举做好稳就业工作，要求大力支持灵活就业，会议要求各地要着眼稳就业大局，出台更多支持新增就业岗位的措施。新冠肺炎疫情导致企业收入下滑，企业压力加大，预计2020年稳就业的政策力度还会加大。

2. 继续促进城镇消费

预计政府会在2020年继续促进城镇消费。2019年，商务部发布《关于推动便利店品牌化连锁化发展的工作通知》，要求确定重点推进城市，抓紧制定品牌连锁便利店发展工作方案，完善支持品牌连锁便利店发展的政策体系，预计相关工作2020年也将实质性推进。关于培育建设国际消费中心城市，2019年10月，商务部等14部门印发《关于培育建设国际消费中心城市的指导意见》，计划利用5年左右时间，指导建设若干立足国内、

---

① 应妮：《演艺行业"零"复工 艰难中待启幕》，中国新闻网，http://www.chinanews.com/cul/2020/03-29/9141341.shtml，2020年3月29日。

辐射周边、面向世界的具有全球影响力、吸引力的综合性国际消费中心城市。目前，商务部正指导北京、上海、广州、深圳、重庆、成都、西安、南京、青岛等地开展培育建设前期准备工作，预计2020年也将实质性推进相关工作。

3. 继续扩大农村消费

政府多次强调农村消费市场潜力大，预计2020年还将继续出台促进农村和小城镇的消费。商务部将继续推进电子商务进农村综合示范，进一步完善农村流通网络，促进工业品下乡和农产品进城。

4. 进一步放宽汽车消费限制，继续推进新能源汽车发展

2019年国家发改委表示要破除汽车消费限制，探索推行逐步放宽或取消限购的具体措施，推动汽车限购政策向引导使用政策转变。预计目前执行汽车限购的城市将进一步放宽限购措施，北京、上海将有望增加汽车使用指标。支持新能源汽车消费的政策将继续出台，2019年工信部发布的《新能源汽车产业发展规划（2021—2035年）》（征求意见稿）提出，力争经过15年持续努力，使中国进入世界汽车强国行列，纯电动汽车成为主流，燃料电池汽车实现商业化应用，公共领域用车全面电动化；到2025年，新能源汽车新车销量占比达到25%左右，智能网联汽车新车销售量占比达到30%，预计规划有望于2020年落地。推动充电设施建设方面，由于财政部补贴政策转向，预计未来将有越来越多的地方将制定发布加氢站、充电桩建设审批流程以及申领补贴的实施细则。

5. 推进消费税立法，推动征收环节后移，调整税目和税率

消费税改革对理顺中央、地方消费税利益关系，引导消费等方面有明显影响。2019年10月9日，国务院发布《实施更大规模减税降费后调整中央与地方收入划分改革推进方案》，明确要后移消费税征收环节，"具体调整品目经充分论证，逐项报批后稳步实施。先对高档手表、贵重首饰和珠宝玉石等条件成熟的品目实施改革，再结合消费税立法对其他具备条件的品目实施改革试点"。12月3日，财政部、国家税务总局发布《消费税法（征求意见稿）》，规定"国务院可以调整消费税的税率，报全国人民代表大会常务委员会备案"，国务院可实施消费税改革试点，调整消费税税目、税率和征收环节，试点方案报全国人大常委会备案。总体上，《消费税法（征求意见稿）》给国务院留出了很大的自主权，为未来消费税政策调整留足了空间。预计2020年消费税征收环节后移的工作将逐步推进。同时，税目和税率也可能根据消费升级的实际情况进行调整，将一些不再是高消费的商品移出税目，将一些新兴的高消费商品纳入税目，并适度调整税率。消费税征税环节后移的积极作用主要包括以下几点：一是可以增加消费税税额。商品从出厂开始，经过流通环节最后到零售环节，销售价格会逐步上升。如果税率和计税方式不变，征收环节后移会增加消费税税额。二是可以更好地发挥税收导向作用。将征税环节后移至零售端，可以让消费者更好地知晓税负情况，发挥引导消费的作用。三是未来消费税要成为地方主体税种，就应该由生产环节后移至零售环节，这样有利于缓解各地对生产企业的税收依赖和地方保护行为，也有利于引导地方政府更好地改善当地就业和人居环境，以吸引居民居住和消费。

中国文化传媒行业投资趋势分析与展望

俞彦超 钟琪琪 陈 丹 陈勇男 曹曼文

一 2019 年文化传媒行业情况分析

（一）数字出版引领出版产业升级

1. 传统出版稳中有进

图书市场规模首破千亿元。2019 年全国 561 家图书出版单位报送选题总量 228020 个，同比减少 2.99%。出版图书 102 亿册（张），较 2018 年的 95 亿册（张）同比上涨 7.4%，图书出版数量持续增长且增幅扩大。新书品种规模 19.4 万种，同比下降 6.7%。2019 年全国图书零售市场规模继续保持增长，总规模首次突破千亿元，达 1022.7 亿元，同比增长 14.4%。[①]

网店渠道的码洋占比达到了 70%，规模达 715.1 亿元，同比增长 24.9%，保持高速增长；实体店继续呈现负增长，同比下降 4.24%，但降幅有所收窄。2019 年社科类图书码洋规模达 260.40 亿元，同比增长 22.39%，占 25.46%，超过少儿类成为图书码洋规模第一大品类。少儿图书码洋规模同比增长 18.73%，占比 24.80%，教材教辅码洋规模同比增长 20.45%，占比 20.50%，稳固市场重要品类地位。[②]

报纸市场持续萎缩。2019 年出版各类报纸 315 亿份，同比下降 7.3%[③]，报纸市场进一步萎缩，2019 年全年全国至少有 26 家报纸宣布停

[①] 《2019 中国图书零售市场报告》，中国出版协会和中国书刊发行行业协会，http://www.199it.com/archives/997065.html。

[②] 《2020 年中国图书零售市场分析报告－行业深度调研与发展前景研究》，中国报告网，http://baogao.chinabaogao.com/qikantushu/366243366243.html。

[③] 《中华人民共和国 2019 年国民经济和社会发展统计公报》，国家统计局，http://www.stats.gov.cn/tjsj/zxfb/202002/t20200228_1728913.html。

刊①,《上海金融报》《生活日报》《城市快报》等均于2020年1月1日起宣布休刊,报纸的衰落已是不争的事实。

期刊市场规模缩小。2019年出版各类期刊22亿册,同比下降8.3%②。中国新闻出版研究院2019年4月发布的第十六次《全国国民阅读调查报告》显示,2018年我国期刊的人均阅读量为2.61期(份),同比下降了1.20期(份),期刊阅读率为22.4%,同比下降了1.9个百分点。

2. 数字出版迎来新格局

2019年我国数字出版行业继续保持快速发展趋势,2019年我国数字阅读用户规模达到7.4亿人,同比增长1.4%;网络文学用户规模达到4.6亿人,同比增长8.3%。付费阅读用户数同比下降了21.4%,而免费阅读用户则从2018年的0.5亿人猛增到2019年的2.5亿人。2019年我国数字阅读市场规模达204.9亿元,同比增长22.4%③。

数字出版的新技术应用场景扩大。市场的繁荣带动了产业的向前发展,在技术不断进步的背景下,数字出版也在不断加强与技术融合,如人工智能技术已经开始应用于内容策划、创作、编辑、出版、传播的各个环节,并在流量预测、受众分析、精准推荐、交互传播等方面为数字出版提供更多的指引。此外,在5G技术即将落地的大背景下,文字、音频、视频、AR/VR等各种内容产品形态统一布局将成为数字出版升级的方向。

数字出版产品体系化发展态势明显。随着线上平台的发展,出版业与各类线上平台合作模式越来越清晰,产品越来越丰富。比如出版社与喜马拉雅合作,将畅销书制作成电子音频,"听书"成为越来越普遍的阅读模式。在2019年"直播带货"与"短视频带货"风靡背景下,众多出版社

---

① 根据公开信息整理。
② 《中华人民共和国2019年国民经济和社会发展统计公报》,国家统计局,http://www.stats.gov.cn/tjsj/zxfb/202002/t20200228_1728913.html。
③ 《2019年中国数字阅读市场研究报告》,比达咨询,http://www.100ec.cn/detail--6541343.html。

以及图书公司也开始调整营销策略,如掌阅读书实验室、人民文学出版社等都拥有官方抖音号,通过短视频获取更多用户,当当网、新华文轩网络书店等则开始了淘宝直播卖书。

在线教育将成为数字出版新风口。《中国互联网络发展状况统计报告》显示,截至2019年6月,我国在线教育用户规模达2.32亿,较2018年底增长3122万,预计2019年全年在线教育用户规模达2.59亿人。在教育部出台《教育信息化2.0行动计划》后,数字出版业将加大对数字资源服务普及、网络学习空间覆盖的投入。据预测,未来几年中国在线教育用户规模的增速将保持在15%左右,到2024年预计突破4亿人,总体市场规模达4500亿元,市场潜力巨大,在线教育将成为数字出版未来的着力点。

(二)电视行业在监管加强与竞争激烈中前行

1. 监管持续加强,行业趋于规范

2018年11月,国家广播电视总局发布《关于进一步加强广播电视和网络视听文艺节目管理的通知》,让更多的投资集中在创作和生产本身,解决整个产业从创作到播出流程中浮于流量的负面现象。2019年1月,国家广播电视总局发布《关于网络视听节目信息备案系统升级的通知》,对"网络剧、微电影等网络视听节目信息备案系统"进行升级,新增"重点网络影视剧信息备案系统模块",片方自主备案,一剧两审,两次公示,将使网络视听节目受到更加严格的管理。

2. 电视剧进入"品质上行,数量下行"阶段

电视剧剧集数量整体减少。2019年,全国电视剧拍摄制作备案公示的剧目共905部,同比下降26.5%[①],生产完成并获得《国产电视剧发行许

---

① 国家广播电视总局网站。

可证》的剧目254部，同比下降21.3%①，其中，现实题材剧目占七成。2019年上线351部剧集，相较2018年的445部下降21%②，剧集储备和上线总量均锐减两成。从已播出的剧集题材上看，2019年IP剧数量从2018年的95部下降至75部，且超七成IP剧通过网络播出③。

网络独播剧成为电视剧主流。截至12月5日，2019年播出网络剧共计222部，上线剧集总量351部，网络剧数量占比63%，已成为拉动大剧市场的绝对主力。另外，独播剧渐成各视频平台主流。2019年独播剧数量占62%，连续多年超过联播剧（见图1）。2019年播映指数TOP10独播剧中腾讯视频占据5席，领跑行业（见图2）④。如《长安十二时辰》《陈情令》《鹤唳华亭》等收视口碑双丰收的年度热剧均为网络独家播出。

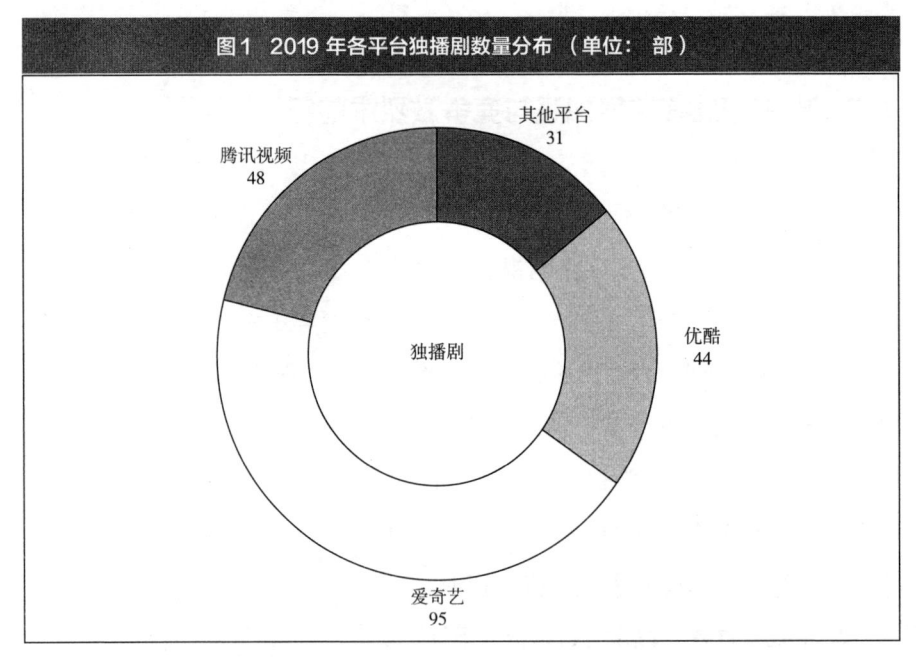

图1　2019年各平台独播剧数量分布（单位：部）

资料来源：艺恩视频智库。

---

① 国家广播电视总局网站。
② 《2019年中国剧集市场研究报告》，艺恩，https：//www.dx2025.com/archives/35699.html。
③ 艺恩视频智库数据。
④ 《2019年中国剧集市场研究报告》，艺恩，https：//www.dx2025.com/archives/35699.html。

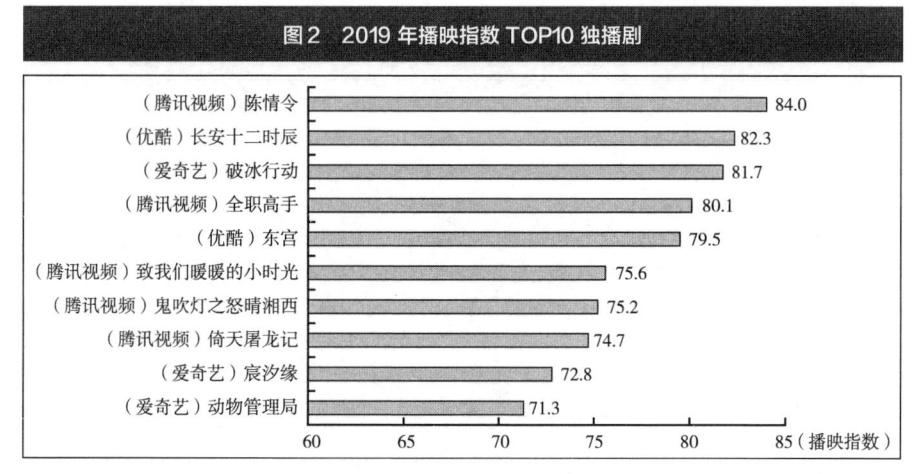

图 2　2019 年播映指数 TOP10 独播剧

剧名	播映指数
（腾讯视频）陈情令	84.0
（优酷）长安十二时辰	82.3
（爱奇艺）破冰行动	81.7
（腾讯视频）全职高手	80.1
（优酷）东宫	79.5
（腾讯视频）致我们暖暖的小时光	75.6
（腾讯视频）鬼吹灯之怒晴湘西	75.2
（腾讯视频）倚天屠龙记	74.7
（爱奇艺）宸汐缘	72.8
（爱奇艺）动物管理局	71.3

注：统计周期：2019 年 1 月 1 日～12 月 5 日，播映指数为首轮播出周期的播映指数。
资料来源：艺恩视频智库。

2019 年头部剧集评分均值上升。从近两年 TOP30 头部剧集豆瓣评分来看，平均分从 5.96 上升到 6.51，热播剧整体质量提升。现实主义创作回潮，《都挺好》《老酒馆》《小欢喜》等一批优质作品能够获得高口碑高收视，题材优势之上更兼具艺术品相，说明市场越来越倾向于为优质作品埋单。2019 年精品网络剧数量增多。从近两年 TOP10 网络剧的豆瓣评分来看，2019 年网络剧口碑水平高于上年，豆瓣评分过 7 分的网络剧有 8 部，多于上年的 6 部，其中《陈情令》《长安十二时辰》口碑突破 8 分，堪称精品（见图 3）。"现实主义""守正出新""新用户思维"是 2019 年国剧市场三大关键词①。

3. 播出渠道竞争加剧

（1）流媒体时代有线电视用户流失严重。

2019 年第三季度，我国有线电视用户总量净减少 664.4 万户，降至 2.12 亿户，有线电视在中国家庭电视收视市场上的份额降至 47.43%。在细分领域，有线数字电视用户净减少 435.2 万户，降至 1.93 亿户，数字化

---

① 《2019 年电视剧行业调研报告》，《电视指南》，https：//www.sohu.com/a/363559727_120111732。

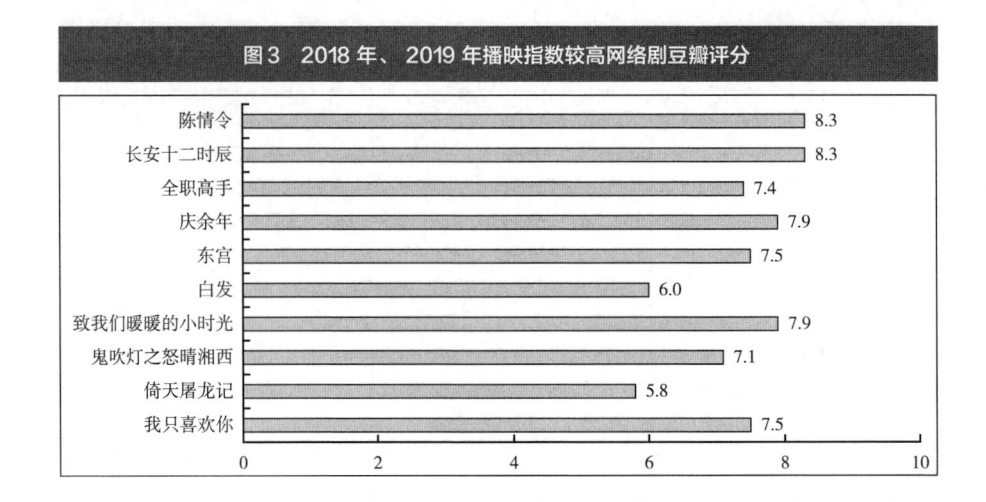

图3　2018年、2019年播映指数较高网络剧豆瓣评分

剧名	评分
陈情令	8.3
长安十二时辰	8.3
全职高手	7.4
庆余年	7.9
东宫	7.5
白发	6.0
致我们暖暖的小时光	7.9
鬼吹灯之怒晴湘西	7.1
倚天屠龙记	5.8
我只喜欢你	7.5

率为90.7%。有线数字电视缴费用户数为1.45亿户，净增114.9万户，数字电视缴费率为75.4%（见图4）。智能终端用户规模达到2429.5万户；视频点播用户6980.9万户，其中4K视频点播用户1762.8万户。

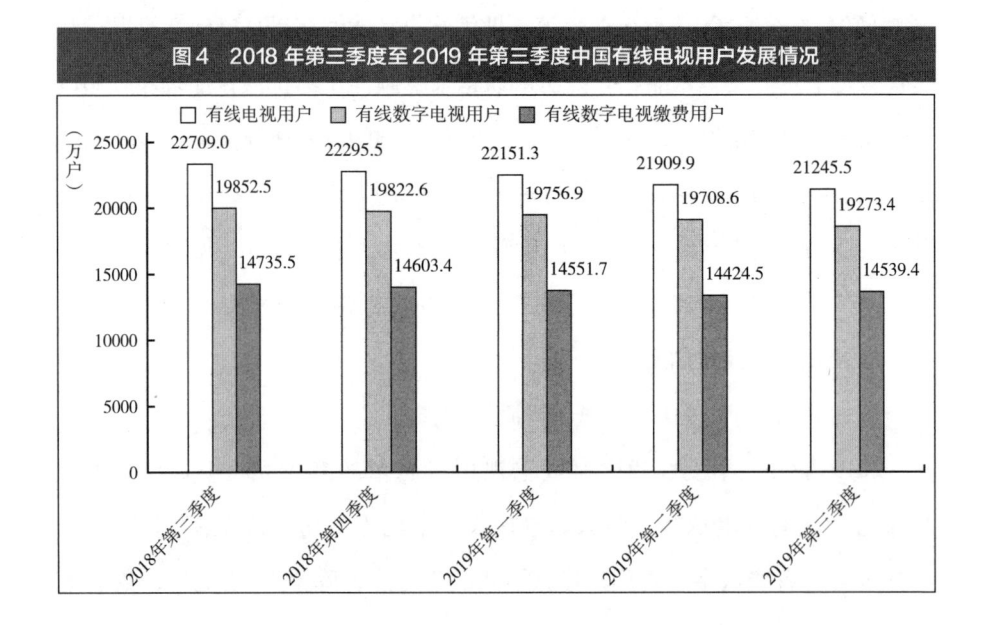

图4　2018年第三季度至2019年第三季度中国有线电视用户发展情况

（单位：万户）

季度	有线电视用户	有线数字电视用户	有线数字电视缴费用户
2018年第三季度	22709.0	19852.5	14735.5
2018年第四季度	22295.5	19822.6	14603.4
2019年第一季度	22151.3	19756.9	14551.7
2019年第二季度	21909.9	19708.6	14424.5
2019年第三季度	21245.5	19273.4	14539.4

（2）IPTV潜力巨大。

2019年IPTV（网络电视）用户全年净增3870万户，净增IPTV（网络电视）用户占净增光纤接入用户的78.9%。截至2019年底，全国IPTV用户数量达19404万户。2019年我国IPTV（网络电视）业务收入294亿元①。IPTV业务在三网融合推广下发展势头喜人，但目前IPTV的渗透率仍然较低，可开拓市场可观。

（3）OTT分外火热。

2019年，52%以上中国家庭通过OTT设备观看电视节目，OTT覆盖用户数超过6.11亿②。OTT大屏的开机率以及平均开机时长也有明显增长，截至2019年底，智能电视开机率已超过50%，平均开机时长达到了348分钟③。具备直播功能的DVB/IPTV与内容资源丰富、用户体验较好的OTT结合的收视模式成为主流，根据中国广电对一户多终端模式的调查数据，2018年DVB + OTT/IPTV + OTT模式占比合计为83.4%。

（4）互联网视频平台内容成本居高不下。

2019年头部互联网视频平台平均月活跃用户超5亿④，群邑智库《视频网站用户画像与市场分析》报告显示，主流视频网站周触达六成网络用户，爱奇艺、腾讯视频、优酷、芒果TV四家视频网站叠加能够覆盖92.4%的网络视频用户，付费会员规模步入"亿级"时代，在线视频市场规模庞大，然而头部互联网视频平台依然存在不同程度的持续亏损。

以爱奇艺为例，作为唯一单独上市且市场份额排名第一的视频网站，截至2019年第四季度末，爱奇艺的订阅会员规模达到1.07亿，同比增长22%。全年会员服务营收为144亿元，在总营收中占比近五成，较2018年增长36%，超过广告成为爱奇艺最主要的营收来源。虽然优质内容以

---

① 《2019年IPTV总收入294亿，比上年增长21.1%》，工信部，https://lmtw.com/mzw/content/detail/id/182932。
② 《2019年中国OTT发展预测报告》，奥维互娱，https://lmtw.com/mzw/content/detail/id/176615/keyword_id/-1。
③ 《关于电视，那些颠覆"三观"的认知!》，酷云互动，http://www.199it.com/archives/961951.html。
④ QuestMobile数据。

及多样化的运营措施推动了订阅会员数量的大幅度增长,却依然无法帮助爱奇艺在巨大的内容成本和运营压力下实现盈利。2019年,爱奇艺内容成本高达222亿元,同比增长6%,全年运营亏损93亿元,相较2018年全年运营亏损83亿元①进一步扩大。

2019年,爱奇艺在生态业务上也做出了许多积极探索并取得不错成绩,内容分发收入同比增长了18%,其他营收同比增长30%②,显示出其内容组合更加均衡以及竞争格局更加理性。未来,网络内容平台还需进一步发力,推动垂直领域业务增长,探索健康且多元化、可持续的盈利方式。

4. 盈利模式探索中前行

(1)"一锤子买卖"不可持续。

2019年夏季爆款网剧《陈情令》热播时,开播平台首次试水VIP付费超前点播大结局,虽引发广泛讨论和部分抗议,却依然为平台带来了1.56亿元的收入。2019年12月11日,热播剧《庆余年》的播出平台腾讯视频和爱奇艺同样顺势推出超前点播规则,会员权益缩水、双重收费急速变现的行为引发众多网友声讨,《人民日报》点名批评视频网站吃相难看,事件持续发酵,12月17日平台不堪舆论压力相继修改了超前点播规则,但仍需付费才可观看。这两次"竭泽而渔"的尝试虽然取得了高额收益,却不具有普适性和持续性,短期内尚无法形成电视剧市场的大面积应用,并且迎来了观众巨大的负面情绪反弹、盗版滋生等后续问题。

(2)全方位生态运营,打造IP产业链。

累计播放量近70亿次的《陈情令》,充分开发粉丝经济,围绕IP打造"剧集社群",包括《陈情令》系列电影、音乐专辑、演唱会和衍生品等。剧中角色魏无羡、蓝忘机的官方娃娃周边3天销售额达到100万元,影视原声音乐专辑销售额突破1500万元,联名口红上线36分钟售罄。在

---

① 爱奇艺年度财报。
② 爱奇艺年度财报。

优酷播出的《鹤唳华亭》借助阿里体系内的产品进行物料曝光，实现线上线下联动铺陈。与口碑、阿里鱼联动推出跨界产品，更成为首部登上淘宝热搜的 IP 剧，开启了"内容＋电商"的新模式。淘宝数据显示，《鹤唳华亭》同款成交金额环比上涨 1206%，"宋制汉服"成交数量同比上涨 1172%，成交金额同比上涨 932%。剧集的热播也带火了原著小说，《鹤唳华亭》原著小说销售额环比增长 743%，书旗小说网最新数据显示，其线上读者数量环比增长 552%。另外，《鹤唳华亭》还与优酷平台综艺 IP 进行合作，相互导流、实现共赢。

2019 年，《陈情令》和《鹤唳华亭》对 IP 生态运营进行了积极探索并取得不错成绩。未来，围绕电视剧打造剧集 IP 文化，围绕 IP 开发多种形式的周边衍生产品，形成 IP 生产和运营生态，培育剧集长效价值，或许将是实现剧集经济和文化效应最大化的重要手段。

（三）优质内容拉动国内电影市场

2019 年度全国电影总票房 642.66 亿元，同比增长 5.4%（见图 5）；国产电影总票房 411.75 亿元，同比增长 8.65%，市场占比 64.07%；城市院线观影 17.27 亿人次；新增银幕 9708 块，全国银幕总数达到 69787 块；全年共生产电影故事片 850 部，动画电影 51 部，科教电影 74 部，纪录电影 47 部，特种电影 15 部，总计 1037 部①。国产电影持续发力，全年票房前 10 名影片中，国产影片占 8 部。全年票房过亿元影片 88 部，其中国产电影 47 部②。

观影人群方面，"90 后"已成为我国观影主力，贡献了全年 55% 的票房收入。"00 后"观影受众规模也在快速增长，贡献了全年票房的 7%。电

---

① 《国家电影总局：2019 年度全国电影总票房 642.66 亿元，同比增长 5.4%》，中文互联网数据资讯网，http://www.199it.com/archives/990729.html，2020 年 1 月 2 日。
② 《国家电影总局：2019 年度全国电影总票房 642.66 亿元，同比增长 5.4%》，中文互联网数据资讯网，http://www.199it.com/archives/990729.html，2020 年 1 月 2 日。

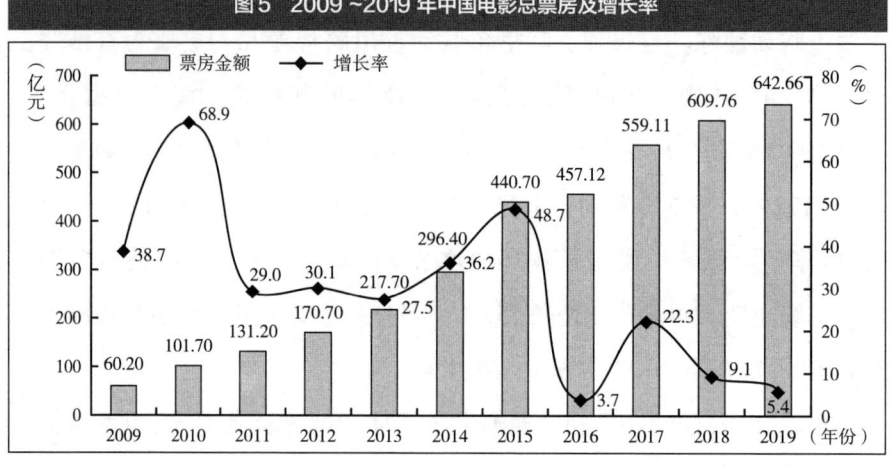

图5 2009~2019年中国电影总票房及增长率

票房金额（亿元）：60.20（2009）、101.70（2010）、131.20（2011）、170.70（2012）、217.70（2013）、296.40（2014）、440.70（2015）、457.12（2016）、559.11（2017）、609.76（2018）、642.66（2019）

增长率（%）：38.7（2009）、68.9（2010）、29.0（2011）、30.1（2012）、27.5（2013）、36.2（2014）、48.7（2015）、3.7（2016）、22.3（2017）、9.1（2018）、5.4（2019）

注：数据有四舍五入。
资料来源：《国家电影总局：2019年度全国电影总票房642.66亿元，同比增长5.4%》，中文互联网数据资讯网，2020年1月2日，http://www.199it.com/archives/990729.html。

影市场持续下沉，三四线城市票房增长迅速，在2019年全年达到了222亿元。

1. 观影取向日趋成熟

纵观2016~2019年票房TOP10电影豆瓣评分平均分，呈逐年走高趋势，口碑与票房逐渐呈正相关趋势（见图6）。

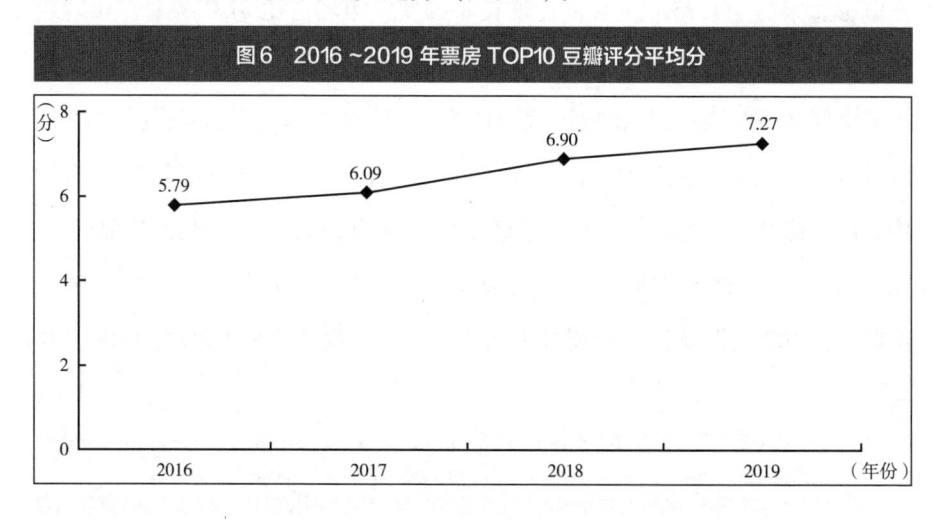

图6 2016~2019年票房TOP10豆瓣评分平均分

2016：5.79；2017：6.09；2018：6.90；2019：7.27

2019年我国电影市场头部TOP5电影票房集中度首次突破了30%①，意味着行业迎来了优质内容话语权回归，流量为王转变为质量取胜，观众更愿意为优质内容埋单，劣币驱逐良币不再是大概率事件。票房第一、第二的电影《哪吒之魔童降世》和《流浪地球》评分分别达到了8.5分和7.9分，更是凭借超高人气，使院线纷纷延长档期，进一步推高票房收入。过去口碑与票房严重倒挂的怪象正逐渐扭转，反映了大众观影取向逐渐趋于成熟，中国电影市场正在走向健康发展。

2. 三大档期占据全年票房的半壁江山

综观2019年各月份电影票房情况，观众更倾向于在假期时间段内集中观影，形成春节、暑期、国庆三个重要的票房档期，档期内票房明显高于非档期票房，2019年三大档期票房已达全年票房的44%（见图7）。

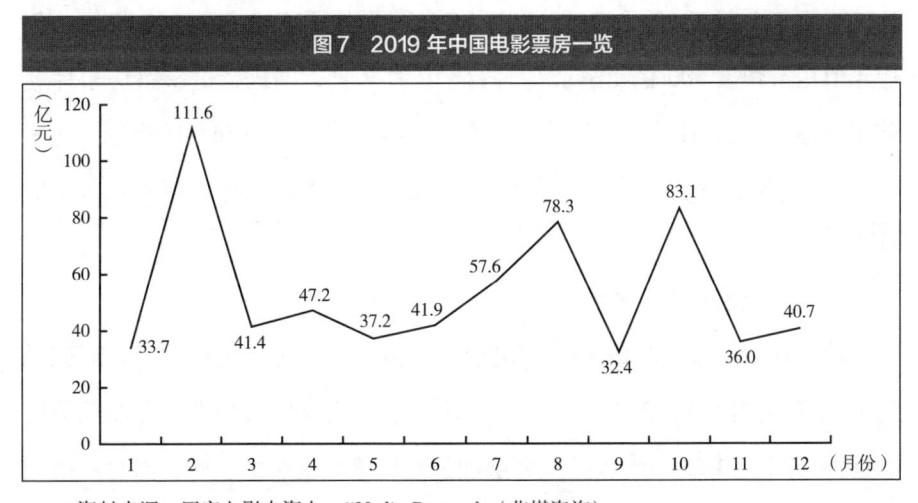

图7 2019年中国电影票房一览

（亿元）
1月 33.7；2月 111.6；3月 41.4；4月 47.2；5月 37.2；6月 41.9；7月 57.6；8月 78.3；9月 32.4；10月 83.1；11月 36.0；12月 40.7

资料来源：国家电影专资办，iiMedia Research（艾媒咨询）。

2019年春节档总票房规模58.4亿元，实现小幅增长。总场次和上映新片数均有提升，总场次达到275万场，较上年增长了42万场，平均票价上涨

---

① 《2019文娱数据白皮书——电影篇》，艺恩咨询，http://www.199it.com/archives/999153.html。

至44.6元。① 中国科幻电影的开山之作《流浪地球》登顶春节档,最终票房46.18亿元,位列2019年度电影票房排行榜第二。2019年春节档票房排名第二的电影《疯狂的外星人》,最终总票房21.83亿元,年度排名第6②。

2019年暑期档3个月累计实现票房176.4亿元,同比增长了1.5%,再创暑期档历史票房新高。观影人次再一次增长,同比提升0.6%达到4.99亿人次。从年龄段来看,30~34岁人群成为观影主力,其次是25~29岁和19~24岁的观众。截至8月31日,现象级电影《哪吒之魔童降世》上映至第37天,累计综合票房已达46.77亿元,最终票房达到49.34亿元③,并成功登顶2019年度票房排行榜。

2019年国庆档创造了中国电影市场新纪录,三大主旋律电影《我和我的祖国》《中国机长》《攀登者》表现抢眼,口碑票房不断攀升,在三部影片的带领下,截至10月3日,2019年全国累计票房已突破500亿元,创造年票房最快破500亿元纪录④。截至10月7日,国庆档电影票房累计突破48亿元大关,成为有史以来票房最高的国庆档。《我和我的祖国》《中国机长》《攀登者》最终票房达到71亿元,三部电影票房占全年总票房的11%⑤。

3. 网络大电影提质减量

从上线数量看,2019年网络电影上线789部,同比下降49%,播放量稳中有升,同比增长24%。数量进一步减少,反映出市场供给方在沉淀期的理性回归。自2016年起,监管层加强对网络大电影的监管,出台一系列通知对网络视听节目的创作和播出提出进一步的要求。各平台积极响应,

---

① 《2019年春节档中国电影市场研究报告》,比达咨询,https://www.sohu.com/a/301523022_783965。
② 电影票房数据库。
③ 猫眼研究院《2019暑期档电影市场数据洞察》。
④ 《2019国庆档票房超50亿,〈我和我的祖国〉〈中国机长〉贡献最大》,影视版权观察,https://www.sohu.com/a/345338635_566156,2019年10月7日。
⑤ 电影票房数据库。

进行自查自整工作。自2017年开始，网络大电影的上线开始大幅减少，随着监管加强，上线规模持续减少，行业逐步走向规范。

从制作成本看，2019年网络电影投资成本整体上涨。其中，投资成本达到300万元以上的影片数量占比48%，成本不足100万元的网络电影占比已经从2017年的49%压缩至12%。另外，仅在爱奇艺平台，网络电影部均营销成本也超过了100万元，同比增长67%[①]。

网络大电影的内容水平参差不齐一直深受行业关注，内容低俗、血腥暴力等成为部分网络大电影的代名词。优质代表性作品缺乏、口碑和盈利倒挂等都是网络大电影市场亟待解决的问题。以豆瓣评分为参照，2019年上半年，分账超过1000万元的15部网络电影豆瓣评分普遍较低，没有一部影片评分过6分。各大平台的影片分账票房TOP10与消费市场的口碑TOP10之间的重合度比较低。

随着院线电影口碑对票房影响力的不断扩大，观众审美偏好的变化和审美趣味的整体提升意味着口碑对网络电影的驱动性将愈加明显，将进一步刺激内容创作者们抛去浮躁，精心打磨优质作品，提升内核竞争力，推动行业提质转型。

（四）网络视听行业加速融合与下沉

1. "直播+"带动内容升级

"千播大战"之后，直播市场告别了疯狂爆发阶段逐渐进入成熟期。截至2019年6月，已有4.3亿的网民观看直播，各大平台共享风口，不断进行战略调整，不再单纯依赖流量和人口红利，积极探索"直播+"模式，通过与其他行业融合拓展更多业态，发力布局电商、游戏、综艺、教育等多元内容生态，进一步挖掘下沉市场，以更垂直、更精细化的产品模

[①] 《2019网络电影行业报告》，综艺报，https：//view.inews.qq.com/w2/20200107A0RE0M00?tbkt＝C1&strategy＝&openid＝o04IBAANtluaqqhL8KjEij7ZdrOQ&uid＝&refer＝wx_hot。

式深耕存量市场，满足不同用户的个性化需求。

直播+电商。2019年上半年每周至少看一次直播电商的用户比例高达71%，每天观看直播电商的用户比例达到25%①，直播带货的渗透率已经处于较高水平。2019年，中国直播电商行业的总规模达到4338亿元②。头部主播粉丝多、带货能力强，如2019年双十一期间薇娅引导成交销售额已达到她2018年全年的销售额（27亿元）。腰部KOL（即Key Opinion Leader，关键意见领袖）主播稀缺，新兴主播数量庞大，呈"哑铃形"分布，带货能力二八分化严重。在"带货经济"人才需求最高的前15个城市中，广州以略微优势位居榜首，素有电商大本营之称的杭州则排在第二位。3月24日，广州市商务局出台《广州市直播电商发展行动方案（2020—2022年）》，提出未来三年将孵化千个网红品牌，打造全国著名直播电商之都。

直播+游戏。斗鱼的App月活跃用户从2018年6月的3891万人次增长到2019年6月的4831万人次，再次实现24.2%的激增。虎牙则从2018年6月的3232万人次增长到2019年6月的3409万人次，同比增长仅为5.5%。受到短视频平台进军游戏直播行业的冲击，头部平台竞争加剧，纷纷出海拓展更大的市场，如虎牙旗下的海外游戏直播平台NimoTV进入巴西，并与Piuzinho、Elgato、Crusher、BrunoBittencourt等巴西主播达成独家合作。新兴技术的出现势必带来新的体验方式和服务形态，预计游戏直播平台未来将拓展云游戏板块。

直播+内容平台。2019年全年哔哩哔哩（bilibili，以下简称B站）直播和增值业务收入达16.4亿元，同比增长180%，在总营收中的占比自2018年起持续上升，达28.43%。百度贴吧、网易云音乐及各类短视频平台均增加直播类内容模块，丰富业务类型，增加用户黏性。

2. 短视频，迅速发展的新流量池

2019年短视频月活跃用户数达到8.21亿，同比增长32%，长视频月

---

① iiMedia 数据，https：//baijiahao.baidu.com/s?id=1655936282605294401&wfr=spider&for=pc。
② 艾媒咨询，https：//www.iimedia.cn/c1020/70132.html。

活跃用户数为 9.6 亿,同比增速仅为 2.4%,二者差距在进一步缩小。2019 年短视频用户使用时长也首次超过长视频。目前短视频行业已经形成"两超多强",字节跳动三款短视频产品去重用户接近 5.9 亿,快手用户达到 3.4 亿①,腾讯、百度的短视频产品也逐渐发力,试图在短视频千亿元规模市场中抢占先机。完成前期流量积累的抖音和快手,通过广告、电商、游戏、直播等多个渠道发力,拓展产品业态,进一步培养用户使用习惯和忠诚度,加速商业化变现。内容层面看,泛娱乐不再是短视频的主要代表词,用户规模不断扩大的同时,短视频消费需求正在不断升级,向专业化、小众化、细分方向发展。

(1)短视频从业者生存环境更加优质、广阔。

2019 年,抖音、快手入驻的主播数量增长迅速,仅昵称完全相似的主播数量就增长了 2.67 倍;优质的视频内容和讨喜的"剧情+"内容类型为主播增粉保驾护航;内容变现形式进一步丰富,从单一广告衍生出了短视频/直播电商、知识付费等多种形式,短视频从业者生存环境得到改善。

以被称为"东方美食生活家"的李子柒为例,腾讯发布的《2019 腾讯视频年度指数报告》显示,李子柒在综合影响力指数上问鼎短视频达人榜,目前李子柒在微博上的粉丝已超 2300 万,YouTube 上超 800 万。2018 年 8 月 17 日,李子柒同名天猫店铺正式开业,3 天销售额破千万元,2019 年双十一当天总成交额突破 8000 万元,创历史新高。其中,"桂花坚果藕粉"成为天猫食品冲饮类目第一个破千万元销售额的爆品。

(2)MCN 机构竞争加剧。

目前,短视频 MCN(Multi-Channel Network)机构数量已经超过了 6500 家②,并且 90% 以上的头部红人被 MCN 公司收入囊中,或成立了

---

① QuestMobile 短视频 2019 半年报告。
② 《MCN 机构江湖地图,谁掌握网红权力中心?》,站长头条,https://www.seoxiehui.cn/article-197205-1.html,2020 年 4 月 15 日。

自己的MCN。克劳锐针对315家中国MCN的生存状况调研显示，2018年超三成被调研MCN的营收规模在5000万元以上，营收规模破亿元的MCN数量占比高达6%。与国外MCN不生产内容，只是为内容创作者提供推广和变现渠道不同，中国本土MCN依托内容生产和IP运营两个基础业态，商业变现主要依靠广告营销和平台补贴（见图8）。

未来，面对行业发展规则性弱、优质人才短缺、内容创意匮乏、红人出走、头部效应集中、新IP打造难、主流变现渠道单一等问题，建设优质的内容团队和高效的运作模式，多渠道探索商业变现形式，是各MCN机构提高市场竞争力、实现突围的关键。

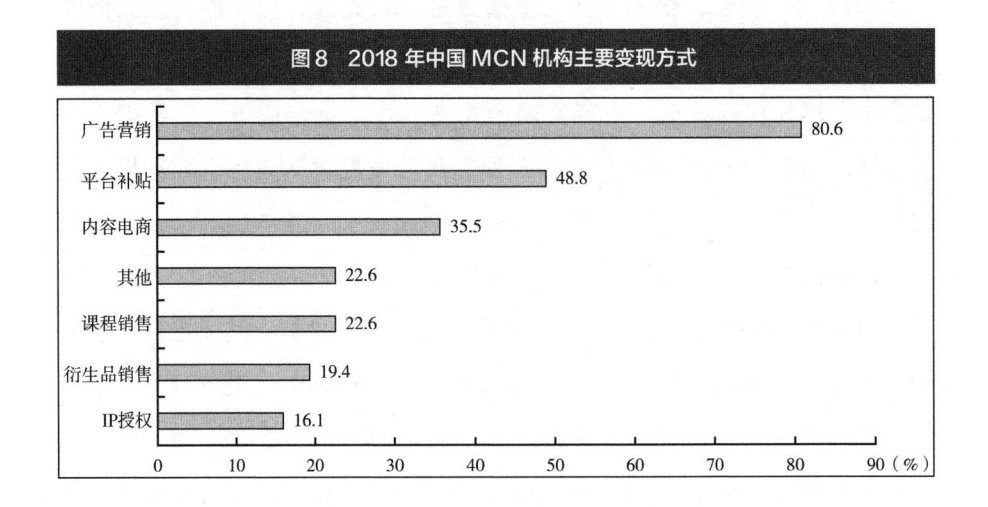

图8 2018年中国MCN机构主要变现方式

变现方式	占比（%）
广告营销	80.6
平台补贴	48.8
内容电商	35.5
其他	22.6
课程销售	22.6
衍生品销售	19.4
IP授权	16.1

（3）短视频出海全球大丰收。

2019年全球最受欢迎的5个App中，只有TikTok不属于Facebook集团。根据Sensor Tower Store Intelligence发布的最新数据，抖音海外版TikTok 2019年全年下载量超7.38亿次，击败Facebook和Facebook Messenger成为2019年下载量第二大的应用（见图9）。

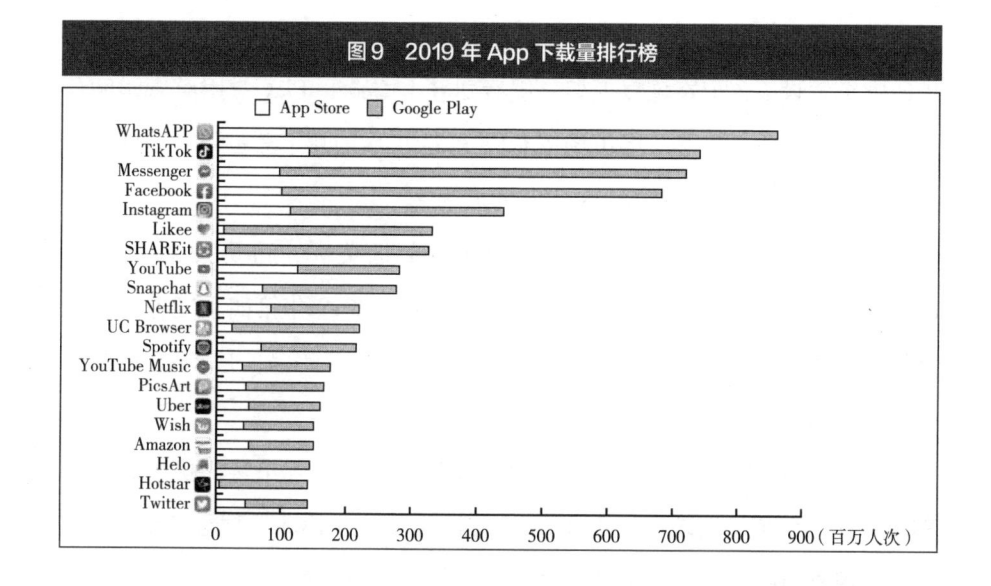

图9 2019年App下载量排行榜

截至2020年1月,TikTok的总下载量已达16.5亿次,2019年贡献了44%,新增用户同比增长13%。其中,2019年第四季度的首次安装量高达2.19亿次,同比增长6%,为发布以来最佳成绩(见图10)。

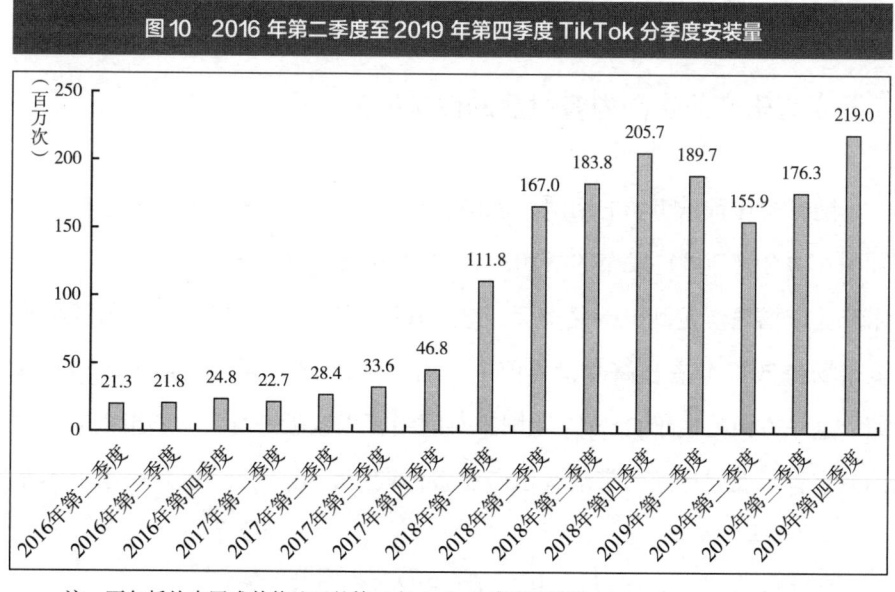

图10 2016年第二季度至2019年第四季度TikTok分季度安装量

注:不包括从中国或其他地区的第三方Android商店下载的。
资料来源:Sensor Tower Store Intelligence。

2019年，TikTok最主要的安装市场在印度。尽管在2019年4月下旬被印度短暂封杀，但在恢复上架一周后即登上Google Play应用商店印度免费下载榜的首位。最终印度市场依然以3.23亿次的总下载量领先全球，占总量的44%，远超2018年1.8亿次的成绩[①]。

2019年TikTok的全球总营收为1.769亿美元，占历史总营收额（2.476亿美元）的71%，较2018年暴涨5倍。2019年第四季度也是收入最好的季度，高达8850万美元，是第三季度营收的2倍，是2018年第四季度的6倍[②]。

国内短视频行业的另一巨头快手也在积极谋求国际市场。快手瞄准了TikTok在巴西市场的缺位，迅速在当地上线国际版Kwai，截至2019年11月，已保有700万用户，下载量在巴西市场位列第五[③]。

欢聚集团面向海外市场的短视频产品Likee，2019年第二季度MAU为8070万，第四季度为1.15亿，增长3430万，半年增速42.55%，已经成为其在海外的增长点。从Sensor Tower发布的全球非游戏应用下载榜单来看，Likee也多次上榜，可见其推广力度之大。

（五）音乐产业走向内容付费的良性循环

随着全球音乐市场的回暖，中国音乐市场进入快速发展阶段，根据国际唱片协会（IFPI）发布的《2019年全球音乐产业报告》，2018年全球音乐产业市场规模达到191亿美元，较2017年增长了近10%，中国音乐产业市场在2017年首次跻身世界前十之后，于2018年攀升至第七，增长快速。这一方面是由于自2015年国家对网络音乐盗版进行大力整肃以来，中国数字音乐发展迅速，带动音乐产业整体向上；另一方面也是由于资本市

---

① 白鲸出海：《超越自我的一年TikTok都在2019年实现了什么？》。
② 白鲸出海：《超越自我的一年TikTok都在2019年实现了什么？》。
③ 《TikTok在国外究竟有多厉害？》，刺猬公社，https://www.jiemian.com/article/3872200.html。

场对中国音乐行业投入了更多的关注和支持。据《2019年中国音乐产业发展报告》统计数据，2018年中国音乐产业总规模达到了3700多亿元，根据中商产业研究院预测，2019年中国音乐产业总规模将超4000亿元，较2015年增加近1000亿元（见图11）①。

图11 2012~2019年中国音乐市场规模统计

年份	规模（亿元）
2012	2415.18
2013	2716.59
2014	2851.50
2015	3018.19
2016	3253.22
2017	3470.94
2018	3731.95
2019E	4012.60

资料来源：《2019年中国音乐产业发展报告》，中国音像与数字出版协会音乐产业促进工作委员会。

1. 数字音乐用户保持年轻化

截至2019年6月，我国网络音乐用户规模达6.08亿人，较2018年底增长3229万人，占网民整体的71.1%（见图12）；手机网络音乐用户规模达5.85亿人，较2018年底增长3201万，占手机网民的69.1%②。在手机音乐应用方面，根据极光大数据发布的《国内在线音乐社区研究报告》，目前我国手机应用分为三大阵营，第一阵营包括QQ音乐、酷狗音乐、酷我音乐和网易云音乐；第二阵营主要包括虾米音乐和咪咕音乐；第三阵营主要包括千千音乐和爱听4G，三大阵营在资本关系上，背后主要为腾讯、阿里和百度。

---

① 《2019年中国在线音乐市场现状及发展前景预测》，中商情报网，https：//baijiahao. baidu. com/s? id = 1644315026983459730&wfr = spider&for = pc。

② 《2019年中国在线音乐市场现状及发展前景预测》，中商情报网，https：//baijiahao. baidu. com/s? id = 1644315026983459730&wfr = spider&for = pc。

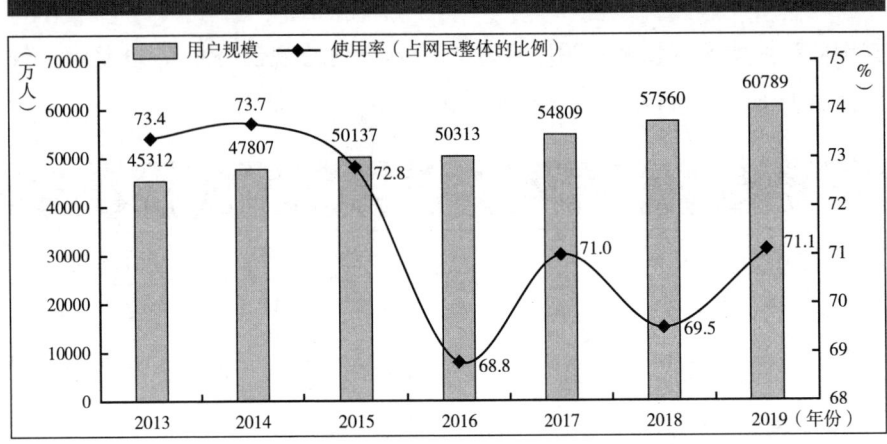

图12　2013~2019年上半年中国网络音乐网民规模及使用率

年份	用户规模(万人)	使用率(占网民整体的比例)(%)
2013	45312	73.4
2014	47807	73.7
2015	50137	72.8
2016	50313	68.8
2017	54809	71.0
2018	57560	69.5
2019	60789	71.1

资料来源：《2019年中国音乐产业发展报告》，中国音像与数字出版协会音乐产业促进工作委员会。

iiMedia Research（艾媒咨询）数据显示，35岁及以下的青年群体是手机音乐客户端的主要用户，占比超70%（见图13）。公开数据显示2019年网易云音乐新增用户中有85%是"95后"，独立原创音乐人"95后""00后"占比达

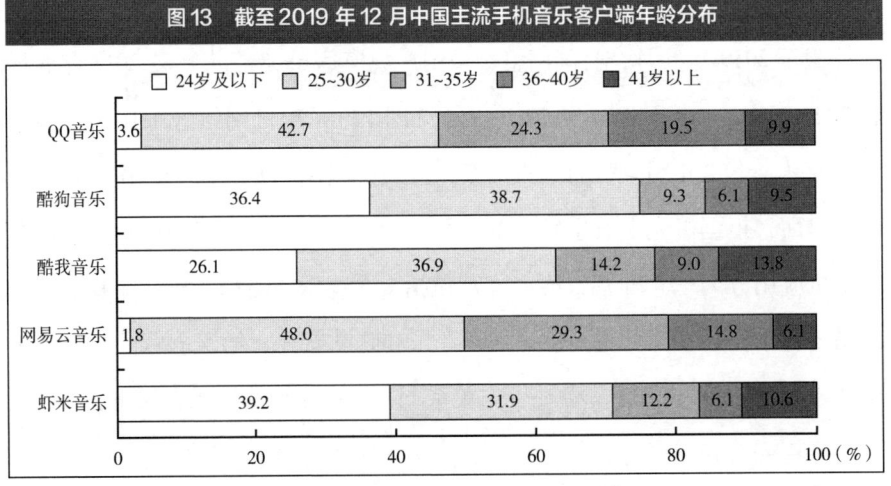

图13　截至2019年12月中国主流手机音乐客户端年龄分布

客户端	24岁及以下	25~30岁	31~35岁	36~40岁	41岁以上
QQ音乐	3.6	42.7	24.3	19.5	9.9
酷狗音乐	36.4	38.7	9.3	6.1	9.5
酷我音乐	26.1	36.9	14.2	9.0	13.8
网易云音乐	1.8	48.0	29.3	14.8	6.1
虾米音乐	39.2	31.9	12.2	6.1	10.6

资料来源：《2019~2020中国手机音乐客户端市场研究报告》，https://www.iimedia.cn/c400/68645.html。

60.3%，在活跃用户中"95 后"超过 60%[①]。青年用户群体对音乐风格的包容性更高，对客户端的创新功能接受更快，对音乐的消费意愿也更为强烈。

2. 数字音乐版权付费逐步规范

在音乐版权意识不断加强和国家对盗版音乐的打击之下，数字音乐版权商用市场逐步规范，越来越多的用户接受并愿意为正版音乐付费，为中国数字音乐产业带来新的发展动力。艾瑞咨询数据显示，2018 年中国 2C 端的数字音乐平台收入达到 76.3 亿元，其中近 60% 来源于用户付费收入，2019 年用户付费收入估计可达 58.7 亿元。QQ 音乐、网易云音乐、酷狗音乐等主流数字音乐平台已经基本形成用户付费为主、广告及版权转授权为辅的商业模式。在国家严格的监督管理之下，2C 端的数字音乐平台正版音乐占平台资源的 90% 以上，在严格的政策环境和用户规模快速增长的背景之下，数字音乐平台厂商对音乐版权资源的竞争加剧，同时短视频行业加入音乐版权资源的布局中。2019 年 8 月，抖音对外宣布，已先后与包括环球音乐、华纳音乐、环球词曲、太合音乐、华纳盛世等在内的多家唱片及词曲版权公司达成合作，抖音获得这些公司全曲库音乐使用权。阿里也将收购音乐版权巨头，旨在围绕智能终端设备，丰富家庭娱乐场景，将在直播、ioT 智能设备、在线 K 歌等领域开启数字音乐内容新商业模式。

3. 数字音乐付费潜力仍然巨大

随着数字音乐用户规模的扩大以及付费音乐商业模式的不断探索，数字音乐内容付费意识已经初步形成。目前，平台会员服务和数字专辑是我国数字音乐付费的主要模式，在平台会员服务模式下，平台为付费会员提供高品质音乐声效、付费音乐欣赏、下载等服务，并结合粉丝社群经营，提供明星见面会、演唱会门票预订等差异化服务。在数字专辑方面，用户对于数字内容产品的接受度不断提升，网易云音乐 2019 年度音乐榜单显

[①] 《网易云音乐副总裁李茵：2019 年的新增用户中有 85% 都是 95 后》，杭州网，https://tech.163.com/19/1124/14/EUOKBEPL00097U7R.html。

示,排名第一的是王嘉尔的首张数字专辑 MIRRORS,上线后销售超 80 万张,刷新了网易云音乐平台数字专辑最高销量纪录,周杰伦的单曲《说好不哭》上线仅 12 小时销量就突破了 500 万张,销售额突破 1500 万元,说明数字专辑已经成为有效激发用户数字音乐消费的主要渠道。

艾瑞咨询研究数据显示,2018 年我国数字音乐付费用户渗透率已达 5.3%,2019 年估计可达 6.3%(见图 14),相较 2015 年,增加了 4.6 个百分点。但与美国、日本、韩国等成熟市场相比仍差距巨大。根据 RIAA 的最新数据①,2019 年美国流媒体音乐收入增长了 19.9%,达到 88 亿美元,占所有音乐收入的 79.5%,美国主流数字音乐平台 Spotify 2018 年付费率达到 46.4%,而韩国市场的数字音乐付费率达到了 90%。

目前来看,我国数字音乐付费潜力巨大,未来数字音乐产业需要不断加强产业链上游布局,尝试自主生产音乐内容,减少版权成本,同时扩大内容储备,创新产品模式,深耕偶像经济运营,探索流媒体音乐平台模式,以进一步激发用户付费意愿。

图 14 2013~2020 年中国数字音乐付费用户规模及渗透率

资料来源:《2019 年中国数字音乐内容付费发展研究报告》,https://www.iresearch.com.cn/Detail/report?id=3411&isfree=0。

---

① 《RIAA:2019 年流媒体音乐收入增长近 20%》,http://www.199it.com/archives/1016917.html。

（六）游戏产业内部提升与海外布局双轨并行

经过2018年的产业和政策等方面的调整，2019年中国游戏产业发展总体向好，各地政府逐步加快对游戏产业的布局，以游戏为主导的产业园区建设加快，国内游戏产业链持续扩宽和延伸，游戏产业对拉动就业和文化产业发展提供了新的增长动力。

1. 游戏产业追求高质量发展，用户增速放缓

2019年中国游戏产业发展整体平稳向上，中国音数协游戏工委公布数据显示，2019年中国游戏市场实际销售收入达2308.8亿元，较2018年增长了164.4亿元，涨幅7.7%（见图15），游戏产业继续保持增长态势。随着市场竞争环境越来越激烈，再加之相关政策的调整，游戏产业增速逐步放缓，在经历2018年游戏版号暂停审批之后，游戏产业内部也进行了自我调整，游戏制作开始向精品化、艺术化发展，高质量原创游戏成为游戏企业的发力点，游戏的文化属性被进一步激发。

图15 2015~2019年中国游戏市场实际销售收入

资料来源：中国音数协游戏工委：《2019年中国游戏产业报告》。

2019年中国游戏用户规模达到6.4亿人，较2018年提高了2.5%（见图16），其中移动游戏用户规模达到6.2亿人，较2018年涨幅为3.2%

（见图17）。总体来看，中国游戏用户趋于饱和，人口红利逐渐消失，游戏企业之间对于用户的争夺也将愈加激烈。2019年，中国女性游戏用户达到3亿人，占整体用户规模的46.2%，但中国游戏市场女性用户贡献的实际销售收入为526.8亿元，仅占整体游戏市场收入的22.8%，市场潜力巨大，进一步激发女性用户在游戏上的消费或将成为未来游戏企业努力的方向。

图16 2015~2019年中国游戏用户规模

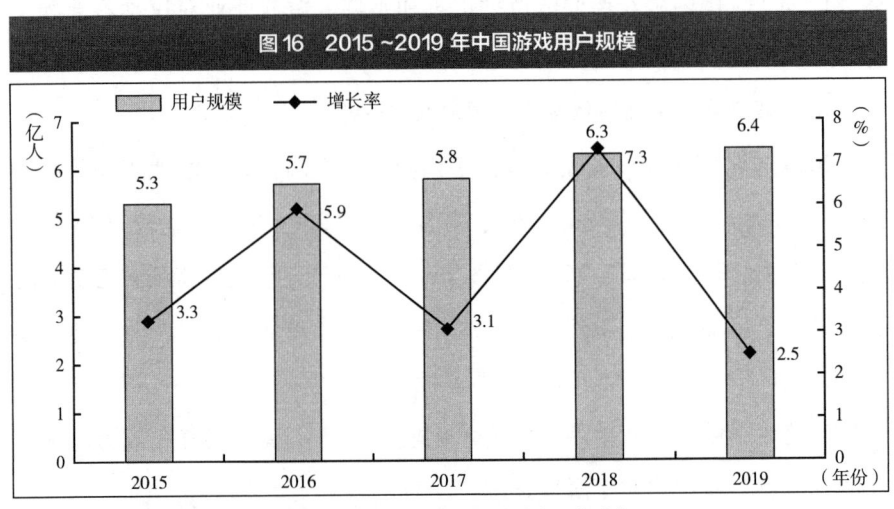

资料来源：中国音数协游戏工委：《2019年中国游戏产业报告》。

图17 2015~2019年中国移动游戏用户规模

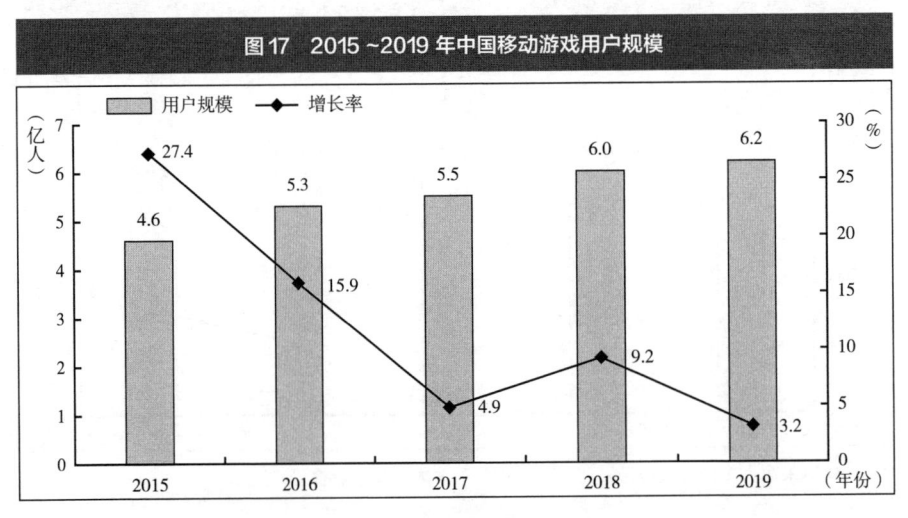

资料来源：中国音数协游戏工委：《2019年中国游戏产业报告》。

2. 积极开拓海外市场，成为文化出海的排头兵

中国游戏产业在国内不断发展的同时，也积极拓展海外市场，成为我国文化"走出去"的重要载体。《2019年中国游戏产业报告》数据显示，美国、韩国和日本是中国游戏产业出海的主要国家，市场实际销售收入占总体市场规模的67.6%（见图18）。在游戏类型上，国产角色扮演类、策略类、MOBA（多人即时战略）类和射击类游戏在国际市场上表现不俗，在Sensor Tower公布的2019年中国手游收入TOP30全年榜单中，腾讯出品的 *PUBGMOBILE*（和平精英国际版）、莉莉丝出品的《万国觉醒》、网易出品的《荒野行动》位列前三，其中 *PUBGMOBILE*（和平精英国际版）和《荒野行动》虽为同类型游戏，但《荒野行动》与日本动漫文化联动颇多，深受日本玩家喜爱，Sensor Tower数据显示[①]，《荒野行动》超过98%的海外收入来源于日本市场。

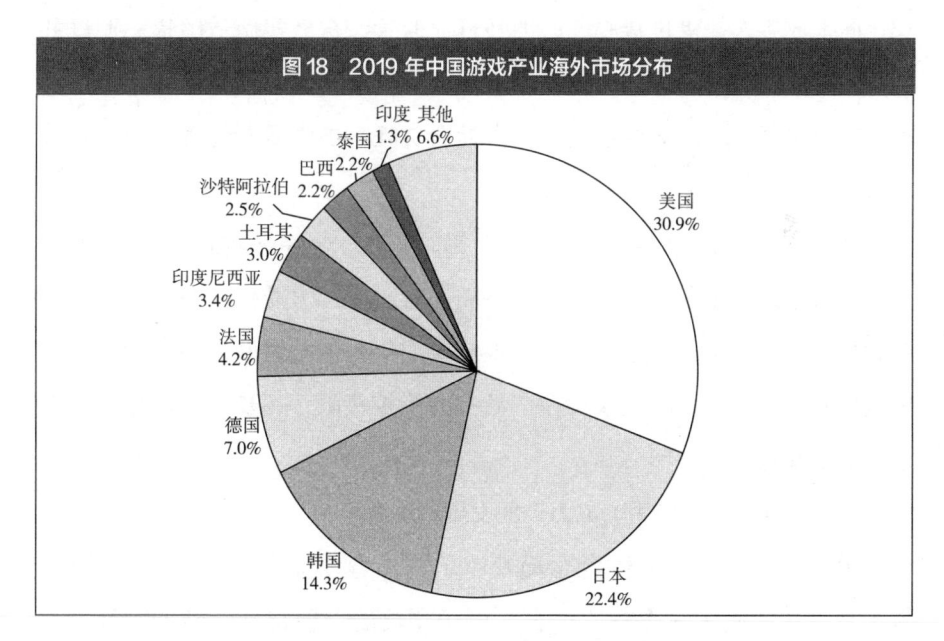

图18 2019年中国游戏产业海外市场分布

- 美国 30.9%
- 日本 22.4%
- 韩国 14.3%
- 德国 7.0%
- 法国 4.2%
- 印度尼西亚 3.4%
- 土耳其 3.0%
- 沙特阿拉伯 2.5%
- 巴西 2.2%
- 泰国 2.2%
- 印度 1.3%
- 其他 6.6%

资料来源：中国音数协游戏工委：《2019年中国游戏产业报告》。

[①] 《〈PUBG Mobile〉及〈和平精英〉11月全球总收入破15亿美元》，郑超前，https://www.jiemian.com/article/3773139.html。

国外游戏产业发展起步较早，市场也更为成熟，中国游戏出海，一方面能将中国文化融入游戏之中，成为展现中国优秀传统文化的重要平台；另一方面，面对成熟的国外市场，中国游戏企业将更加重视游戏品质，提高游戏原创水平，这将助推国内游戏企业形成专业、高效的研发运营体系，对中国游戏产业高质量发展有积极的作用。

3. 企业不断加强自律，营造良好游戏产业环境

近几年游戏产业的快速发展，使如何防止未成年人沉迷游戏成为社会热点。在国家层面，2018年国家新闻出版署、教育部、国家卫生健康委员会、国家体育总局等八部门共同印发《综合防控儿童青少年近视实施方案》，要求对国内网络游戏总量和新增网络游戏商务运营数量进行调控，之后，2019年10月国家新闻出版署发布《关于防止未成年人沉迷网络游戏的通知》，对网络游戏用户实名认证、控制未成年人网络游戏时段/时长、向未成年人提供付费服务、加强行业监管、探索实施适龄提示制度和积极引导家长、学校等社会各界力量履行未成年人监护守护责任提出了要求，在政府层面对游戏企业提升自身社会责任，加强运营管理提出了明确要求。

对于各游戏企业而言，经过2019年的调整，各游戏企业积极响应政策要求，通过技术手段和模式创新，不断完善未成年人防沉迷系统，加强游戏时长管控，推行游戏适龄提示，限制未成年人网络游戏消费，增加游戏风险提示，提高未成年人家长在产品中的管控权限，逐步营造健康积极向上的游戏环境。

4. 电子竞技释放潜力，成为产业发展新动力

2019年4月，国家体育总局发布了《体育产业统计分类（2019）》，电子竞技正式归为体育竞赛项目，电子竞技的发展将进一步革新社会对游戏产业的认知，引导游戏产业正向发展。2019年，中国电竞游戏市场收入947.3亿元，较2018年增加112.9亿元，涨幅达13.5%（见图19）。

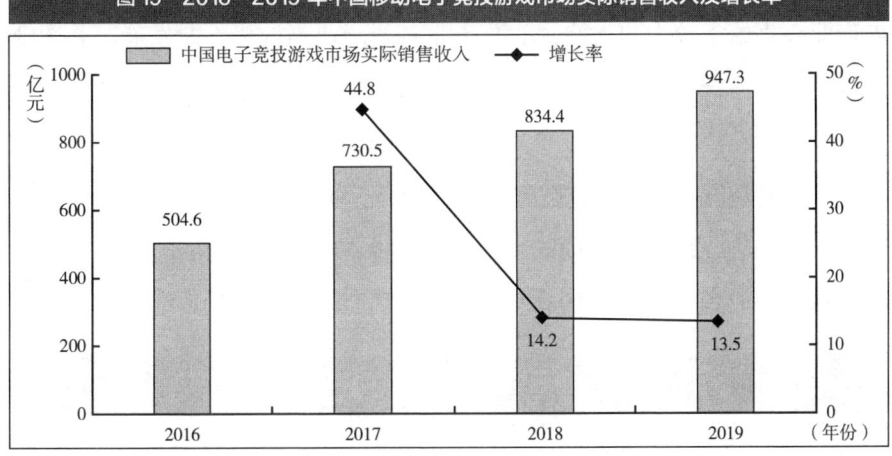

图19 2016~2019年中国移动电子竞技游戏市场实际销售收入及增长率

资料来源：中国音数协游戏工委：《2019年中国游戏产业报告》。

目前，中国已经形成具有较强影响力和发展潜力的电竞市场，随着游戏用户群体的扩大，游戏用户向电子竞技赛事观众转化将更加快速和明显，电子竞技的商业价值将被逐步释放，从而成为促进游戏产业发展的新动力。

同时，电子竞技也成为我国西部部分省区市发展经济、实现弯道超车的重要依托。据不完全统计，目前四川省21个市州已经有17个成立了电竞协会，18所高校开设电竞专业，其中成都和绵阳发展形成四川省电竞产业核心聚集区。发展电子竞技已经成为四川省释放产业动能和文化潜能，吸引、集聚产业人才的重要方式。

未来随着技术的进步和游戏企业的不断投入，5G、云游戏、AR/VR等技术在游戏领域的成熟运用指日可待，游戏行业将涌现出更多新模式、新产品和新业态，游戏产业将越发充满活力。

（七）动漫产业崛起之路日渐清晰

近年来，我国动漫产业发展在原创内容和制作水平上都有长足的进步，类型和题材也日趋多元化，国家在政策、资金、基地建设等方面对动漫产业一直给予较大的支持，动漫产业向着产业集群化不断发展，并逐渐形成了较为活跃的消费市场，中国国际数码互动娱乐展览会（ChinaJoy）、中国国际动漫游戏博览会（CCGExpo）、中国国际动漫节等动漫展会热度不断，交易活跃。相关研究数据显示，2013～2019年我国动漫产业产值总体呈上升趋势，2018年我国动漫产业产值为1712亿元，初步估计2019年我国动漫产业总产值达到1941亿元①（见图20）。

图20 2013～2019年中国动漫产业总产值

资料来源：作者根据前瞻研究院《2019年中国动漫产业市场现状及发展趋势分析》数据自制。

1. "二孩"激发电视动画活力

国家统计局数据显示②，2019年我国生产电视动画片94659分钟，较2018年增加8402分钟，增长9.7%，从近5年电视动画片生产时长来看，国产电视动画片产量处于下降反弹趋势（见图21），这是因为政府补贴减少导致电视动画业生产量随之降低，但近两年受全面二孩政策影响，新生

---

① 前瞻研究院。
② 《中华人民共和国2019年国民经济和社会发展统计公报》，国家统计局，http://www.gov.cn/xinwen/2020－02/28/content_ 5484361.htm。

儿数量增加，电视动画片市场逐渐回暖。国家广播电视总局2019年推荐的优秀国产电视动画片，如《小鸡彩虹》《新大头儿子和小头爸爸传奇兜兜》《奇奇怪怪》《超级飞侠》等作品，无论是风格还是主题都主要面向12岁以下的低幼儿童，说明低幼动画占据电视动画片市场主流。

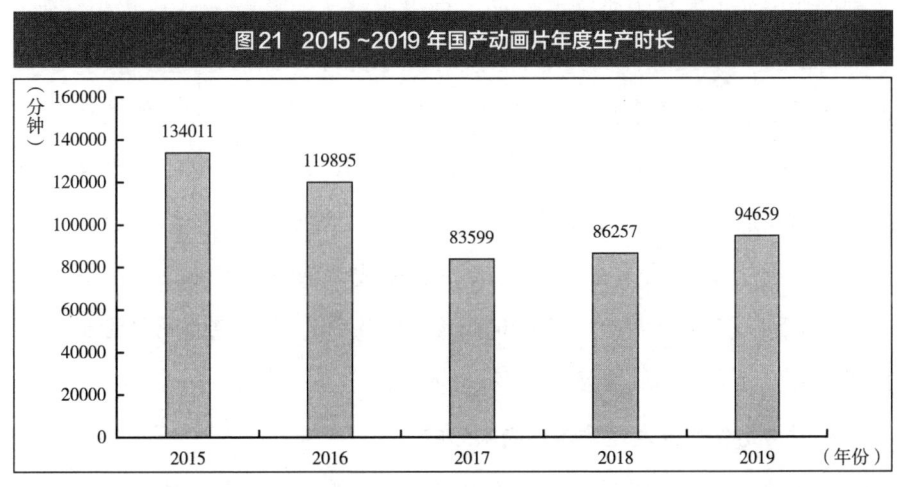

图21　2015~2019年国产动画片年度生产时长

年份	生产时长（分钟）
2015	134011
2016	119895
2017	83599
2018	86257
2019	94659

资料来源：作者根据国家统计局《中华人民共和国2019年国民经济和社会发展统计公报》数据自制。

2. 动漫电影频出"国漫之光"

2019年中国动漫产业涌现出一批精品作品，特别是在动画电影方面，据国家电影局统计，2019年国内共生产了51部动画电影，有1部动画电影票房过10亿元，3部过5亿元，16部破亿元，17部超过5000万元，如《白蛇·缘起》《罗小黑战记》《哪吒之魔童降世》等作品既赢得了观众的口碑，也在票房上获得了巨大的成功。特别是《哪吒之魔童降世》，创造了中国动画电影票房纪录，以7亿美元的成绩位居2019年全球票房榜第11名，并成为中国影史票房第二。一方面，我国动漫产业在制作技术水平上，有了较大的提高，经过一段时间代工时期的技术沉淀，国内动画企业在人物塑造、场景还原以及动作细节的刻画方面都有长足的进步；另一方面，在内容原创和改编方面，丰富的传统文化为动漫企业打造精品IP提供了生动的素材。

3. 互联网动漫着力打造 IP

与电视动画片不同的是，互联网动漫平台一直是非低幼动漫的重要传播渠道，各大互联网动漫平台除了聚集大量优质国外动漫资源，也在积极推动国产原创动漫的制作，并着力打造爆款 IP。如哔哩哔哩和腾讯视频，主导制作出品了大量优质动漫产品，推出了《天官赐福》《狐妖小红娘》《一人之下》《我是大神仙》《尸兄》等众多优秀的国产动漫。此外，互联网动漫平台还积极探索更多延长动漫 IP 生命力和增加经济价值的运营方式，如不断探索动漫 IP 改编形式，推动动漫 IP 的真人电影、舞台剧、游戏改编以及加大动漫 IP 衍生品的开发。同时，在知名 IP 的动漫改编方面，众多科幻类小说及仙侠玄幻类网络小说被改编成动漫作品，如《三体》《全职高手》《斗罗大陆》《牧神记》《斗破苍穹》等小说的同名漫画一经推出，就受到动漫爱好者及原著粉丝的追捧。

4. 动漫衍生品开发运营体系尚未形成

中国动漫行业发展至今，已经积累了一定的动漫资源，从《喜羊羊与灰太狼》《熊出没》到《大圣归来》《大鱼海棠》再到2019年的《哪吒之魔童降世》都在市场上取得了不错的反响，但其衍生品的收入很少达到票房的10%以上，这和世界动漫行业的标准收入分配有极大的差别。以《哪吒之魔童降世》为例，在高口碑和高票房之下，是衍生品开发的滞后，从公开信息发现，在电影上映一周内，一些盗版的周边就已经在网络上销售，而官方产品电影上映2个月后还在众筹当中。一方面，我国动漫衍生品领域盗版屡禁不止，严重挤占了正版产品的市场和收入；另一方面，版权所有方缺乏提前意识和敏感性，无法准确判断市场需求，没有进一步布局衍生品开发。

中国动漫行业已经进入快速发展的时期，未来需要不断延长产业链，加深动漫产业在游戏开发、主题乐园建设以及玩具、服饰、日用消费品领域的布局，丰富动漫衍生品的种类，以动漫衍生品提高动漫产品的生命周期和经济价值，形成良性的产业生态。

（八）演艺市场多点绽放，形式创新

2019年演艺行业整体蓬勃发展，演出票房达到200.41亿元，同比增长7.29%，票房增速赶超电影市场。在整体稳步上涨的同时，呈现多元化均衡发展态势，各种演出形式全面开花。从消费结构来看，中国观演人群已呈现"低频次、高单价、稳输出"的消费特征，不同年龄层和地域的观众观演取向正逐渐清晰。"90后"和"00后"已成为演出消费的主力军，2019年占观演用户群体比例达61%，其中，"95后"购买力持续增长，"00后"更偏爱演唱会。一、二线城市观演人群占八成，下沉市场潜力尚未有效挖掘，其中剧场下沉更为困难。女性是剧场和演唱会消费主力军，总体占比65%，相较于演唱会，剧场观演人群中女性占比更大。在演出花费方面，演唱会的人均投入最高，平均为1525元/人；其次是音乐剧，人均支出1280元/人。35岁以上观众的人均消费金额最高，"90后"新晋父母则更愿意为孩子花钱，他们在儿童剧方面人均消费金额最高。

1. "跨城观演"成风潮

2019年全年演唱会、音乐节票房收入42.59亿元，同比上升6.88%，总场次超过2000场，整体态势良好，票房收入和演出场次同步上升。其中，仅2019年上半年音乐节平均票房同比增长就超过30%，5月涨幅最大，单月音乐节票房规模同比增长达2倍以上。

从现场娱乐消费地域分布来看，北京、上海、广州、深圳、杭州、海口等一线和新一线省会城市在演出供给上仍然占据领先优势，这种优势激发了大规模的"跨城消费"，TFBOYS"告白TheFever"六周年演唱会在深圳举行，跨城观演比例达到了92%，而华晨宇"火星"演唱会—海口站则是2019年度覆盖购票用户地域最广的一场演唱会，有来自332个城市的歌迷跨城观演。

2. 票务电子化时代到来

针对"高价二手票""黄牛票"等演出市场乱象，2019年12月，文化和旅游部发布《文化和旅游部关于进一步加强演出市场管理的通知（征求意见稿）》，提出探索建立全国统一的演出票务监管服务平台，推动票仓公开透明；并提出将加强票源流向监管，支持充分运用信息网络技术，实时监测演出票源及流向，促进演出票务公平交易。2020年1月1日，张信哲"未来式"世界巡回演唱会无锡站在无锡市体育中心体育馆举行，大麦网购票用户全部凭电子票扫码入场，这是无纸化技术在国内大型演唱会现场的首次规模化应用，预示着演出票务市场逐渐进入"无纸化时代"。

3. "云蹦迪"探索新玩法

2020年2月4日，摩登天空在B站直播间发起"宅草莓不是音乐节"线上试播活动，以"音乐人宅家分享+2019草莓音乐节演出现场"的形式，在5天时间里陆续播放盘尼西林、新裤子、海龟先生等73组乐队和艺人们的历年演出录像及部分全新的自制音乐节目内容。2月22日，摩登天空再次联合今日头条、西瓜视频推出"宅草莓"线上音乐节，是摩登天空线上项目中艺人规模最大的一次。基于长线发展线上IP的考量，此次今日头条、西瓜视频及摩登天空在制作、节目编排、宣传推广上投入了更多精力，走向深度孵化。这是国内大型音乐节首次以线上直播的形式出现在互联网平台。虽然是新冠肺炎疫情危机下线下音乐的止损之路，但同时也是打开新市场的一次尝试。未来演出市场或许可以探索更多线下演出的线上场景。

4. 旅游演艺蓬勃发展

2019年旅游演出增幅最大，同比上升9.58%，票房收入达73.79亿元①。2019年3月，文化和旅游部发布《关于促进旅游演艺发展的指导意

---

① 《回望峥嵘企盼春天——2019年演出行业洞察报告》，灯塔研究院，https://tech.sina.com.cn/roll/2020-03-25/doc-iimxyqwa3123128.shtml。

见》，这是我国首个促进旅游演艺发展的纲领性文件，行业将迎来黄金发展期。随着品位升级和游客对文化体验和互动需求的增加，沉浸式旅游演艺将成为"资本竞逐新蓝海"。科技手段的应用将大幅拓宽旅游演艺的表现形式和内容边界。

（九）旅游行业步入文旅融合快车道

随着我国居民消费需求的持续扩张，我国居民旅游频次和消费水平不断提高，旅游逐渐成为生活常态，2019年我国旅游行业继续保持高速发展，行业规模持续扩大，产品体系日益完善，市场秩序不断优化。据国家统计局数据，2019年国内游客突破60亿人次，比上年增长8.4%（见图22）；国内旅游收入57251亿元，增长11.7%；入境游客14531万人次，增长2.9%。其中，外国游客3188万人次，增长4.4%；香港、澳门和台湾同胞11342万人次，增长2.5%。在入境游客中，过夜游客6573万人次，增长4.5%。国际旅游收入1313亿美元，增长3.3%。国内居民出境16921万人次，增长4.5%。其中，因私出境16211万人次，

图22 2015~2019年国内游客人次及其增长速度

年份	国内游客人次（亿人次）	增长（%）
2015	39.9	10.5
2016	44.4	11.0
2017	50.0	12.8
2018	55.4	10.8
2019	60.1	8.4

资料来源：作者根据国家统计局数据自制。

增长4.6%；赴港澳台出境10237万人次，增长3.2%①。

1. 出境游市场火热

随着居民收入水平的提高，选择出境游的中国消费者日益增多，近几年，国内二三线城市机场国际航线增加，截至2018年底，我国航空公司国际定期航班通行65个国家的165个城市，国际航线增至849个②，国内居民出境交通大大改善。同时，国际签证环境改善，根据外交部领事数据③，截至2019年1月，有14个国家与中国实现全面互免签证，15个国家和地区单方面给予中国公民免签入境待遇，44个国家和地区单方面给予中国公民落地签证便利以及其他相关签证简化及优惠政策。交通和签证问题的优化进一步激发了我国国内居民出境游意愿。

从出境游的目的地市场结构来看，我国港澳台地区由于语言差异较小、部分商品具有较大价格优势，依然是内地居民出境游的首选，但由于香港社会问题和台湾旅游政策变化，赴港澳台出境游人数增速明显放缓。

除港澳台地区外，"一带一路"沿线国家热度提高明显，根据马蜂窝发布的数据④，2019年出境自由行国家热度排名前十中，"一带一路"沿线国家占了7个，同时不少欧洲国家加入"一带一路"倡议后旅游热度明显提升，塞尔维亚、黑山、格鲁吉亚等国家中国游客明显上升（见表1）。

2. 自由行产品不断细分

在新一轮消费升级的大背景下，消费者对旅游产品的个性化需求越来越旺盛，自由行成为消费者旅游的重要选择。马蜂窝公布的数据显示⑤，

---

① 《中华人民共和国2019年国民经济和社会发展统计公报》，国家统计局，http://www.gov.cn/xinwen/2020-02/28/content_5484361.htm。
② 《2019年中国在线出境游行业研究报告》艾瑞咨询，http://report.iresearch.cn/report/201909/3442.shtml。
③ 《中国护照"含金量"！》，人民日报，https://baijiahao.baidu.com/s?id=1622281722204438085&wfr=spider&for=pc。
④ 《全球自由行2019》，马蜂窝，http://www.mafengwo.cn/gonglve/zt-952.html。
⑤ 《全球自由行2019》，马蜂窝，http://www.mafengwo.cn/gonglve/zt-952.html。

北京、上海等一线大城市由于经济发展水平、居民综合素质及收入相对较高，是自由行市场的主要客源地，重庆、杭州等新一线城市以及佛山、大连等二线城市居民对自由行的关注度也明显提高。在下沉市场，三四线城市自由行人群增速明显，自由行消费潜力巨大，数据显示①，三线城市在自由行关注度提升TOP50中，占比过半（见表2）。

表1　2019年出境自由行国家热度排名

排名	国家	排名	国家
1	日本	6	土耳其
2	泰国	7	马尔代夫
3	新加坡	8	韩国
4	马来西亚	9	澳大利亚
5	越南	10	菲律宾

表2　2019年自由行关注度提升的城市TOP50

排名	城市		排名	城市	
1	揭阳	三线城市	19	赣州	三线城市
2	吉林	三线城市	20	乌鲁木齐	三线城市
3	潍坊	三线城市	21	徐州	二线城市
4	淮安	三线城市	22	连云港	三线城市
5	呼和浩特	三线城市	23	保定	三线城市
6	沧州	三线城市	24	贵阳	二线城市
7	中山	二线城市	25	廊坊	三线城市
8	盐城	三线城市	26	威海	三线城市
9	临沂	三线城市	27	银川	三线城市
10	汕头	三线城市	28	包头	三线城市
11	合肥	二线城市	29	烟台	二线城市
12	淄博	三线城市	30	扬州	二线城市
13	东莞	新一线城市	31	新乡	三线城市
14	芜湖	三线城市	32	长春	二线城市
15	南通	二线城市	33	泸州	四线城市
16	泰州	三线城市	34	常州	二线城市
17	兰州	二线城市	35	深圳	一线城市
18	济南	二线城市	36	咸阳	三线城市

---

① 《全球自由行2019》，马蜂窝，http://www.mafengwo.cn/gonglve/zt-952.html。

续表

排名	城市		排名	城市	
37	江门	三线城市	44	南昌	二线城市
38	惠州	二线城市	45	海口	二线城市
39	太原	二线城市	46	宝鸡	四线城市
40	鞍山	三线城市	47	西安	新一线城市
41	肇庆	三线城市	48	镇江	三线城市
42	遵义	三线城市	49	昆明	新一线城市
43	乐山	四线城市	50	唐山	三线城市

注：城市线划分参考2019年5月24日第一财经·新一线城市研究所发布的《2019城市商业魅力排行榜》。

资料来源：中国旅游研究院马蜂窝自由行大数据联合实验室。

在自由行产品形态上，高端定制自由行和深度游成为消费者青睐的产品形态。近年来，消费者对旅游的质量及体验要求越来越高，消费者对旅游路线、交通方式、餐饮、住宿方面的个性化更为重视，各类定制主题游，如动漫游、购物游、亲子游、自然风光游等自由行定制产品受到高端自由行消费者的追捧。同时，消费者不再满足于观光打卡式旅游，深度体验游成为常态，各地文化体验和旅游演艺项目深受欢迎，如美国百老汇演出、西班牙斗牛表演、意大利歌剧等成为消费者深度游必打卡的文化体验。

3. 文化体验成为旅游的重要组成

自2018年文化和旅游部成立以来，文化和旅游融合成为旅游发展的重要目标，文化体验成为消费者旅游途中的重要组成。中国旅游研究院数据显示[①]，2019年上半年，有80%以上的游客在旅游过程中参与了文化体验，超过40%的游客体验过人文旅游景点、历史文化街区，25%~40%的游客体验过博物馆、美术馆（艺术馆）、图书馆、文化馆（文化站）（见图23）。特别是博物馆，已经成为游客旅途中重要的文化体验场所和旅游目的地，如故宫博物院、国家博物馆、陕西历史博物馆、秦始皇帝陵博物院

---

① 《2019上半年全国旅游经济运行情况》，中国旅游研究院，http://www.199it.com/archives/917066.html。

等博物馆依托丰富的历史文化资源，通过短视频等新的营销方式及网红文创产品，越来越受到公众特别是年轻游客的关注。

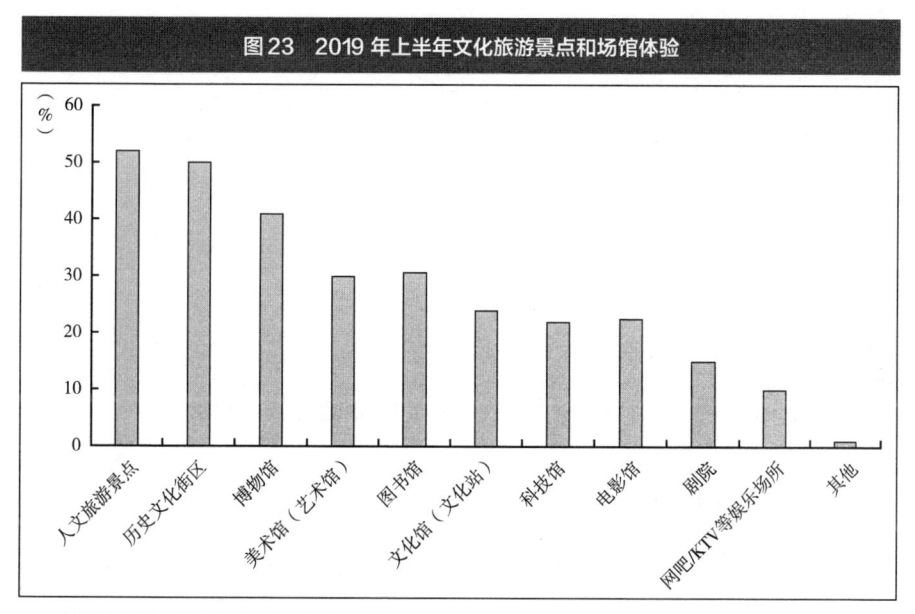

图 23　2019 年上半年文化旅游景点和场馆体验

资料来源：作者根据《马蜂窝全球自由行报告 2019》数据自制。

（十）广告行业面临新数字营销方式大冲击

受"直播带货"、短视频营销等新营销方式崛起，以及传统营销方式成本上升、回报不明显等因素影响，企业主在广告行业的投入明显受到挤压，导致 2019 年广告市场发展不尽如人意，从 CTR 发布的数据来看①，2019 年前三季度，中国广告市场整体下滑 8%（见图 24），传统媒体、传统户外广告刊例下降明显，互联网广告刊例、户外生活圈媒体广告刊例增速减缓，中国广告行业进入调整期。

---

① 《2019 年前三季度中国广告市场回顾报告》，CTR，http://www.199it.com/archives/966704.html。

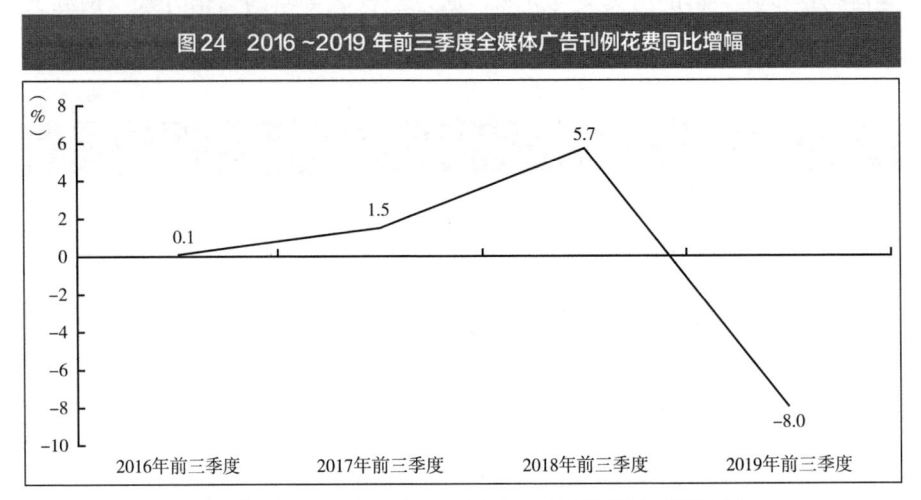

图24 2016~2019年前三季度全媒体广告刊例花费同比增幅

```
2016年前三季度: 0.1%
2017年前三季度: 1.5%
2018年前三季度: 5.7%
2019年前三季度: -8.0%
```

资料来源：作者根据《2019年前三季度中国广告市场回顾报告》数据自制。

1. 传统广告下降明显

随着互联网广告的发展，以报纸、杂志、电视为代表的传统媒体广告吸引力在不断下降，受2019年宏观经济整体影响，传媒广告下降明显，CRT数据显示，2019年前三季度传统广告刊例同比大幅缩减，报纸广告刊例下降达27.4%，电视和广播广告刊例分别下降10.8%和10.7%，杂志广告刊例下降7%。在广告时长方面，电视同比下降15.2%，广播则下降14.7%。

在行业分布上，2019年前三季度传统广告依然受到饮料、食品、药品、化妆品/浴室用品和酒精类饮品行业的青睐，在电视广告的投放上，均超过了70%（见图25），药品行业甚至达到了96.2%，但广告花费同比呈下降趋势，降幅达11.8%。食品行业则在广告花费下降趋势下，加大了对电视广告的花费，增幅达到7.9%。值得注意的是IT产品及服务对传统媒体广告增加了投入，特别是对报纸广告投入增幅达到183.5%（见图26）。

中国文化传媒行业投资趋势分析与展望

图25 2019年前三季度各类型产品占比

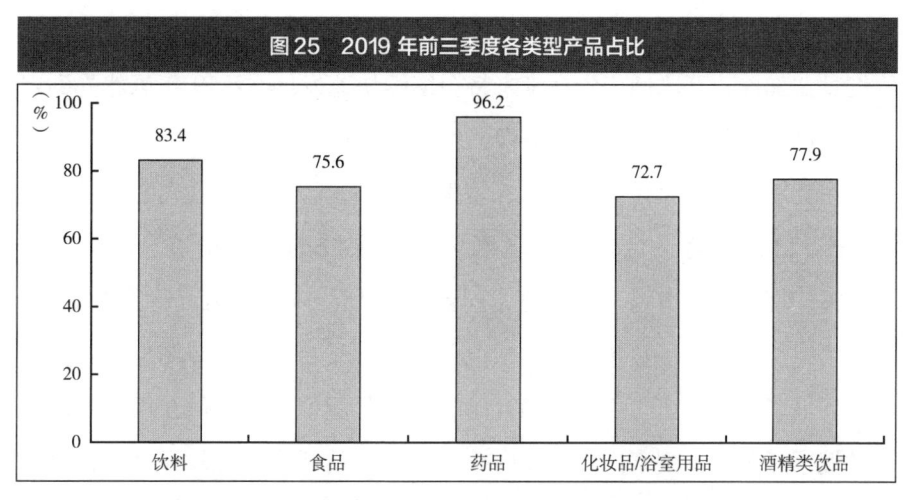

- 饮料：83.4
- 食品：75.6
- 药品：96.2
- 化妆品/浴室用品：72.7
- 酒精类饮品：77.9

资料来源：作者根据《2019年前三季度中国广告市场回顾报告》数据自制。

图26 2019年前三季度IT产品及服务对传统媒体广告投入的增幅

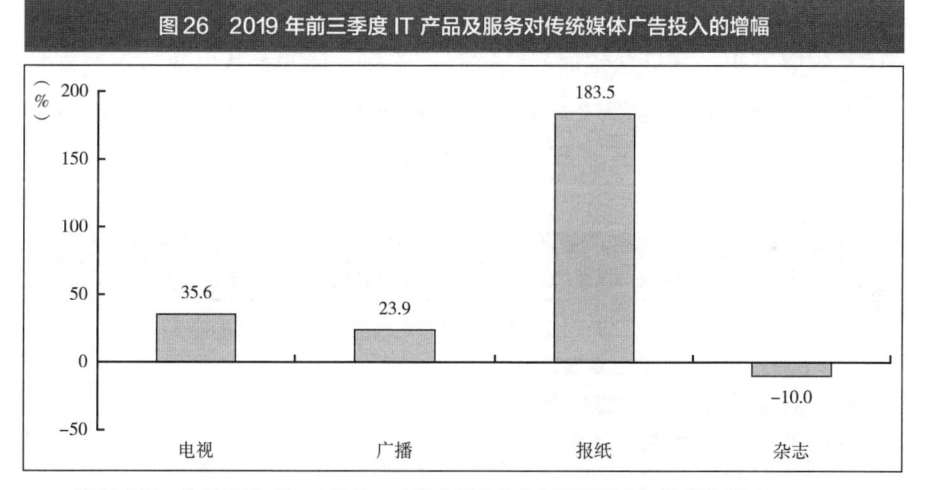

- 电视：35.6
- 广播：23.9
- 报纸：183.5
- 杂志：-10.0

资料来源：作者根据《2019年前三季度中国广告市场回顾报告》数据自制。

2. 互联网广告增速放缓

根据《2019中国互联网广告发展报告》[①] 公布数据，2019年我国互联网广告总收入约4367亿元，比2018年增长18.2%，增幅较2018年同期下

---

① 《2019年我国互联网广告总收入约4367亿元》，中国市场监管报，https：//baijiahao.baidu.com/s? id = 1655720800853638428&wfr = spider&for = pc。

071

降近6%。依托不断发展的互联网技术和用户日常生活中对互联网的依赖程度日益加深,互联网广告在未来将会继续快速发展,2019年虽然受到宏观经济周期波动的影响,增速放缓,但依然保持活跃的增长力。

在互联网广告渠道中,电商、搜索、视频占据了广告收入的六成以上(见图27),电商平台仍是互联网广告最主流的发布渠道,占总量的35.9%;搜索广告市场下降明显,同比下滑15.9%,市场占比为14.9%,居于第二位。在市场整体上升的情况下,搜索平台广告下降明显,除受经济大环境影响外,广告主的营销策略转变也是重要原因,但在用户长期养成的搜索习惯下,搜索广告短期内仍具相当大的活力。视频平台广告收入增长快速,同比增长43%,占总量的12.5%,超越新闻资讯跃居第三位(见图28)。在视频平台广告中,移动端广告贡献巨大,根据艾瑞咨询数据[①],2019年前三季度在线视频广告收入276.1亿元,其中移动端广告收入203.4亿元,占比达73.7%。这与我国近几年移动通信技术发展快速、智能手机大面积普及、移动视频业务不断增长相一致。

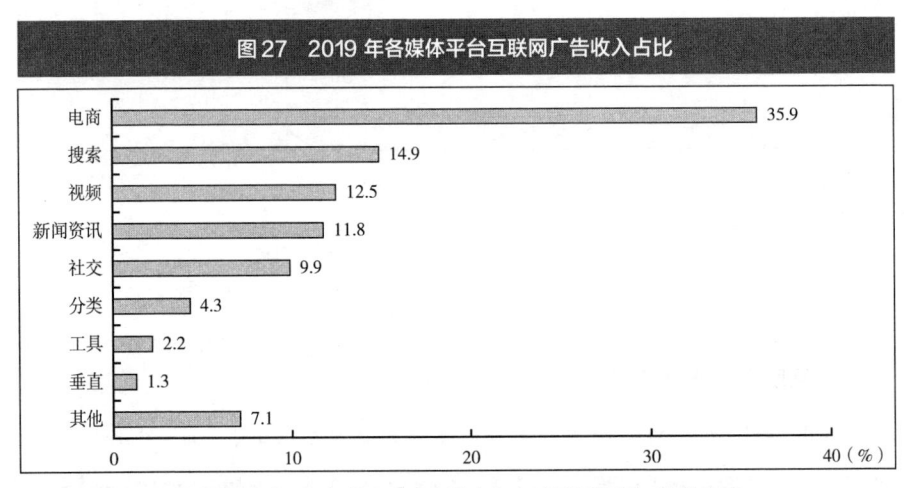

图27 2019年各媒体平台互联网广告收入占比

平台	占比(%)
电商	35.9
搜索	14.9
视频	12.5
新闻资讯	11.8
社交	9.9
分类	4.3
工具	2.2
垂直	1.3
其他	7.1

资料来源:作者根据《2019年前三季度中国广告市场回顾报告》数据自制。

---

① 《2019年Q3中国网络广告市场数据发布报告》,艾瑞网,http://report.iresearch.cn/report/201912/3499.shtml。

2019年，字节跳动、美团点评在互联网广告行业中发展快速，其中字节跳动增长迅速，在今日头条、抖音、西瓜视频等爆款产品等发力下，字节跳动在新闻资讯和在线视频移动端广告领域强势增长，总体市场占比超过百度与腾讯，仅次于阿里巴巴，占据市场第二位（见图29）。

图28　2018~2019年各媒体平台互联网广告收入占比情况

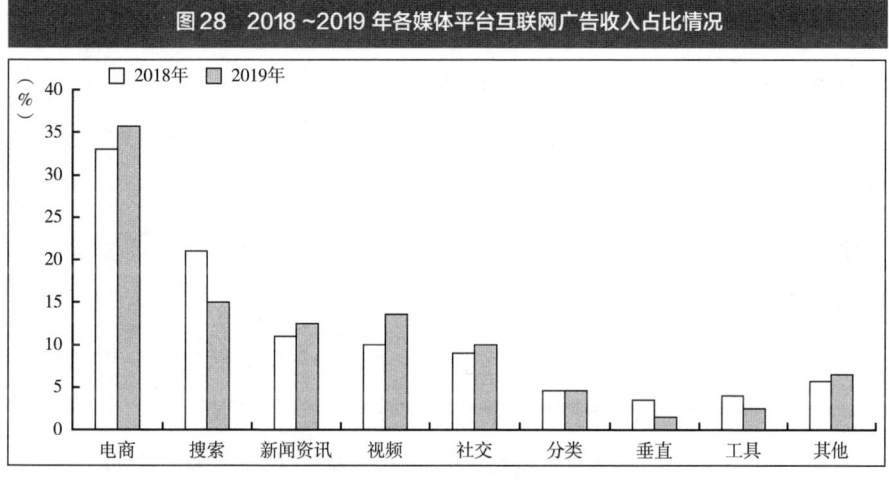

资料来源：作者根据《2019年前三季度中国广告市场回顾报告》数据自制。

图29　2018~2019年互联网广告收入TOP4

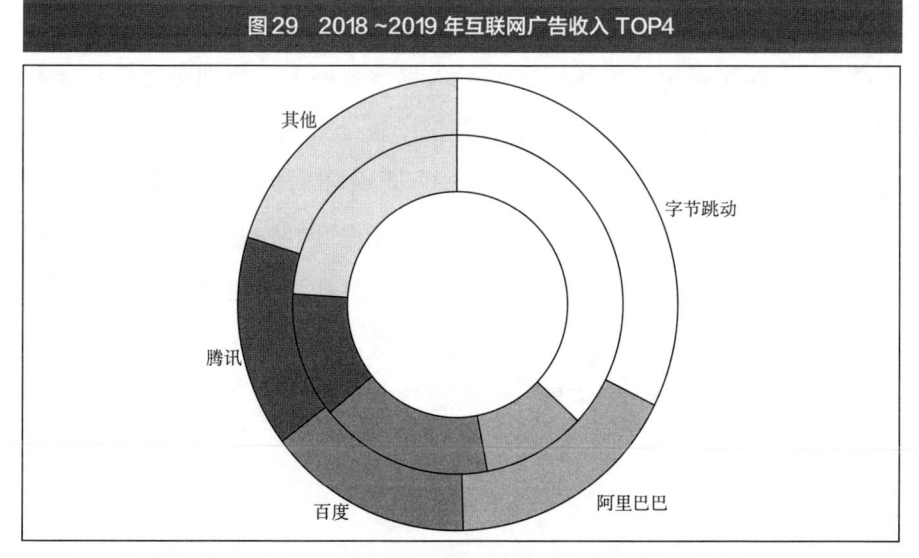

资料来源：作者根据《2019年前三季度中国广告市场回顾报告》数据自制。

3. 户外广告投放类型差异显著

2019年前三季度传统户外广告刊例花费降幅扩大到19.8%，广告面积减少20.4%，投放量较大的广告类型，如候车厅广告、看板广告、站台广告下降明显，特别是候车厅广告，2018年前三季度花费为15.5%，2019年则为-15.1%，下滑幅度惊人。而以生活圈媒体广告为代表的新型户外广告保持小幅上升趋势，电梯电视广告刊例收入增加2.8%，电梯海报广告刊例收入增加4.5%，影院视频广告刊例收入增加3.6%[①]。

在传统户外广告投放方面保持正增长的行业主要集中在活动类和金融行业，涨幅分别为8.7%和16.9%。零售服务行业在传统户外广告的投放上缩减严重，主要受头部企业广告费用缩减影响，如天猫、京东商城和苏宁易购均在2019年缩减了广告投放费用。

生活圈媒体广告虽然保持上升趋势，但增幅明显缩小。电梯电视广告、电梯海报广告和影院视频广告涨幅均首次跌至个位数。

在电梯电视广告投入上，食品和交通行业广告花费增幅巨大，均超过200%，食品方面的高增长主要来源于良品铺子、伊利和李锦记等品牌增加了在电梯电视广告上的投入。此外，伯爵旅拍、妙可蓝多、新氧、宝沃汽车、唱吧对电梯电视广告的投入也十分巨大，特别是宝沃汽车和唱吧投入增幅超过1000%。在电梯海报广告投入上，饮料及酒精类饮品增幅明显，分别达到61.4%和39.8%。同电梯电视广告相似，伯爵旅拍、宝沃汽车、良品铺子等品牌对电梯海报广告刊例收入贡献巨大。在影院视频广告投放上，饮料、娱乐及休闲、酒精类饮品行业投入增幅明显，均超过50%。一汽大众奥迪、椰树椰汁、毛豆新车网等品牌对影院视频广告投入涨幅较大，苹果、天猫等品牌明显缩减了在影院视频广告上的投入。

---

① 《2019年前三季度中国广告市场回顾报告》，CTR，http://www.199it.com/archives/966704.html。

二 2019年文化传媒行业投融资情况分析

（一）二级市场：传媒板块企稳回升，游戏和出版发行盈利能力强

截至2019年底，以中信分类的传媒行业[①]流通市值加权平均涨跌幅为18.34%，虽然涨幅小于全部A股（27.65%）及创业板（36.90%），在全行业涨幅中居中下游（见图30），但2019年为行业2016年以来数年深度调整后首次取得正涨幅，尤其进入2019年末行业二级市场表现回暖明显（见图31）。

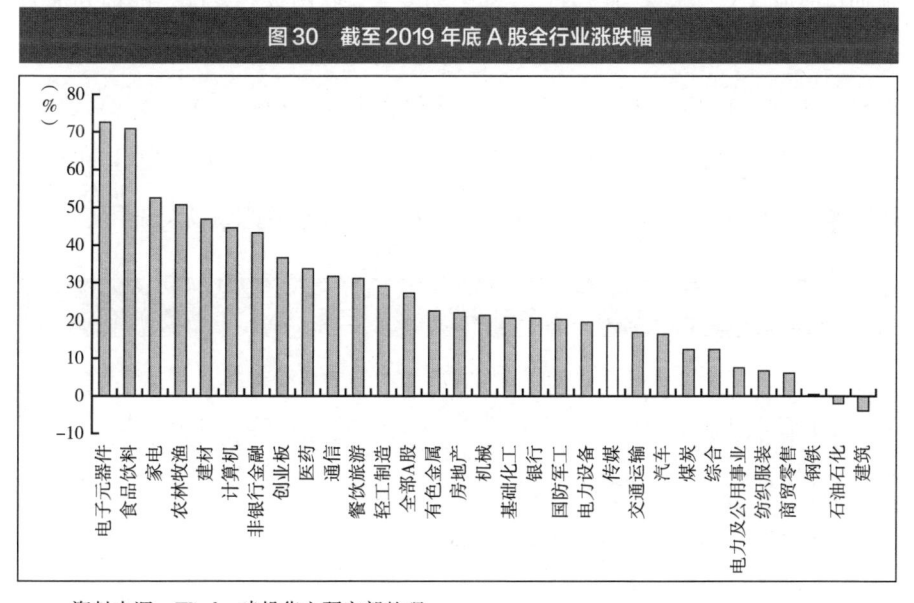

图30 截至2019年底A股全行业涨跌幅

资料来源：Wind，建投华文研究部整理。

[①] A股中信传媒行业分类包含媒体（出版、广播电视）、广告营销（互联网广告营销、其他广告营销）、文化娱乐（影视、动漫、游戏、其他文化娱乐）和互联网媒体（信息搜索与聚合、互联网影视音频）四大类。

图31 2016~2019年传媒行业年涨跌幅

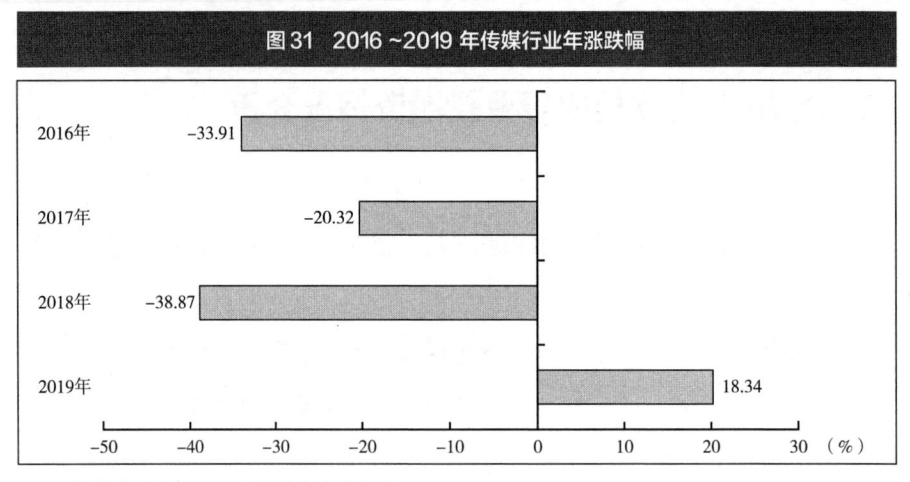

年份	涨跌幅
2016年	-33.91
2017年	-20.32
2018年	-38.87
2019年	18.34

资料来源：Wind，建投华文研究部整理。

截至2019年底，除院线及数字阅读板块外，传媒各细分子板块年内区间流通市值加权平均涨跌幅均为正，其中动漫、互联网板块领涨，涨幅分别为47.10%、40%，游戏与报业板块涨幅均超20%，分别为29.53%和25.93%，营销、影视、广电与出版发行板块录得涨幅16.92%、10.85%、9.23%、4.10%，院线及数字阅读板块跌幅分别为2.17%和8.11%（见图32）；相较于2018年区间流通市值加权平均涨跌幅，2019年各细分板块涨跌幅表现明显更优。

图32 传媒细分子行业2019年内区间涨跌幅

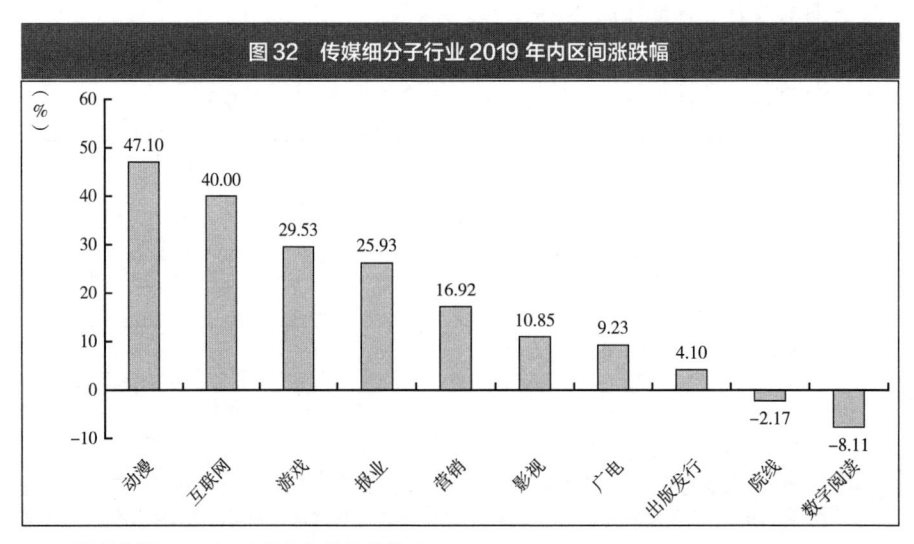

子行业	涨跌幅(%)
动漫	47.10
互联网	40.00
游戏	29.53
报业	25.93
营销	16.92
影视	10.85
广电	9.23
出版发行	4.10
院线	-2.17
数字阅读	-8.11

资料来源：Wind，建投华文研究部整理。

2019年传媒行业估值磨底，截至2019年底，传媒板块市盈率（TTM，整体法，剔除负值）为28.65倍，较2019年初19.14倍估值已有明显修复，但仍处于近年来估值中值与底部区间位置。细分子板块方面，除数字阅读与出版发行板块外，各子板块估值较年初均有不同程度的提升，其中出版发行板块处于行业估值较低水平，市盈率不足15倍；游戏板块，市盈率为29倍，部分龙头公司业绩回暖，估值较年初修复明显；影视、营销、院线板块市盈率分别为37倍、34倍和31倍，其中影视板块在第三季度以来电影票房回暖及政策边际改善的带动下估值较上半年有所提升，报业、数字阅读及互联网估值则处于相对较高水平。行业在经历2016年以来的估值调整后，板块估值处于低位，安全边际较大，且2019年下半年以来行业监管政策趋向平稳（见图33），5G等技术为内容等应用层面带来新的发展预期，带动板块行情及估值提升。部分龙头公司在此行情中估值较年初水平也有所提升，龙头内容公司凭借制作、研发、资源、人力等优势以及在资金、规模等方面更具实力，在行业洗牌中更易提升话语权，头部优势巩固，也应享有更高的估值溢价。

图33 传媒板块近五年市盈率TTM（整体法，剔除均值）

资料来源：Wind、山西证券研究所，建投华文研究部整理。

上市公司业绩方面，根据山西证券研究所对传媒行业139家上市公司前三季度业绩进行统计，2019年前三季度传媒上市公司合计实现营业收入4368.77亿元，同比增长3.17%，实现归母净利润341.77亿元，同比减少21.23%。子板块业绩方面，营销与互联网板块前三季度营业收入规模均超千亿元，归母净利润规模则是游戏与出版发行行业居前（见表3）。增速方面，游戏与互联网板块前三季度营业收入增速居前，归母净利润仅报业与出版发行板块前三季度维持同比增长。

表3　2019年前三季度传媒板块细分自行业业绩情况　　单位：亿元

子板块	营业收入	归母净利润	子板块	营业收入	归母净利润
游戏	540.77	110.41	院线	242.21	21.56
出版发行	771.04	93.12	影视	151.96	11.47
营销	1195.23	47.24	动漫	35.52	2.27
互联网	1125.49	30.16	报业	35.51	2.17
广电	252.17	24.21	数字阅读	18.87	-0.84

资料来源：Wind、山西证券研究所，建投华文研究部整理。

（二）一级市场：创投降温，互联网大厂布局，媒体和影视为最受关注的赛道

根据剁椒娱投的研究，2019年（截至11月底），文娱板块共发生投融资事件489起，相比2018年减少了152起，相比2017年更是减少了428起，降幅接近一半（见图34）。

2019年文娱领域排名前十的投资机构中，腾讯、阿里巴巴、IDG、字节跳动、bilibili五家互联网大厂的投资数量远超辰海资本、真格基金等投资机构（见图35）。在榜单前五名中，VC仅有IDG一家。这也符合当下一级市场的规律，前几年由于中国股权投资市场吹起大量估值泡沫，后期随着接盘资金不足，高估值的项目无法退出，大量中小VC陷入募资难的境地。即便

图34 2016~2019年文化传媒行业投资情况

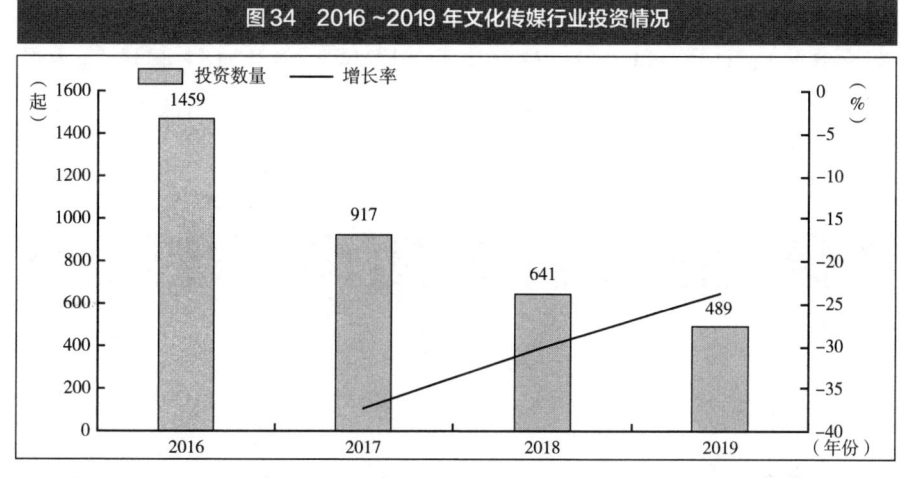

资料来源：天眼查、剁椒娱投，建投华文研究部整理。

头部VC仍有"余粮"，但面对新项目时出手明显谨慎许多。互联网大厂本身在各自赛道上优势明显，为项目提供的不仅仅是资金，还有流量、生态等一系列资源，投资变成双赢，对于项目方更具有吸引力。

图35 2019年文化消费领域投资最多的10家投资公司

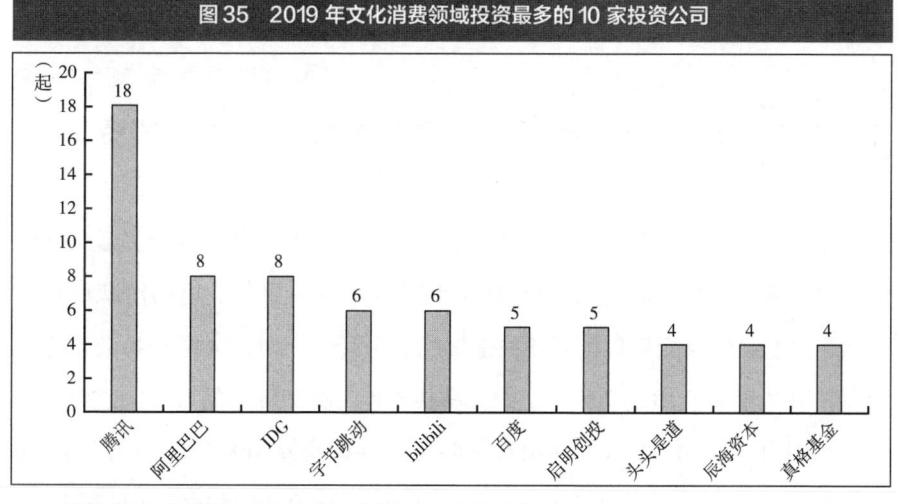

腾讯 18、阿里巴巴 8、IDG 8、字节跳动 6、bilibili 6、百度 5、启明创投 5、头头是道 4、辰海资本 4、真格基金 4

资料来源：天眼查、剁椒娱投，建投华文研究部整理。

从细分领域来看，2019年，媒体以88起投资的数量位居第一；影视、动漫、线下娱乐分别以55起、49起和39起位列第二、第三、第四位（见

图36）。后面依次是教育（文化培训方向，37起）、短视频（36起）、游戏（28起）、直播（26起）、视觉技术（12起）、音乐（11起）、艺人经济（11起）、版权（11起）、网文（9起）、出海（8起）、体育（7起）、虚拟现实（6起）。

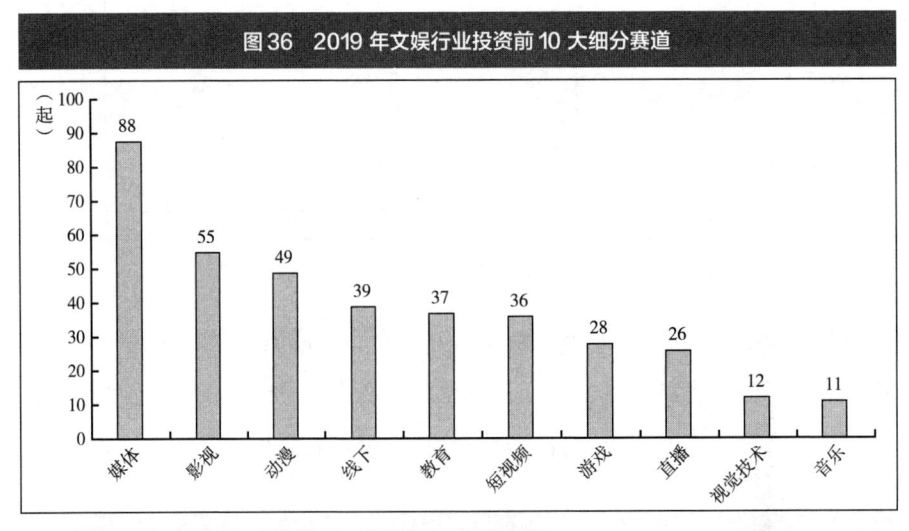

图36　2019年文娱行业投资前10大细分赛道

赛道	数量（起）
媒体	88
影视	55
动漫	49
线下	39
教育	37
短视频	36
游戏	28
直播	26
视觉技术	12
音乐	11

资料来源：天眼查、剁椒娱投，建投华文研究部整理。

（三）并购市场活跃度持续降低，腾讯加大对文娱内容投资

根据华兴资本统计，2019年中国TMT[①]并购市场共发生并购交易493起，总交易金额538亿美元。与2018年相比，2019年并购市场活跃度持续降低，交易金额及交易数目等各项指标均有下降。同时，大型交易数量也在减少，2019年全年10亿美元以上的交易共8起，较2018年的12起减少33%。

2019年我国A股TMT并购市场共发生并购交易168起，相比2018年减少50%；总交易金额为149亿美元，相比2018年减少34%（见图37）。

---

① TMT代表"科技、媒体、通信"。

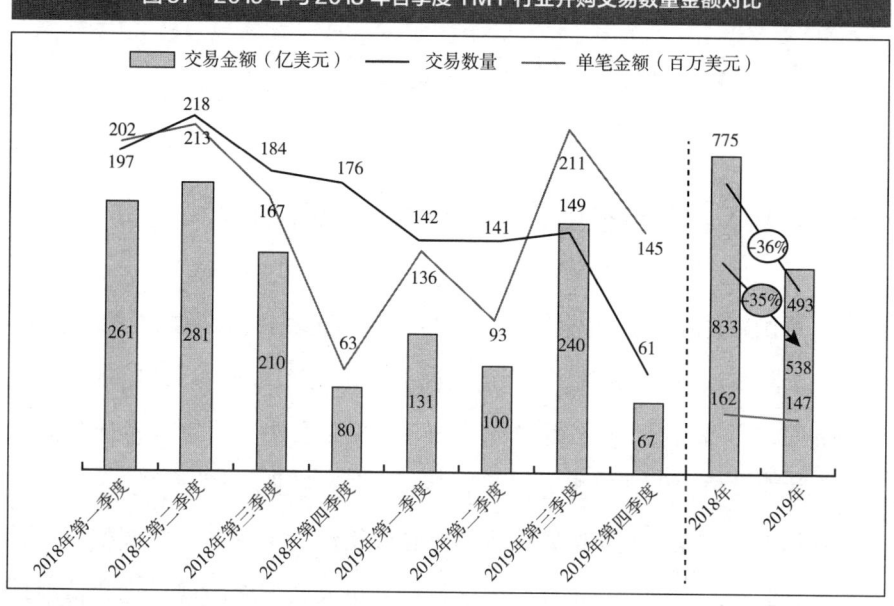

图37　2019年与2018年各季度TMT行业并购交易数量金额对比

图例：交易金额（亿美元）　交易数量　单笔金额（百万美元）

季度	交易金额（亿美元）	交易数量	单笔金额（百万美元）
2018年第一季度	261	197	202
2018年第二季度	281	218	213
2018年第三季度	210	167	184
2018年第四季度	80	63	176
2019年第一季度	131	136	142
2019年第二季度	100	93	141
2019年第三季度	240	149	211
2019年第四季度	67	61	145
2018年	833	775	162 (−36%)
2019年	538	493	147 (−35%)

资料来源：华兴资本，建投华文研究部整理。

2018年下半年以来，并购重组与再融资的监管政策逐步放宽，以期推动A股并购市场回暖。但一方面在整体市场悲观情绪影响下，买方态度相对谨慎；另一方面，优质标的更倾向于独立发展，尤其科创板的出台为优质企业登陆国内资本市场带来了新渠道，2019年A股TMT并购市场依然处于低迷态势。

2019年互联网巨头出手相对谨慎，但仍然是TMT行业并购及投融资交易的主要资金方。海外资产开始受到境内资本的追捧，环球音乐、Go-Jek、Paytm、Udaan等分别在2019年完成了大额融资。此外，并购交易中产品类型逐渐多元化，前20大并购交易中开始出现PIPE、Buyout、私有化等交易类型。

BAT等互联网巨头在保持对热点领域持续跟进的基础上，围绕自身的业务优势进行生态布局，科技、金融、文娱/内容、电商/零售等板块仍是2019年互联网巨头关注的焦点。其中，腾讯更侧重文娱及内容板块。

三 2020年文化传媒行业发展趋势

（一）政策：监管常态化，内容制作强化底线思维

《中国新闻出版广电报》在2019年4月发表文章《强化底线思维，筑牢安全防线》，文章提到，"广播电视工作是政治工作，广播电视部门是政治部门，广播电视工作处在意识形态斗争的最前沿，必须坚持把政治导向安全放在首位，做到思想上高度重视、工作上精准发力"。

近年来，传媒行业从监管体系到监管政策经历了一系列的调整。从影响来看，监管的收紧加速了文化娱乐行业从粗放式发展向规范化和精细化发展转变的趋势。2019年，行业监管及促发展政策围绕守初心、担使命开展，不仅延续强监管的态势，更是在媒体融合、产业健康发展、未成年人保护、从业人员规范等方面进行制度细化和安排，健康的价值观和优质的内容成为内容监管的终极目标。同时，行业自律也在不断强化，例如视频平台发起行业自律倡议，短视频平台上线青少年防沉迷系统，以及由30多家游戏公司参与的游戏适龄提示标识等。

从长期来看，内容监管形成常态化：（1）提升了文化传媒内容的质量，扎堆的古装剧和仙侠剧不再流行，《流浪地球》《哪吒》《大江大河》等健康优质作品脱颖而出；（2）行业内公司对此前监管政策调整有了充分的适应，同时加速了公司的优胜劣汰，出清了部分经营不规范、内容制作能力较差的市场参与者；（3）为传媒行业未来发展构建了稳定、规范的制度环境，同时也有利于后续传媒板块及上市公司估值的稳定。

（二）用户：最长春节假期打开互联网流量天花板，付费比例提升打开更大的传媒市场

根据 CNNIC 报告——《第 44 次互联网发展状况统计报告》数据，截至 2019 年 6 月，我国网民规模为 8.54 亿，同比增长 6.48%，其中手机网民规模 8.47 亿，同比增长 7.49%，线上用户总量增速进一步放缓。2019 年移动互联网月活跃用户规模基本维持在 11.30 亿以上，截至 2019 年第三季度，月活跃用户规模为 11.33 亿，较 2018 年同期增长 1.34%。用户时长方面，截至 2019 年第三季度，用户单月日均使用网络时长为 359.8 分钟，较 2018 年末增加 10.2 分钟。下沉市场同样面临用户月活跃规模增长放缓趋势，2019 年 9 月活跃用户规模为 6.14 亿，较 2018 年同期仅增长 0.49%；但下沉市场用户人均使用时长仍有增长，2019 年 9 月单月人均使用时长为 134 分钟，较 2018 年同期增长 8.06%。

2020 年春节，新冠肺炎疫情席卷中国，进而扩散至全球。全民居家隔离数月的方式给了互联网行业又一针催化剂。根据 QuestMobile《中国移动互联网"战疫"专题报告》，在这个最长假期、最宅春节里，互联网日活跃用户规模、日均用户时长均创历史新高。从 2020 年 1 月 23 日开始，全网用户每日使用总时长节节攀升，从原来的 50 亿小时，一路飙涨到 61.1 亿小时（见图 38）。

近年来，"互联网流量天花板"论、"互联网流量见顶"论不绝于耳。2020 年最长春节假期打破互联网流量天花板。用户在线时长进一步增加。虽然此为短期现象，但其间培养的用户网络使用习惯将使许多网络传媒公司长远受益。

用户付费方面，国家统计局数据显示，截至 2019 年第三季度我国城镇与农村居民人均文化娱乐消费支出分别为 2369 元和 1016 元，占到居民生活消费支出的 11.62%、10.86%，较 2018 年末分别提升 0.24 个百分点和 0.12

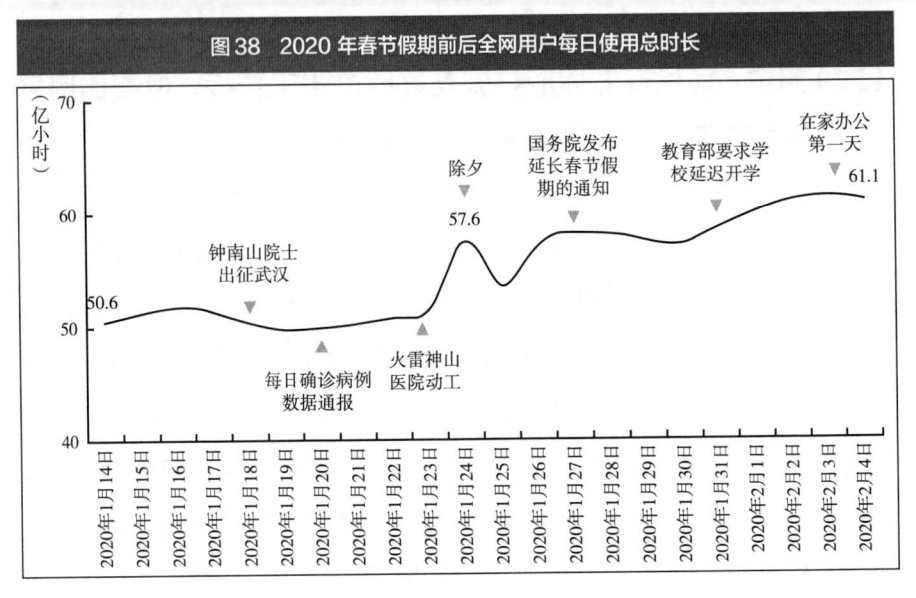

图38 2020年春节假期前后全网用户每日使用总时长

资料来源：QuestMobile，建投华文研究部整理。

个百分点。随着居民文化娱乐消费的持续增长，移动互联网用户的付费习惯得到进一步培养，手游、直播、在线视频等细分内容领域付费用户已具有一定规模，QuestMobile数据显示，截至2019年上半年，我国手机游戏、游戏直播付费用户比例均已达到30%以上，在线阅读、百科问答及娱乐直播等付费用户比例也已接近30%（见图39）。行业付费商业模式日趋成熟，将带动整个泛娱乐行业付费市场走向千亿元规模。

相较于非付费用户，用户付费后通常会具有更高的留存率，并增加对应用的使用时长，从而对单个应用的黏性更高，因此提升付费用户占比也是提升黏性的重要手段。此外我们认为，下沉市场的消费潜力不可忽视，数据显示，自2016年以来我国三四五线城市社会零售消费增速超越一线、新一线及二线城市消费增速，且增长优势明显（见图40）。随着低线城市居民消费升级及消费结构不断改善，下沉市场用户文化娱乐消费能力释放，将有望成为带动付费用户增长的重要驱动力。

图39 移动互联网典型细分行业付费用户占比

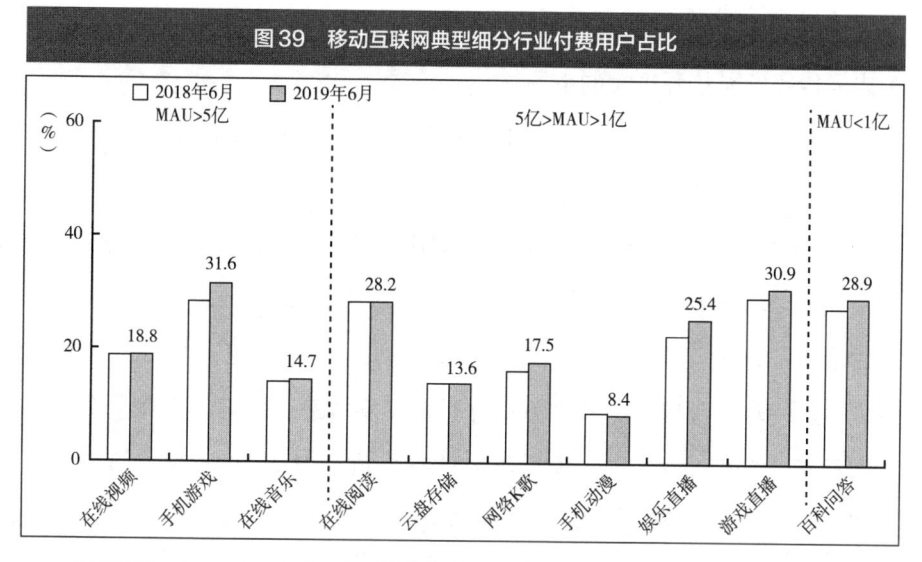

2018年6月 ■ 2019年6月

MAU>5亿：在线视频 18.8，手机游戏 31.6，在线音乐 14.7

5亿>MAU>1亿：在线阅读 28.2，云盘存储 13.6，网络K歌 17.5，手机动漫 8.4，娱乐直播 25.4，游戏直播 30.9

MAU<1亿：百科问答 28.9

资料来源：QuestMobile，建投华文研究部整理。

图40 我国各线城市居民消费增速情况

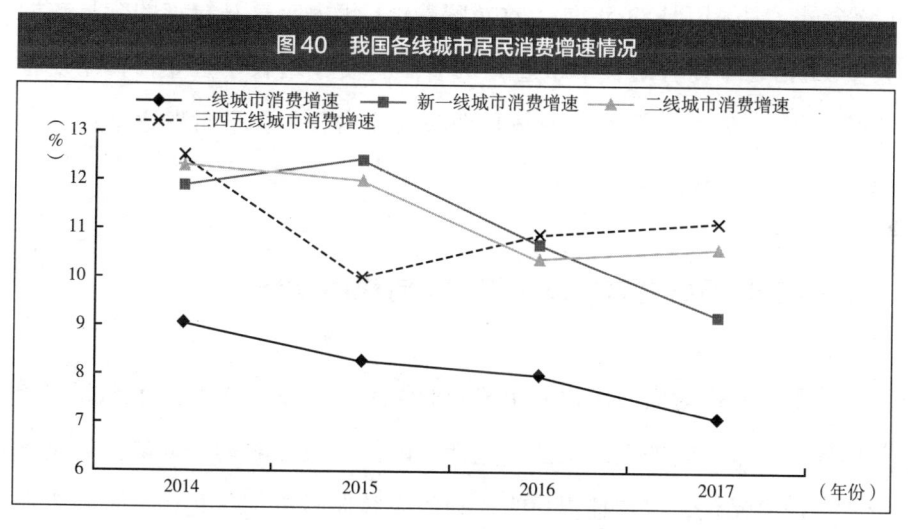

—◆— 一线城市消费增速　—■— 新一线城市消费增速　—▲— 二线城市消费增速
--×-- 三四五线城市消费增速

资料来源：国家统计局、山西证券研究所，建投华文研究部整理。

长久以来，中国文化传媒行业收入严重依靠广告，用户偏向获取免费内容，导致电影、音乐盗版横行，优秀的生产者没有足够资金生产优质内容，造成了生态上的恶性循环。近年来，随着全民版权意识的觉醒，政府打击盗版执法力度的加大，以及版权保护技术的升级，用户付费习惯正在逐渐养成。许多行业如视频、音乐，用户付费率大幅提升，付费比例提升为未来传媒发展打开更大的市场。

根据腾讯音乐娱乐集团（以下简称TME）发布的截至2019年9月30日第三季度的未经审计财务报告，2019年第三季度，TME在线音乐付费用户达到3540万，环比净增长440万，同比增长42.2%，这是自2016年以来最大的净增长数据。根据爱奇艺2019年年报，2019年爱奇艺会员业务营收增长了36%至144亿元，订阅会员规模达到1.07亿。2020年新冠肺炎疫情进一步刺激居民的网络消费意愿。较疫情暴发之前，爱奇艺会员环比增长了1079%，腾讯视频、芒果TV会员环比分别增长了319%和708%。① 在音频领域，国内音频头部公司喜马拉雅从2018年4月会员上线，截至2019年5月，付费会员数已经超过400万，其中付费用户（含会员）月ARPU约58元。这意味着，1年内，喜马拉雅的会员数增长了11倍，年复合增长率超过1100%；付费率增长了近8倍，年复合增长率达到776%。平台的整体付费率快速增长，会员付费逐渐成为营收的新增长点。②

（三）技术：5G等技术发展推动下游应用收益

传媒行业作为面向用户应用的产业链下游，每一次的技术创新都能为内容产业带来新的发展机遇，包括以硬件升级为驱动带动的内容呈现形式更加多元化，以传播提速为驱动的内容体验更加优化，以及随之而来的商业模式的变革与创新。2014年，4G的商用化落地推动了中国移动互联网经济爆发式增长，QuestMobile数据显示，2015年1月中国移动

---

① 《被疫情按下快进键，"崩了"的视频平台能否进一步"扭亏"?》，骨朵网络影视，https://mp.weixin.qq.com/s/EjGEPLuO4Hic8y3oLPDr2g。
② 《音频会员驶入快车道：喜马拉雅一年内会员数增11倍，付费率增8倍》，喜马拉雅，http://www.iheima.com/article-241183.html。

互联网月度活跃智能设备为 7.5 亿台，经历 5 年时间发展，智能设备数量增长 50% 至 11.3 亿，移动网民数量跃居世界第一位。2014 年移动用户月均使用流量为 0.20GB，到 2018 年增加至 3.41GB（见图 41），年均实现翻番增长，并以此预计 2019 年人均月使用流量为 7GB，移动用户单设备日均联网时长由 2015 年初的 3.6 小时增长至目前的 6.1 小时，增幅达 69%。

智能手机普及、网络流量提速降费以及之后崛起的第三方移动支付不仅助推互联网新媒体成为主要的内容传播渠道之一，更是在游戏、视频、阅读、营销等多个领域进行移动互联网的改造升级，推动了手机游戏、短视频、在线视频、娱乐直播、移动阅读、互联网营销的快速发展。

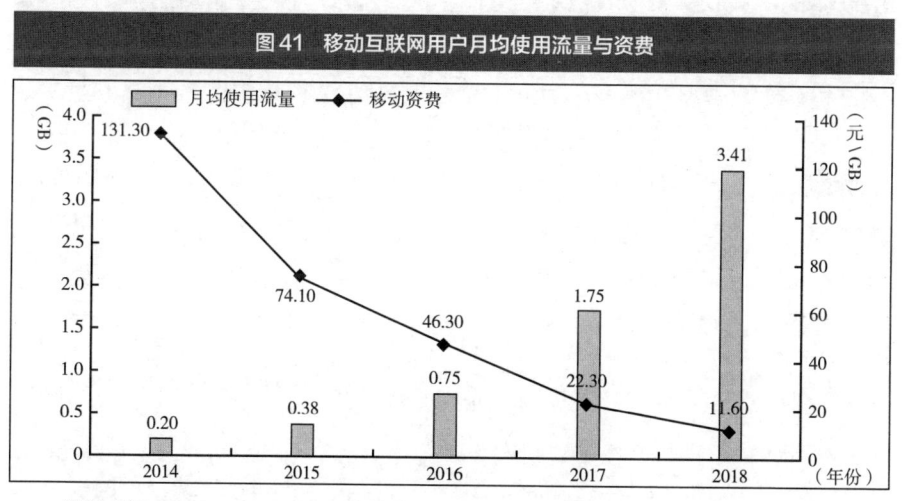

图 41　移动互联网用户月均使用流量与资费

资料来源：QuestMobile，山西证券研究所，建投华文研究部整理

2019 年被称为 5G 元年，5G 技术的发展将促进更多的应用场景落地。就目前 5G 之于传媒行业而言，不仅会改变承载内容的硬件设备，还能够解决由带宽及网络传输等方面限制而导致产品体验性问题，因此市场普遍认为文化娱乐行业中云游戏、VR/AR 及超高清视频等应用有望最先乘 5G 之风而落地。

四 2020年文化传媒行业投资趋势

(一) 优质新闻内容是民生刚需，主流媒体越来越受资本青睐

优质新闻内容一直是民生刚需。如前文所述，由文娱投资信息媒体刺椒娱投整理的2019年489起文娱投资可以看出，"媒体"为投资数量最高的领域，有88起，占比18%，其中较为知名的如表4所示。

表4 2019年媒体类投资（部分）

被投资方（运营产品）	被投资方领域	投资方	投资金额	投资轮次
36氪	综合资讯平台	字节跳动	2400万美元	Pre-IPO
一点资讯	综合资讯平台	完美世界、凤凰新媒体	未披露	战略融资
新华网	主流媒体	弘毅投资	3亿元人民币	战略投资
互动百科	知识服务	字节跳动	未披露	并购
果壳互动	知识媒体	百度	未披露	战略投资
甲子光年	科技自媒体	光速中国、达武创投、初心资本、线性资本等	数千万元人民币	A轮
樊登读书会	阅读自媒体	基石资本	未披露	股权融资
知乎	知识媒体	快手、百度	4.34亿美元	F轮
极客公园	科技媒体	小米科技、顺为资本	数千万元人民币	B轮
凯叔讲故事	育儿自媒体	百度、新东方教育文化产业基金、好未来、坤言资本	超5000万美元	C轮
趣头条	综合资讯平台	澎湃新闻、阿里巴巴	未披露	战略投资
机器之心	科技自媒体	百度风投、联想创投	未披露	Pre-B轮
广东南方新媒体	主流媒体	深创投、原创资本	未披露	战略融资
铁血社区	军事门户	人民网	260万元人民币	股权投资

资料来源：刺椒娱投，建投华文研究部整理。

可以看出，无论是主流媒体、综合资讯平台，还是各种行业的自媒体，均受到投资方追捧。主流媒体更受老牌投资机构青睐，综合资讯平台更为大型互联网企业所看中。主流媒体和综合资讯平台的投资轮次较为靠后，战略投资的比例较大。自媒体的投资轮次比较靠前，背后 VC/PE 机构较多。2016～2018 年为投资自媒体高峰，近两年由于退出难，只有头部自媒体公司能够获得融资。

2020 年伊始，一场由新型冠状病毒引发的肺炎疫情，彻底改变了人们的生活和工作模式。疫情之下，全国人民响应国家的号召，居家工作、休闲成为主流。疫情使大家持续关注新闻。2020 年 2 月 13 日，国家广播电视总局公布了新型冠状病毒感染的肺炎疫情发生以来 1 月 25 日至 2 月 9 日期间的广播电视方面的收视数据，包括全国有线电视及 IPTV 的相关收视数据。数据显示，1 月 25 日至 2 月 9 日，全国有线电视和 IPTV 较上年 12 月日均收看用户数上涨 23.5%，收视总时长上涨 41.7%，电视机前每日户均观看时长近 7 小时。往年一般是大年三十至初七为收视高峰，而 2020 年的收视时长一路高涨，初十至十六的日均收视总时长较大年三十至初七上涨了 3.2%。① 根据 CSM 媒介研究收视调查数据和疫情期间用户媒介接触行为在线调查数据，疫情以来各年龄段观众的收视率均明显上升，尤其是 15～34 岁年轻观众，收视率增长明显，成为疫情之下主动回归电视大屏的中坚力量，引领特殊时期收视市场新的变化和风向（见图 42）。②

在网络端，根据易观千帆统计，中国 App 排行前 1000 的资讯类 App 中，1 月月活跃用户有 81.25% 为正增长，2 月全部为正增长，其中人民日报 2 月增长 17.3%，1 月增长 25%，央视新闻 2 月增长 23.4%，1 月增长

---

① 《疫情期间全国有线电视及 IPTV 收视上涨 41.7%》，极客网，https://www.fromgeek.com/ent/296153.html。
② 《疫情之下，年轻人回归电视大屏，收视率增幅达 89%》，收视中国，https://new.qq.com/omn/20200303/20200303A009R800.html。

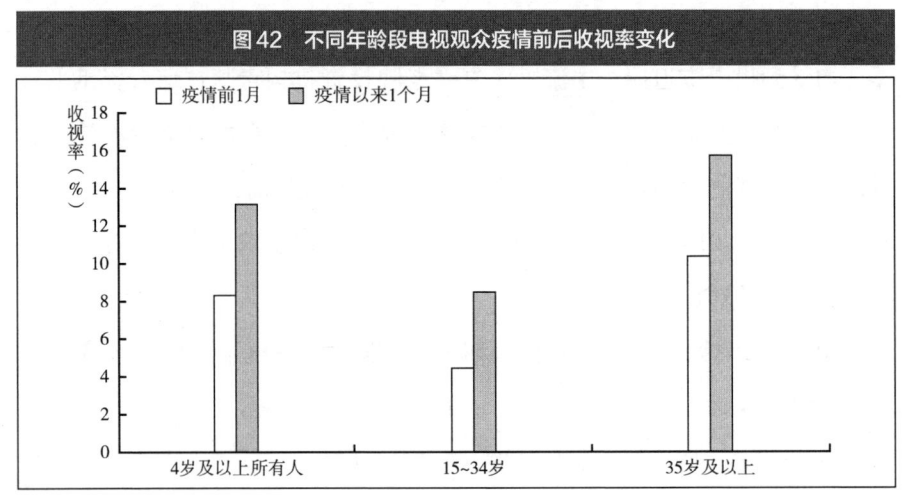

图42 不同年龄段电视观众疫情前后收视率变化

资料来源：CSM媒介研究，建投华文研究部整理。

22.5%。主流媒体在疫情期间重要性凸显（见表5）。在媒体内容监管趋严的情况下，主流媒体越来越受到资本青睐。

表5 资讯类App月活跃表现

App	2012年2月（万）	2月增长率(%)	1月增长率(%)
百度	39665.5	4.1	7.0
今日头条	34507.2	5.6	5.1
腾讯新闻	30161.8	3.4	7.6
趣头条	9116.4	1.7	−2.8
网易新闻（官方）	7202.0	2.6	3.7
搜狐新闻	7139.9	4.5	2.3
新浪新闻	6715.0	3.3	1.5
凤凰新闻	6335.1	2.5	2.7
一点资讯	4994.9	5.9	2.0
今日头条极速版	4098.5	1.8	6.4
看点快报（腾讯）	3536.2	2.9	1.4
东方头条	1318.0	5.0	−2.0
人民日报	798.2	17.3	25.0
中青看点	630.6	3.2	−9.6
央视新闻	336.5	23.4	22.5
参考消息	217.5	13.7	9.1

资料来源：易观千帆，建投华文研究部整理。

（二）优质影视内容是娱乐核心，政策监管长期有利行业发展

由于新冠肺炎疫情影响，2020年上半年院线电影市场几乎停摆，但电视剧市场异常火热。从2020年3月上线播出的剧目来看，无论是古装剧《锦衣之下》《两世欢》还是现代剧《安家》《完美关系》，都取得了不错的播出成绩和高关注度。可见，优质影视内容是居民娱乐生活的核心。

影视一直是文化传媒领域政策调整最关注的领域，包括天价片酬治理、阴阳合同、税收秩序规范、打击票房及收视率造假等。天眼查公布数据显示，2019年有约2000家影视公司关停，具体表现为公司状态注销、吊销、清算、停业。2018年6月，中宣部、文化和旅游部、国家税务总局、国家广播电视总局、国家电影局等联合印发通知，开始治理影视行业天价片酬，要求每部电影、电视剧、网络视听节目全部演员、嘉宾的总片酬不得超过制作总成本的40%，主要演员片酬不得超过总片酬的70%。一系列政策规范之后，许多不合格的影视公司纷纷出清。

"限薪令"带来的成本下降和盈利能力提升或体现在2020年。演员片酬是影视制作公司营业成本中的重要构成部分，在视频平台迅速崛起之前，演员片酬在营业成本中占比相对较低，影视制作公司毛利率能达到40%以上。在视频网站打响"版权大战"之后，随着大流量、大IP剧的热播，明星片酬涨得一日千里。随着2019年第四季度头部剧开始加快去库存，出品公司现金流改善后将进入新的投资拍摄周期，我们判断2020年有望进入"限薪令"的实质性落实阶段，影视制作公司成本端下降和盈利能力提升或开始体现。

影视行业的政策从前几年的支持到这几年的收缩，其核心思路并未发生根本性变化，目的都是促进影视行业的繁荣和优质内容的提升。2015年左右的支持鼓励一定程度上造就了资本热潮，从而引发了一些乱象，这才是监管的根本原因，行业回归理性规范后监管并不会影响行业发展，反而有利于行业中长期规范化发展。

（三）传统文化和国产动漫崛起，"年轻人经济"市场广阔

2019年4月9日，由共青团中央和哔哩哔哩网站（以下简称"B站"）共同发起和主办的第二届"中国华服日"在西安举行。2019年的"中国华服日"以"向时代致敬"为主题，号召年轻人通过展示传统服饰文化的独特魅力，进一步推动中华传统文化传承、发展和创新。2019年5月，由人民日报新媒体发起，以庆祝中国品牌日、彰显中国文化之美为目的的创意体验馆——"有间国潮馆"在北京三里屯正式开馆。围绕国货、国艺、国乐、国学、国漫等5大内容，"有间国潮馆"设计了流光溢彩、人间乐事、国色天香、诗情画意、古今奇观、天工开物6大创意展区，以创意方式讲述中国品牌故事。

传统文化正在年轻人之中成为一种时尚新潮。曾经饱受争议的汉服社群逐渐从小众迈向大众，成为许多年轻人的精神图腾；古筝、二胡等传统乐器走出了曲高和寡的音乐厅，登上了弹幕视频网站的播放热榜；潮牌、球鞋这些年轻人热衷的时尚消费品，开始越来越频繁地呈现和使用传统文化的符号与要素；在小说、影视、游戏、文创等领域中，传统文化为原创者们提供着源源不断的灵感源泉，而那些从传统文化之中脱胎而生，嬗变而成的文化作品，更是备受青少年群体的追捧和喜爱。"国潮"崛起之下，借助中国美学创造、国风文学、国漫崛起的内容助力中国文化价值的重估。传统文化涌现年轻势力，2019年，B站18~35岁的用户占比达78%。① B站的股票在2019年初至2020年初持续增长，体现了海外资本市场对中国"年轻人经济"的看好。

除了传统文化，国漫也是年轻人的精神食粮。"90后""00后"越来越看重由中国传统文化衍生而来的国漫，例如《一人之下》《狐妖小红

---

① 《陈睿：B站成年轻人的主流平台，新增主要来源是三四线城市》，数娱梦工厂，https://www.sohu.com/a/317139295_226897。

娘》等热门动漫都广受年轻人的喜爱，甚至改编成游戏等多种文化形式。精良的国产动画不仅能为公司带来良好的口碑，更能带来丰厚的投资回报。影片《哪吒》票房达 50 亿元，为光线传媒 2019 年至少创收 10 亿元。而 2018 年年报显示，光线传媒一年的总营收才 14.9 亿元。2012～2019 年，动画电影市场中海外进口动画电影占比降低，从 2012 年美国的《冰川时代 4》2.6% 的占比到 2019 年中国的《哪吒》8.59% 的占比，历经"七年之痒"。中国人可以用先进的动画制作技术、较低的动画制作成本，讲好属于中国的故事，并且被全民接受。未来，国产动画电影的市占率有望进一步提升，国产动画的下一步目标则是向世界人民输出好的中国形象。

（四）线下娱乐短期停摆，国民长期线下娱乐需求不减

经过多年的发展，中国已成为世界领先的文化传媒产业大国，多项细分领域已跃居世界第一。2018 年，中国数字阅读市场规模已达 254.5 亿元，同比增长 19.6%[1]，与美国数字图书市场规模（约 50 亿美元）差距已不大。[2] 2019 年全国电影票房收入 642.7 亿元[3]，与 2018 年北美票房（约 800 亿元人民币）已差距不大。2018 年中国游戏实际销售数据达 2144.4 亿元[4]，占全球游戏收入的 28%，位居世界第一。2017 年中国数字音乐的产业规模达到 580.6 亿元。[5] 而据美国唱片行业协会（RIAA），美国数字音

---

[1] 《2018 中国数字阅读白皮书》，北京日报，http://www.xinhuanet.com/fortune/2019-08/05/c_1124835961.htm。
[2] 《2017 年全球数字阅读行业市场规模及用户数量分析》，中国报告网，http://free.chinabaogao.com/it/201712/121S0R342017.html。
[3] 数据来自中国电影专资办。
[4] 《2018 年中国游戏产业报告（摘要版）》，中国音数协游戏工委，http://www.199it.com/archives/984109.html。
[5] 《2018 中国音乐产业发展报告》，音乐先声，https://baijiahao.baidu.com/s?id=1620435994855362418&wfr=spider&for=pc。

乐市场规模维持在70亿美元。因此，在数字音乐产业上，中国的市场规模也位居世界第一。

但是，在线下演出领域，中国与美国相比，差距巨大。根据中国演出协会公布的数据，2018年，全年商业演出收入152.3亿元，与美国现场娱乐市场规模（约2000亿元）差距巨大。中国体育产业的发展水平也停留在较低阶段。美国四大职业联赛的门票收入，在2016年达到了近200亿美元，而当年美国电影的票房收入是120亿美元左右。中国当年的四大联赛门票收入是22亿元人民币，而电影票房收入是600亿元人民币。[①]

由此可见，在线上领域全面爆发的今天，线下演出是文化传媒领域最后一个十倍增长赛道。2019年，现场娱乐持续火爆，由于年轻一代的消费能力提升，演唱会经济正在爆发。大麦网数据显示，2019年双11期间平台成交额同比提升100%，50万消费者走进线下场馆观演，其中，演唱会票房同比提升109%，专业剧场票房同比提升53%，体育赛事票房同比提升89%。目前，上海正在打造"亚洲演艺之都"，"演艺大世界——人民广场剧场群"是全国规模最大的剧场群，也是上海打造亚洲演艺之都的核心承载区之一。2019年，上海"演艺大世界"举行的商业演出，已经接近4万场，大幅超出年初预定的年演出1.5万场次的目标，接近东京演出市场，展现出了"流量经济"的蓬勃态势。

2020年，由于新冠肺炎疫情的影响，现场娱乐行业遭受重挫。全国所有现场演出全部取消，一些演艺人员转而线上"营业"，场场火爆，可见群众的需求不减。疫情难以一次性改变大众消费群体过往形成的固有消费模式，更不会改变人民日益增长的美好生活需要和消费升级的大趋势。我们相信，未来线下娱乐将会引来爆发性的高速发展。

---

① 《46号文件五周年中国体育总票房20亿不及一部电影》，腾讯网，https://new.qq.com/omn/20190523/20190523A00UXI.html?pc。

中国文化消费行业投资趋势分析与展望

袁春健

一 2019年文化消费行业市场情况分析

（一）教育行业

1. 职教培训行业：政策大力支持，行业未来发展空间巨大

近年来全国公共财政支出中用于职业教育的支出增长稳健。公共财政支出在职业教育领域投入增加体现了国家政策对职业教育的支持，有望持续推动职业教育行业发展，促进适龄青年选择职业教育，为职业教育行业提供更广阔的发展空间。2014年《国务院关于加快发展现代职业教育的决定》提出到2020年我国从业人员继续教育达到3.5亿人次。

根据教育部的资料及弗若斯特沙利文数据，由于培训人次及学费增加，中国职业教育行业从2013年的6016亿元稳步增至2017年的7681亿元，2013年至2017年的年复合增长率为6.3%，其中学历和非学历职业教育2017年市场规模分别为4589亿元和3092亿元，占比分别为59.7%和40.3%，至2022年预计分别可以达到6432亿元和4191亿元，五年复合增长率分别为7.0%和6.3%（见图1）。中国职业教育市场在政策的大力支持下，规模将快速突破万亿元。

2017年中国非学历职业教育市场总收入3092亿元，其中职业考试培训规模更大、职业技能教育增速更快。职业考试培训和职业技能教育的市场规模分别为2112亿元和980亿元，过去5年的年复合增长率分别为5.1%和11.7%。至2020年，职业考试培训和职业技能教育的收入有望分别达到2577亿元和1614亿元，占非学历职业教育市场的61.5%和38.5%，预计未来5年年复合增长率分别为4.1%和10.5%（见图2、图3）。

图1　中国职业教育行业总收入

年份	学历职业教育	非学历职业教育
2013	365.3	236.3
2014	360.8	244.0
2015	402.5	259.8
2016	421.0	281.1
2017	458.9	309.2
2018E	485.9	323.4
2019E	522.6	340.8
2020E	561.4	365.3
2021E	601.5	390.6
2022E	643.2	419.1

资料来源：FrostSullivan、建投华文研究部。

图2　中国职业技能教育行业市场规模

年份	市场规模（10亿元）
2013	63.0
2014	70.5
2015	78.7
2016	88.0
2017	98.0
2018E	108.9
2019E	120.6
2020E	133.2
2021E	146.7
2022E	161.4

资料来源：Frost Sullivan、建投华文研究部。

中国职业教育政策频出，国家大力扶持。中国近两年颁布了一系列的激励政策及法规，以促进优质职业教育和技术技能培训，旨在提供足够的优质职业培训以满足市场需求，培养大量具备熟练适用的技术技能的劳动人口，以及解决职业教育中未满足的需求以弥合雇主和学生之间的供需缺口（见图4）。

2019年2月国务院印发《国家职业教育改革实施方案》，重点突出职

中国文化消费行业投资趋势分析与展望

图3　中国职业考试培训市场规模

（10亿元）

- 2013: 173.3
- 2014: 173.5
- 2015: 181.1
- 2016: 193.1
- 2017: 211.2
- 2018E: 214.5
- 2019E: 220.2
- 2020E: 232.1
- 2021E: 243.9
- 2022E: 257.7

资料来源：Frost Sullivan、建投华文研究部。

教改革，实施1+X证书制度，鼓励社会力量举办职教和产教融合；另外，《政府工作报告》中提出2019年高职院校扩招100万人。近两年国家层面对职教做了大量的政策支持，顶层设计逐渐完善，有意引导社会力量参与举办职教。

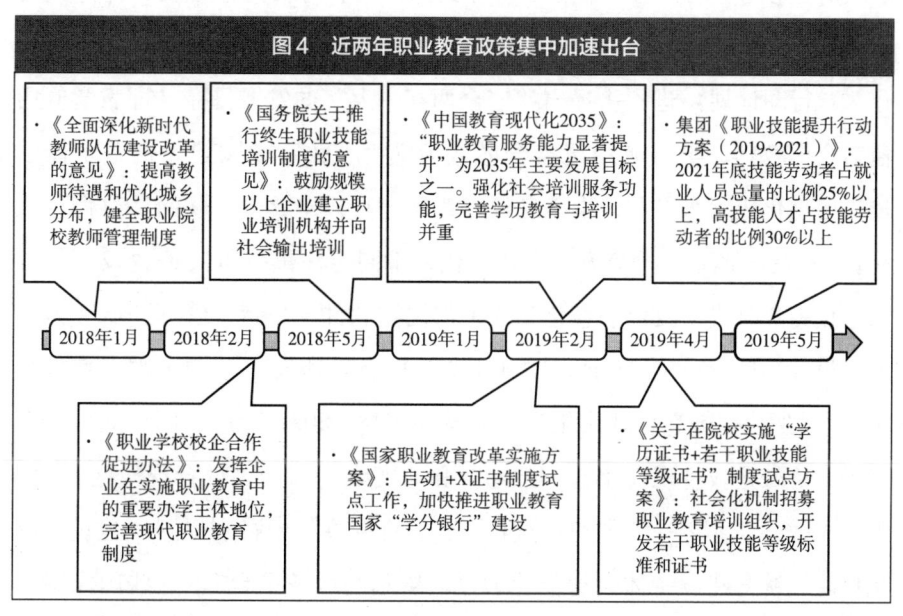

图4　近两年职业教育政策集中加速出台

- 2018年1月：《全面深化新时代教师队伍建设改革的意见》：提高教师待遇和优化城乡分布，健全职业院校教师管理制度
- 2018年2月：《职业学校校企合作促进办法》：发挥企业在实施职业教育中的重要办学主体地位，完善现代职业教育制度
- 2018年5月：《国务院关于推行终生职业技能培训制度的意见》：鼓励规模以上企业建立职业培训机构并向社会输出培训
- 2019年1月：《国家职业教育改革实施方案》：启动1+X证书制度试点工作，加快推进职业教育国家"学分银行"建设
- 2019年2月：《中国教育现代化2035》："职业教育服务能力显著提升"为2035年主要发展目标之一。强化社会培训服务功能，完善学历教育与培训并重
- 2019年4月：集团《职业技能提升行动方案（2019~2021）》：2021年底技能劳动者占就业人员总量的比例25%以上，高技能人才占技能劳动者的比例30%以上
- 2019年5月：《关于在院校实施"学历证书+若干职业技能等级证书"制度试点方案》：社会化机制招募职业教育培训组织，开发若干职业技能等级标准和证书

资料来源：国务院官网、教育部官网，建投华文研究部。

2. 教育信息化行业：政策驱动型行业，发展仍处于红利期

教育信息化主要包括硬件设备、软件和后续服务、云服务和数据服务以及增值服务。前三部分主要是 To B 类服务，目前处于各类订单增长迅速的阶段。增值服务主要是 To C 类服务，其商业模式尚处于探索阶段中，还未形成稳定的现金流。

教育信息化是政策驱动型行业，最终采购者通常为政府部门。从2007年教育部出台的《教育部关于做好国家教育考试考务管理与服务平台相关工作的通知》到2018年4月教育部印发的《教育信息化2.0行动计划》，再到2019年中共中央、国务院印发的《中国教育现代化2035》，一系列教育改革顶层设计和具体实施纲要都鲜明地指出中国教育产业将长期致力于将信息技术与教育资源深度融合，不断推进教育信息化建设，从而顺应持续提升教育管理现代化水平的产业发展趋势。

国内教育信息化行业处于行业红利期。2011年6月，教育部发布的《教育信息化十年发展规划（2011～2020年）》（征求意见稿）明确提出各级政府在教育经费中按不低于8%的比例列支教育信息化经费，保障教育信息化拥有持续、稳定的政府财政投入。2018年4月，教育部《教育信息化2.0行动计划》进一步提出"三全两高一大"的发展目标（即教学应用覆盖全体教师、学习应用覆盖全体适龄学生、数字校园建设覆盖全体学校，信息化应用水平和师生信息素养普遍提高，建成"互联网+教育"大平台），教育信息化开始迈入2.0时代，不同于注重技术装备建设的教育信息化1.0时代，教育信息化2.0更加注重软件、平台、管理和服务体系的建设。2019年2月23日，中共中央、国务院印发了《中国教育现代化2035》《加快推进教育现代化实施方案（2018—2022年）》，两个文件组合来看，恰好是教育现代化的"理论"和"实践"。《中国教育现代化2035》中十大战略任务之一"加快信息化时代教育变革"中特别提到"建设智能化校园，统筹建设一体化智能化教学、管理与服务平台"。这些国家层面的政策和发展目标为教育信息化发展态势奠定了坚实的政策基础，对教育信息化行业的优秀企业给出了明确的信心支持，进一步激发了市场潜力。

根据教育部数据，2018年小学学校有16.18万所，在校生有1.03亿人；初中学校有5.20万所，在校生有4652万人；高中学校有2.43万所，在校生有3935万人，其中普通高中学校有1.36万所，在校生有2375万人；普通高等学校有2663所，普通本专科学生有2831万人。庞大的学校网络和在校生规模对教育信息化潜在市场空间形成重要支撑。

3. 民办高等教育行业：行业门槛高，并购是未来主要增长点

中国的高等教育分为两类：公办高等教育和民办高等教育。公办高等教育主要为研究型的大学，例如传统的"985"和"211"学校；而民办大学专注于应用型教育，以就业为导向，培养学生的实用性技能，同时颁发大学或大专文凭。目前，不管是从学生的考试报名倾向还是从录取分数线上看，公立大学都优先于和高于民办大学。

随着我国对技术型人才需求的不断提升，民办本专科高等教育增长潜力巨大。中国当前经济正处于转型期，"中国制造2025"将极大提升对于技术型人才的需求。2019年以来，国家职业教育领域各项利好政策不断出台和落实，专注于技能教育的民办高等院校将主动契合市场需求，优化调整专业结构，有望以此实现更快的发展，同时成为实现2020年高等教育毛入学率50%目标的主要推动力。

高等教育行业进入门槛高，并购是现阶段行业内公司实现增长的主要策略。高等教育行业是牌照型行业且非充分竞争，新建高校难度大，进入壁垒高。首先，中国的高等教育行业准入门槛高，新设立的民办高等教育机构需要取得一系列政府批文、执照及许可，并符合特定要求，如注册资本、学生数量、教师资质等。其中，本科教育院校的设立政策趋严，设立手续比较烦琐同时设立通过的不确定性较大。因此，高校牌照尤其是本科教育牌照是高等教育行业的重要壁垒，这也使得中国高等教育行业具有明显的非充分竞争格局。其次，高等教育行业建校初始投入大，投资回报率较低，同时民办高校的新设立需要较长的时间来树立品牌形象以吸引生源,故难以通过新建学校来实现快速增长。在建校受阻、学额受限的环境下,外延并购将是未来3~5年民办高等教育公司扩张的主要方式。

(二)休闲旅游行业

1. 在线旅游行业:市场保持稳中向好态势,下沉市场是新发力点

低线级城市用户基数众多,下沉市场成为新发力点。2018年中国在线旅游市场交易规模为15122.4亿元,较2017年增长了29.0%(见图5)。随着在线旅游市场用户流量增长的稳定,预计在线渗透率的提高幅度将会逐年缩小。由于中国旅游行业的下沉市场用户基数较大,旅游产品的平均客单价较一般电商商品高,因此目前大部分低线级城市游客更倾向于通过线下渠道如线下旅行社等来购买旅游产品,中国在线旅游市场仍有较大增长空间。

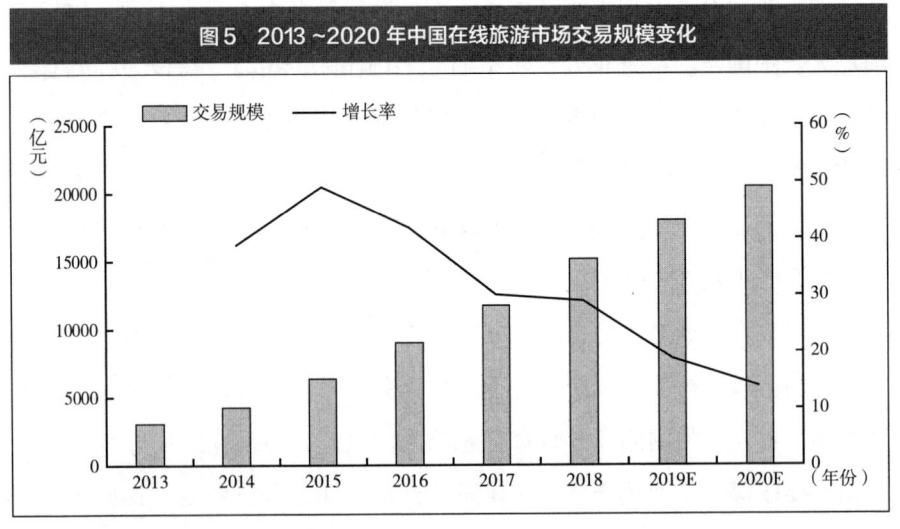

图5 2013~2020年中国在线旅游市场交易规模变化

资料来源:艾瑞咨询,建投华文研究部。

中国在线旅游度假市场保持持续增长态势。2018年中国在线度假市场全自营类交易规模为846.7亿元,同比增长19.3%。随着中国居民旅游意愿不断增加和移动互联网渗透率的提升,预计2020年中国在线度假市场全自营类交易规模将超过1000亿元(见图6)。

图6 2013~2020年中国在线旅游度假市场交易规模变化

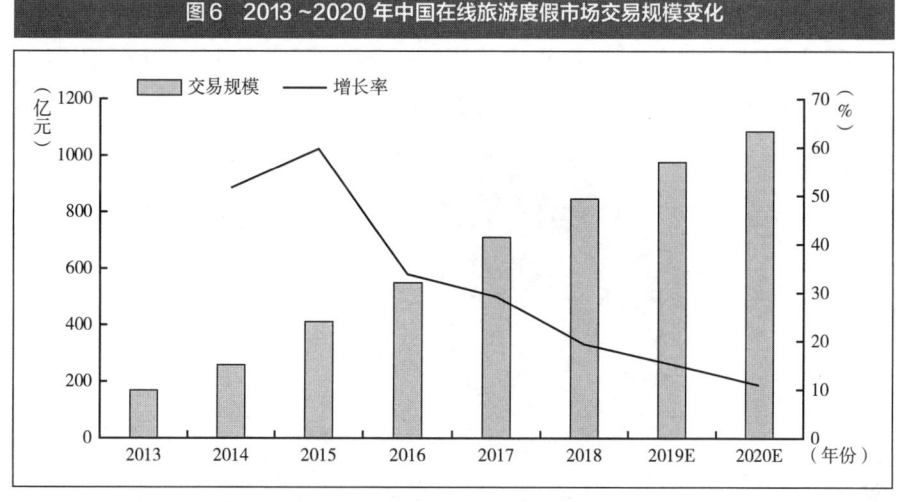

资料来源：艾瑞咨询，建投华文研究部。

中国在线度假市场集中度较高，途牛排名第一。2018年中国在线旅游度假市场中，途牛市场占有率排名第一，达31.9%；携程位列第二，达25.0%（见图7）。未来随着中国在线度假市场的进一步成熟，市场集中度将会持续提升，头部企业的市场份额将会继续增大。

中国在线旅游度假市场的跟团游占比持续提升。2018年中国在线旅游度假市场中，跟团游占比46.2%，自助游占比53.8%（见图8）。其中跟团游的比重较2017年略有提升，主要原因是跟团旅游方式可以满足现阶段中国居民的旅游服务需求。

2. 出境游行业：中国是全球最大出境游市场，签证和国际航线提供便利

目前，中国是全球最大出境游市场，出境游消费支出稳居世界第一。随着中国居民人均收入增长、国际航线持续增加、申请签证越来越便捷等，中国已连续多年保持世界第一大出境旅游客源国地位，出境游规模持续扩大。2018年中国出境游人数达1.5亿人次，同比增长14.7%（见图9）。在出境游消费方面，虽然中国出境旅游消费的增速有所放缓，但中国仍是全球最大出境旅游支出国家。

图7 2018年中国在线旅游度假市场份额

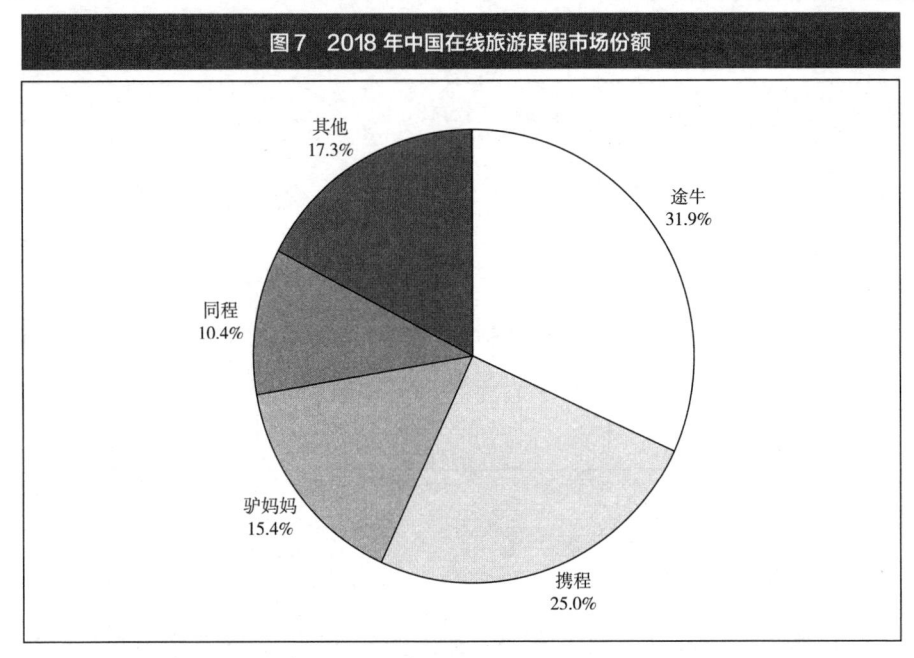

- 途牛 31.9%
- 携程 25.0%
- 驴妈妈 15.4%
- 同程 10.4%
- 其他 17.3%

资料来源：艾瑞咨询，建投华文研究部。

图8 2018年中国在线旅游度假市场结构

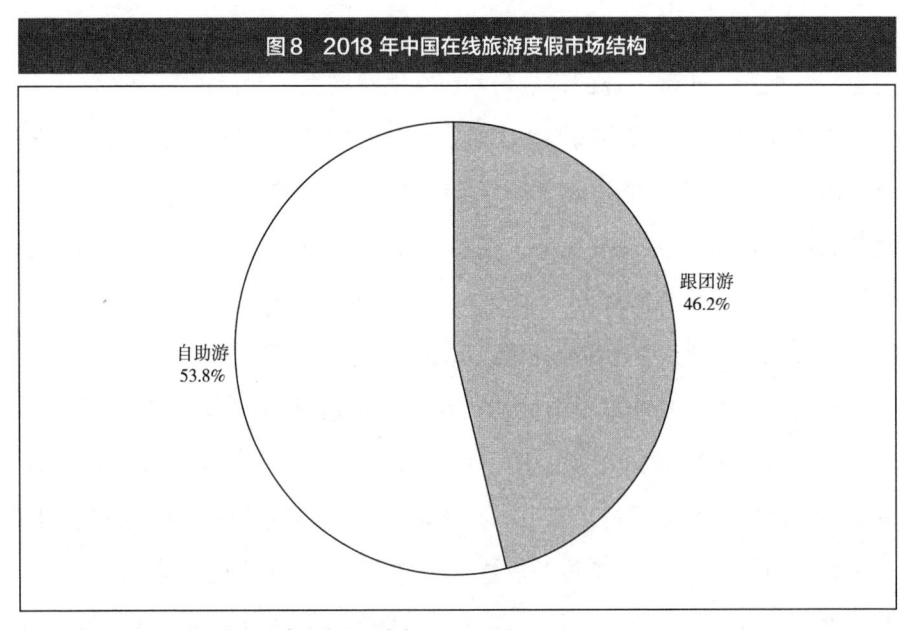

- 自助游 53.8%
- 跟团游 46.2%

资料来源：艾瑞咨询，建投华文研究部。

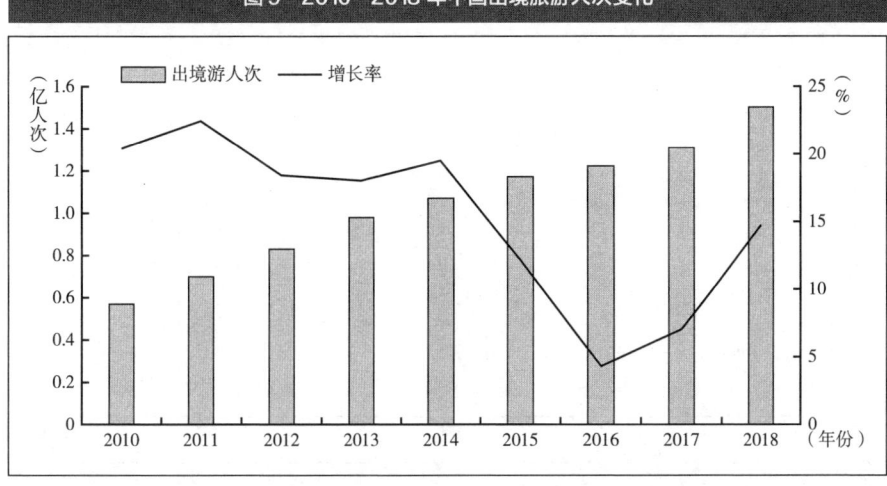

图9 2010~2018年中国出境旅游人次变化

资料来源：艾瑞咨询，建投华文研究部。

从出境游的市场结构来看，因中国内地与港澳台地区语言障碍小、部分商品价格更低等因素，赴港澳台游占比超过五成。内地居民赴港澳游自2017年开始反弹。自2019年以来，受香港形势严峻、赴台个人游取消等事件影响，内地居民赴香港和台湾的旅游人数大幅下降。随着旅游线路多元化以及游客选择的多样化，出国游将会有大幅增长趋势。

随着中国的国际地位提升，越来越多的国家和地区放开中国签证，助力中国游客出境游。对中国护照免签的国家和地区数量增加，根据外交部的信息，截至2019年1月，中国与14个国家实现全面互免签证，15个国家和地区单方面给予中国公民免签入境待遇，43个国家和地区单方面给予中国公民落地签证便利，也即，持普通护照的中国公民可免签或落地签前往72个国家和地区（见图10）。此外，多个国家和地区加大对中国签证的优惠力度，对中国游客实施电子签证、简化签证材料等优惠政策，方便中国游客出境旅游。

发达的国际航线网络为中国游客出境游提供了便利。出境游发展初期，国内仅有几十个国际航线，随着民航规模的扩大，截至2018年底，我国航空公司国际定期航班通行65个国家的165个城市，国际航线增至

图10　2017~2019年中国免签国家数量变化

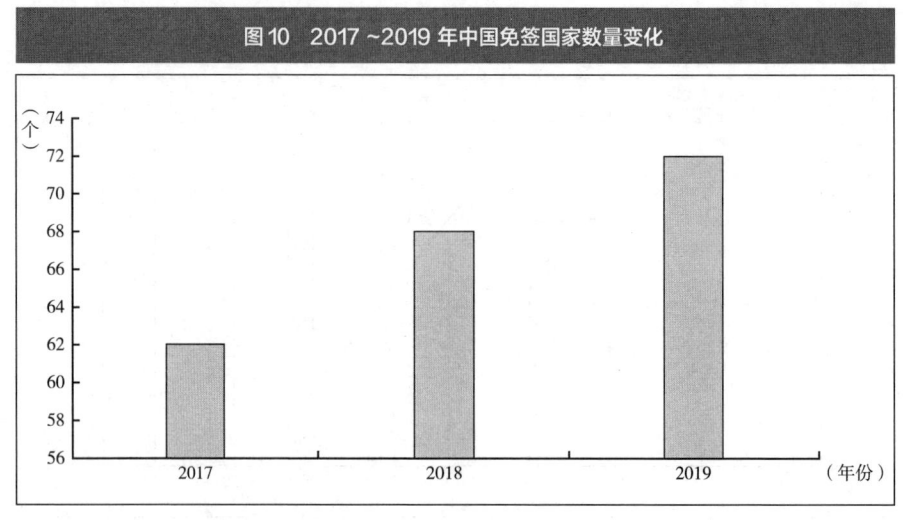

（个）
- 2017: 62
- 2018: 68
- 2019: 72

资料来源：艾瑞咨询，建投华文研究部。

849条（见图11），国际航线运输人次也增长至5543万人次。出境游受交通因素制约很大，国际直飞航线的开通，大大缩短了游客前往世界各地的时间，使出境游更加便利。

图11　2012~2018年中国国际航线数量变化

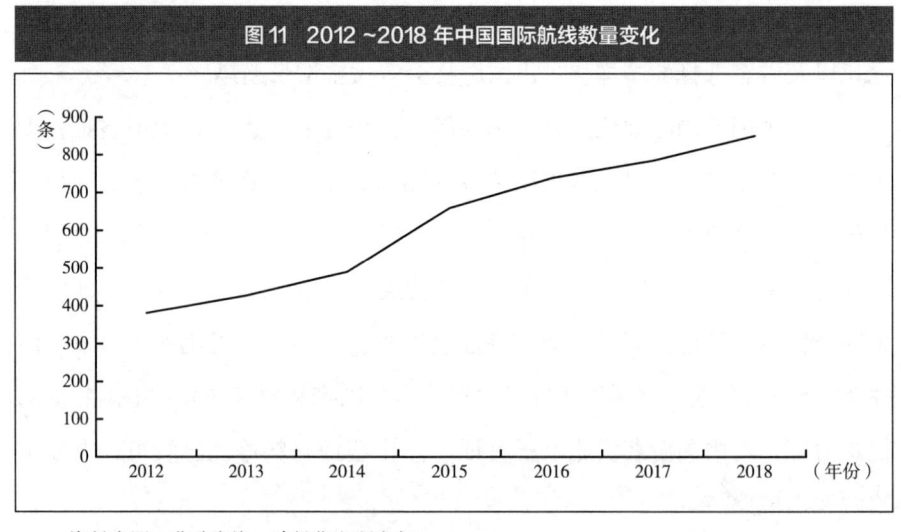

资料来源：艾瑞咨询，建投华文研究部。

3. 国内景区旅游行业：国内旅游收入高增长，门票经济逐渐向产业经济转型

国内旅游市场保持平稳增长，旅游渐成国民生活常态。国家统计局数据显示，近年来我国旅游市场持续保持10%以上的高速增长，2018年全年国内旅游人数达55.4亿人次，同比增长10.8%（见图12），一年人均出游4次（见图13），旅游渐成国民常态化消费，我国已进入大众旅游时代。

图12　2011~2018年中国国内旅游人数变化

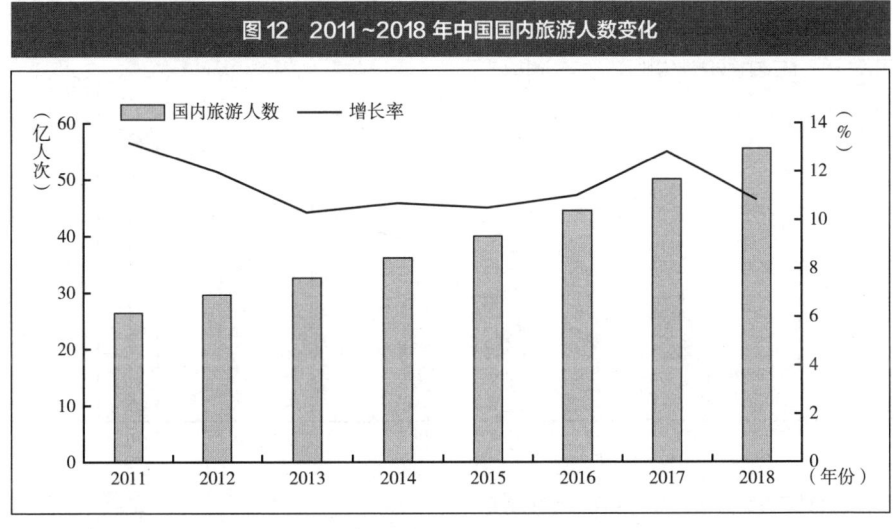

资料来源：艾瑞咨询，建投华文研究部。

图13　2011~2018年中国人均旅游次数变化

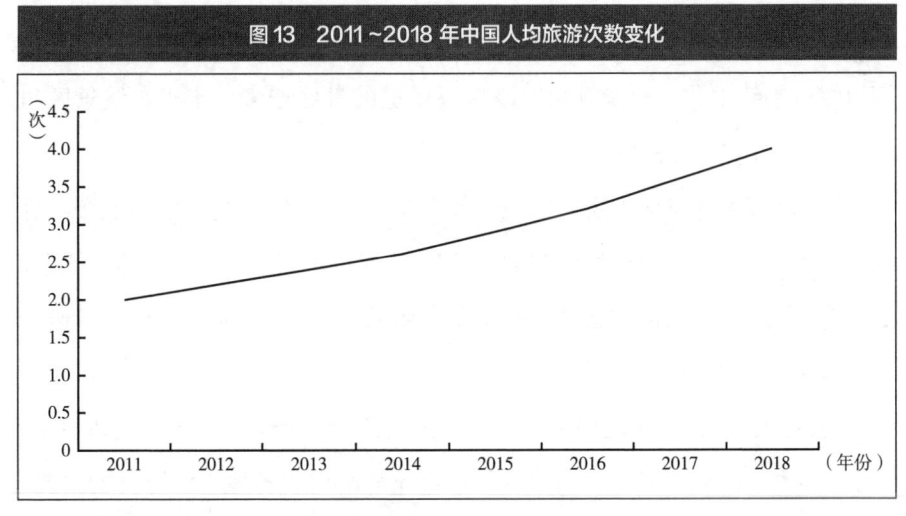

资料来源：艾瑞咨询，建投华文研究部。

国内旅游收入持续高速增长，2018年破5万亿元。旅游人数的增加推动了旅游收入的增长。2018年国内旅游总收入达5.1万亿元，同比增长

12.3%（见图14）。随着国家对全域旅游、冰雪旅游、乡村旅游等旅游业态的持续深入推广，未来我国国内旅游总收入仍将保持增长态势。

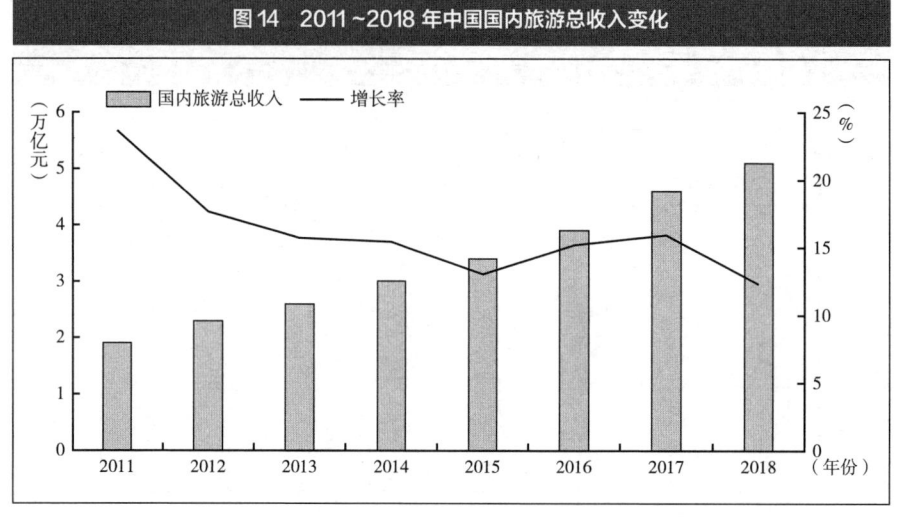

图14　2011~2018年中国国内旅游总收入变化

资料来源：艾瑞咨询，建投华文研究部。

中国在线景区门票规模稳定增长，购买逐渐线上化。2018年中国在线景区门票市场交易规模为543.9亿元，同比增长35.4%。随着用户门票预订习惯日趋线上化，以及开放网络购票渠道的景区增多，未来在线景区门票的市场规模将保持稳定增长态势。

国家对5A级景区评定及管理越发严格，5A级景区数量增速放缓。近年来我国5A级景区数量逐渐增加，2018年我国5A级景区数量达259个。随着国家对5A级景区的管理和评定要求越发严格，5A级景区数量增速呈现放缓趋势（见图15）。

中国景区门票价格逐渐下降，门票经济逐渐向产业经济转型。2018年6月，国家发改委要求景区门票降价，自此全国出现各地景区降价的情况。据统计，截至2019年，全国有164个5A级景区降价，其中超过70%的景区降价幅度在10%以上。门票降价助推全国各地景区从"门票经济"转向"产业经济"，引导全国各地景区提供优质的旅游服务。全国景区可借此延

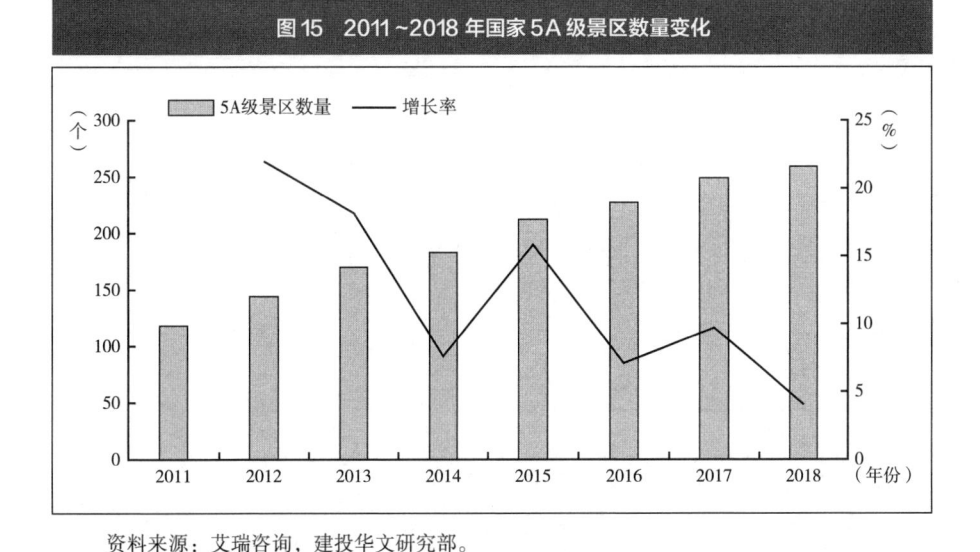

图15 2011~2018年国家5A级景区数量变化

资料来源：艾瑞咨询，建投华文研究部。

伸产业经营链条，探索文化衍生品开发等更多业态的旅游经营方式，培育新的旅游消费热点，使收入结构变得更加合理、可持续。

二 文化消费行业投资市场分析

（一）2019年部分文化消费行业二级市场表现分析

1. 教育行业：2019年板块呈现先扬后抑

2019年我国二级市场教育行业年涨幅为28.9%。2019年教育板块呈现先扬后抑，下半年呈现震荡走势状态（见图16）。2019年第一季度板块受二月底商誉减值利空出尽影响，一路反弹至3月，顶部盘整后由于外部环境变动带来的不利影响，板块出现回调，随后趋势以震荡波动为主。整体来看，虽然2019年教育部分子行业政策利好明显，但受民办教育促进法（终稿）迟迟没有落地影响，市场担忧的政策不确定性风险始终无法释放，最终导致政策不确定性压制板块走势。

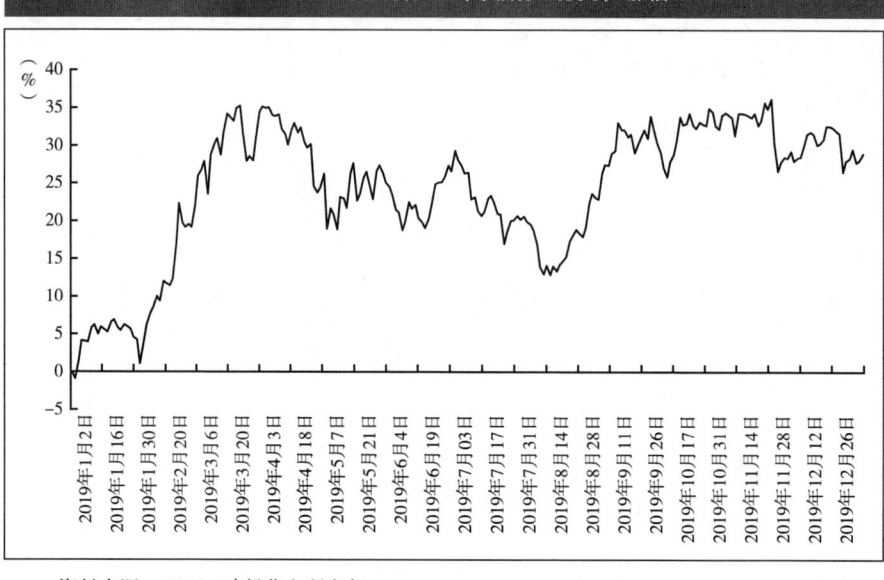

图16　2019年教育行业（中信行业分类）涨幅

资料来源：Wind，建投华文研究部。

从板块细分来看，教育行业中14只股票有9只是全年上涨的，5家企业是全年下跌的，其中涨幅前五名分别是中公教育、紫学光大、方直科技、科斯伍德和开元股份，年内涨幅分别为166.4%、70.5%、68.34%、60.41%和53.55%，其中跌幅前五名分别是文化长城、凯文教育、昂立教育、三爱富和三盛教育，年内跌幅分别是33.71%、25.63%、12.22%、2.73%和2.24%（见表1）。

2. 休闲旅游行业：2019年涨幅较好，市盈率处于75分位

2019年我国二级市场休闲旅游行业年涨幅为33.82%，从二级市场表现来看，2019年第一季度大盘强势上涨，随后进入震荡盘整阶段，全年旅游行业指数与沪深300指数走势相似（见图17）。从市盈率来看，2019年底休闲旅游行业滚动市盈率（TTM-PE）为33.73，分位点处于75.82%。

从板块细分来看，休闲旅游行业中22只股票中有16只是全年上涨的，6只是全年下跌的，其中涨幅前五名分别是大连圣亚、中国国旅、宋城演艺、凯撒旅业和天目湖，年内涨幅分别为64.06%、48.72%、45.58%、37.20%

表1 2019年教育行业股票涨跌排名

涨幅前十名					跌幅前五名
166.40%	002607.SZ	中公教育	文化长城	300089.SZ	33.71%
70.50%	000526.SZ	紫光学大	凯文教育	002659.SZ	25.63%
68.34%	300235.SZ	方直科技	昂立教育	600661.SH	12.22%
60.41%	300192.SZ	科斯伍德	三爱富	600636.SH	2.73%
53.55%	300338.SZ	开元股份	三盛教育	300282.SZ	2.24%
51.74%	002841.SZ	视源股份	--	--	
43.58%	002638.SZ	勤上股份	--	--	
9.95%	002621.SZ	美吉姆	--	--	
2.37%	600730.SH	中国高科	--	--	
		--	--	--	

资料来源：Wind，建投华文研究部。

图17 2019年休闲旅游行业（中信行业分类）涨幅

资料来源：Wind，建投华文研究部。

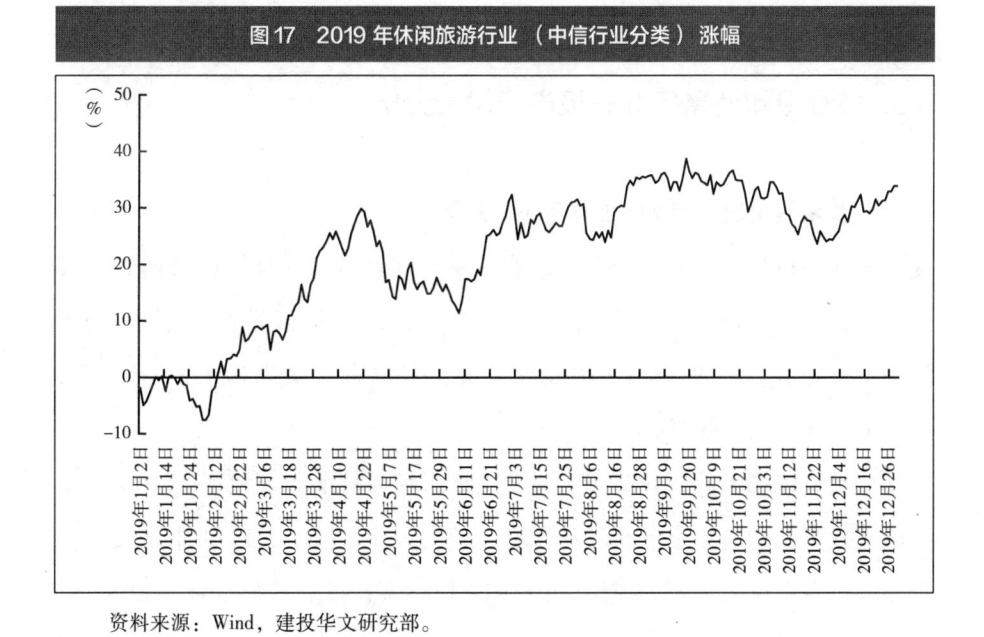

和34.21%；跌幅前五分别是腾邦国际、三特索道、云南旅游、中青旅和众信旅游，年内跌幅分别是44.87%、29.98%、2.41%、1.17%和0.93%（见表2）。

表2 2019年休闲旅游行业股票涨跌排名

涨幅前十名			跌幅前五名		
64.06%	600593.SH	大连圣亚	腾邦国际	300178.SZ	44.87%
48.72%	601888.SH	中国国旅	三特索道	002159.SZ	29.98%
45.58%	300144.SZ	宋城演艺	云南旅游	002059.SZ	2.41%
37.20%	000796.SZ	凯撒旅业	中青旅	600138.SH	1.17%
34.21%	603136.SH	天目湖	众信旅游	002707.SZ	0.93%
25.27%	603199.SH	九华旅游	…	…	
22.64%	000610.SZ	西安旅游	…	…	
19.32%	600358.SH	国旅联合	…	…	
17.80%	000888.SZ	峨眉山A	…	…	
13.70%	603099.SH	长白山	…	…	

资料来源：Wind，建投华文研究部。

（二）2019年消费行业一级市场投资分析

1. 投融资情况：消费行业均呈下降趋势

根据清科数据，从募资市场来看，受宏观经济金融环境以及监管政策影响，我国股权投资市场募资困境仍未缓解，2019年新募基金数量、金额均呈下降趋势。2019年底中国股权投资市场募资总额高达1.24万亿元，同比下降6.6%（见图18）。

从投资市场来看，在募资困境及二级市场疲软的大环境下，2019年中国股权投资机构的投资活跃度和投资金额均大幅下降。2019年中国股权投资市场投资案例数为8234起，同比下降17.8%；投资总金额为7630.94亿元，同比下降29.3%（见图19）。

2019年中国股权投资市场投资行业主要集中在IT、互联网、生物技术/医疗健康、半导体及电子设备（见表3），主要原因是我国经济正在由高速增长转向高质量发展，科技创新是主要驱动力。

图18 2009~2019年中国股权投资市场基金募集情况(包括早期投资、VC、PE)

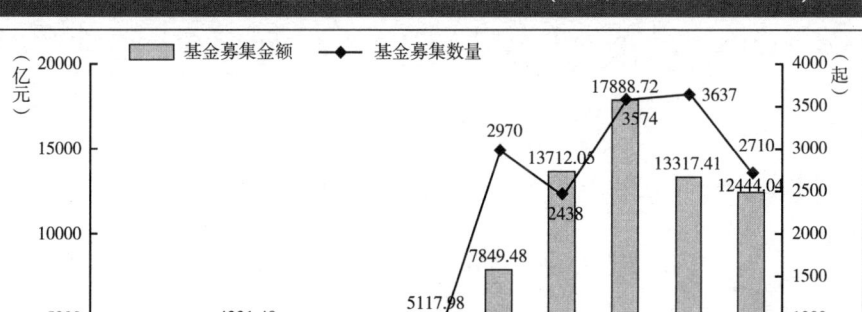

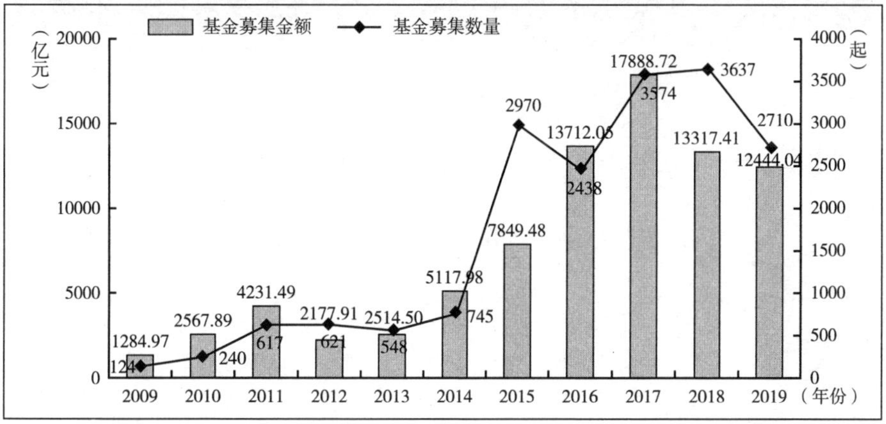

基金募集金额（亿元）/ 基金募集数量（起）

年份	基金募集金额	基金募集数量
2009	1284.97	124
2010	2567.89	240
2011	4231.49	617
2012	2177.91	621
2013	2514.50	548
2014	5117.98	745
2015	7849.48	2970
2016	13712.05	2438
2017	17888.72	3574
2018	13317.41	3637
2019	12444.04	2710

资料来源：清科，建投华文研究部。

图19 2009~2019年中国股权投资市场基金投资情况(包括早期投资、VC、PE)

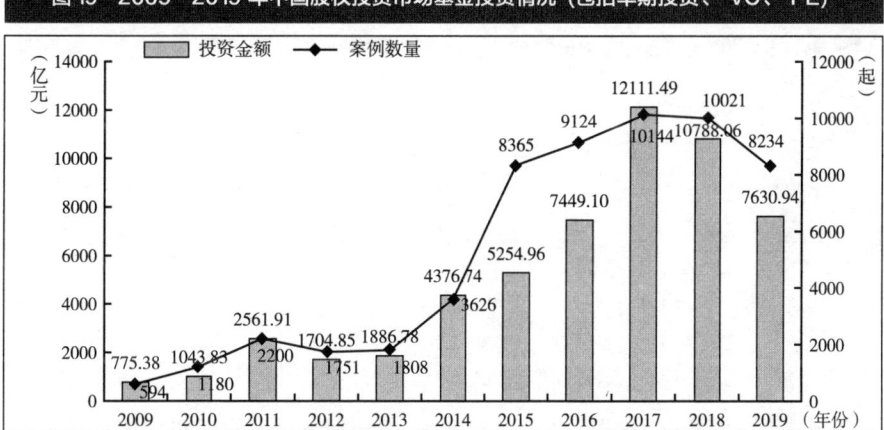

投资金额（亿元）/ 案例数量（起）

年份	投资金额	案例数量
2009	775.38	594
2010	1043.83	1180
2011	2561.91	2200
2012	1704.85	1751
2013	1886.78	1808
2014	4376.74	3626
2015	5254.96	8365
2016	7449.10	9124
2017	12111.49	10144
2018	10788.06	10021
2019	7630.94	8234

资料来源：清科，建投华文研究部。

表3 2019年中国股权投资市场早期/VC/PE投资行业分布

行业	案例数（起）	投资案例数同比（%）	投资金额（亿元）	投资金额同比（%）	早期案例数（起）	早期投资金额（亿元）	VC案例数（起）	VC投资金额（亿元）	PE案例数（起）	PE投资金额（亿元）
IT	2164	-0.7	1169.40	10.3	420	32.26	952	356.40	792	780.73
互联网	1264	-29.1	1072.75	-15.9	313	24.00	493	242.75	458	806.00

续表

行业	案例数（起）	投资案例数同比（%）	投资金额（亿元）	投资金额同比（%）	早期案例数（起）	早期投资金额（亿元）	VC案例数（起）	VC投资金额（亿元）	PE案例数（起）	PE投资金额（亿元）
生物技术/医疗健康	1188	−11.3	1016.15	4.1	125	13.93	576	304.15	487	698.06
半导体及电子设备	697	43.4	398.85	−15.0	79	8.42	323	142.33	295	248.09
机械制造	455	4.1	820.49	157.3	52	4.82	181	89.64	222	726.03
电信及增值业务	376	−33.3	557.51	−30.3	76	6.05	160	95.86	140	455.59
娱乐传媒	291	−55.9	81.80	−79.6	62	4.76	118	27.67	111	49.37
金融	266	−51.5	332.43	−86.0	33	2.33	96	33.45	137	296.65
清洁技术	234	−0.4	118.46	−48.1	25	2.35	86	42.31	123	73.80
连锁及零售	206	−20.8	321.39	−4.3	46	3.90	73	54.10	87	263.39
教育与培训	203	−34.5	56.44	−39.5	45	2.30	62	16.11	96	38.02
化工原料及加工	162	−12.9	169.61	−6.2	18	1.97	71	23.74	73	143.90
汽车	124	−41.2	159.16	−56.9	13	2.01	52	20.32	59	136.83
食品和饮料	94	2.2	64.47	−55.1	20	1.02	34	15.88	40	47.57
物流	85	−34.6	214.87	−76.0	8	1.65	34	29.65	43	183.57
房地产	69	−51.4	161.06	−59.9	4	0.12	15	19.65	50	141.29
能源及矿产	69	6.2	146.79	−5.9	1	0.10	17	3.85	51	142.84
建筑/工程	66	−42.6	205.85	174.7	5	0.63	27	16.24	34	188.98
农/林/牧/渔	51	−16.4	37.40	−26.2	2	0.10	15	5.17	34	32.13
纺织及服装	26	−46.9	42.43	−5.1	4	0.42	11	2.58	11	39.42
广播电视及数字电视	4	−50.0	0.61	−93.4	—	—	1	0.01	3	0.60
其他	131	−8.4	481.69	278.9	11	0.19	49	34.60	71	446.91
未披露	9	−43.8	1.34	−83.9	—	—	9	1.34	—	—
汇总	8234	−17.8	7630.94	−99.3	1362	113.36	3455	1577.80	3417	5939.78

资料来源：清科，建投华文研究部。

中国文化消费行业投资趋势分析与展望

在清科统计的23个行业里，连锁及零售、教育与培训、食品与饮料、物流、纺织及服装五个消费细分行业在2019年的投资金额分别是321.39亿元、56.44亿元、64.47亿元、214.87亿元和42.43亿元，分别同比减少4.27%、39.47%、55.09%、75.96%和5.1%（见图20）。

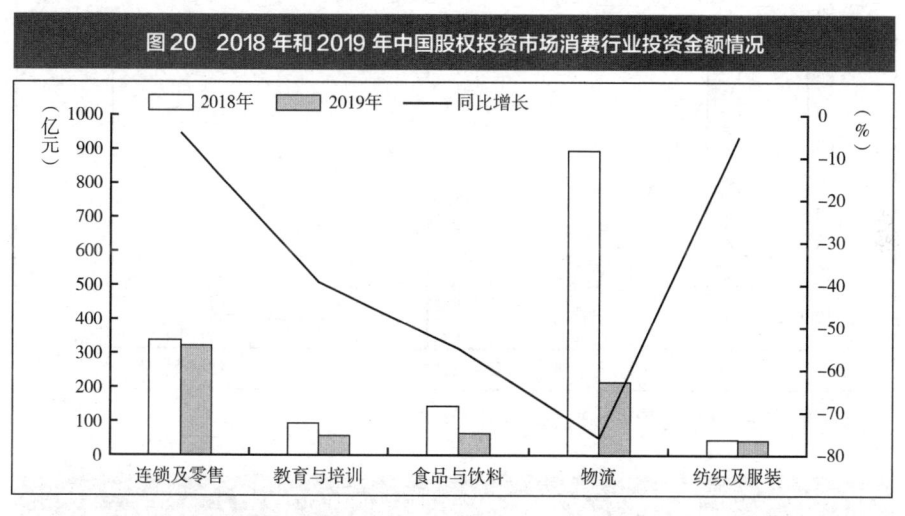

图20 2018年和2019年中国股权投资市场消费行业投资金额情况

资料来源：清科，建投华文研究部。

2. 投资退出情况：受国内经济放缓和一二级市场估值倒挂影响，教育等行业退出笔数减少

从投资退出市场看，2019年中国股权投资市场共发生2949笔，同比上升19%，其中被投企业IPO共发生1573笔，同比上升57.9%，虽然退出笔数有所增加，但是由于国内经济增长放缓，再加上一二级市场估值倒挂，投资机构退出回报走低。

根据清科统计的23个行业里，连锁及零售、教育与培训、食品与饮料、物流、纺织及服装五个消费细分行业在2019年的投资退出案例数分别为90、25、41、11和7笔（见图21），分别同比增加221.43%、-28.57%、57.69%、-72.5%和-61.11%。

3. 并购情况：消费行业并购案例数和金额均下降

2019年中国并购市场共发生交易1833起，同比下降29.1%，共涉及交易金额10129.30亿元，同比下降20%（见图22）。

图21　2018年和2019年中国股权投资市场消费行业投资退出案例数

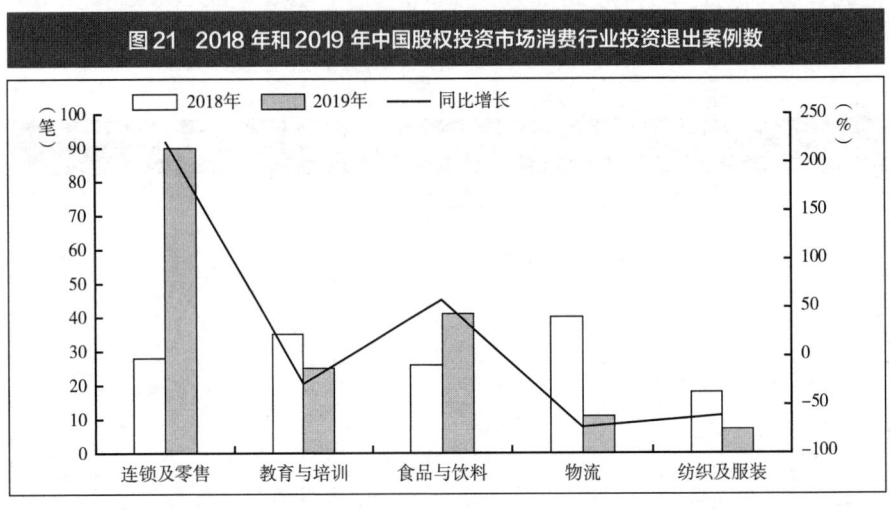

资料来源：清科，建投华文研究部。

图22　2010~2019年中国并购市场总体统计

资料来源：清科，建投华文研究部。

从并购案例数看，连锁及零售、教育与培训、食品与饮料、物流、纺织及服装五个消费细分行业在2019年的并购案例数分别是70起、13起、

34 起、29 起和 20 起,分别同比下降 17.65%、62.86%、33.33%、53.23% 和 39.39%(见图 23)。

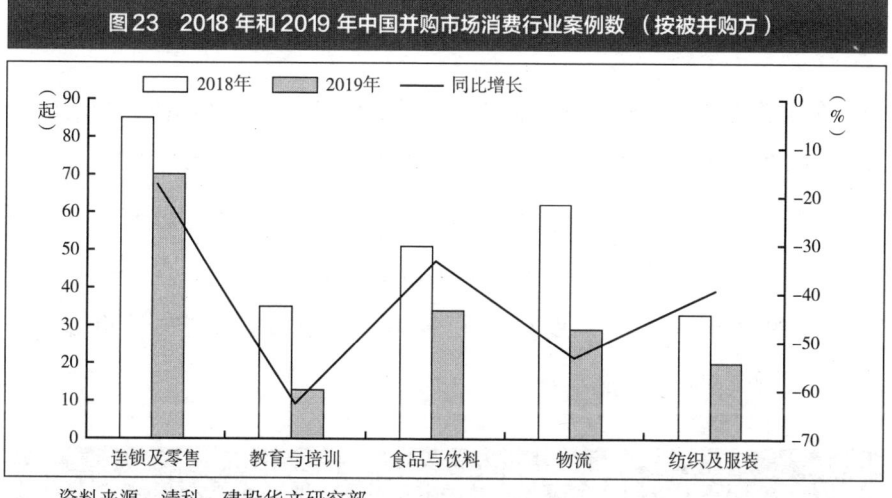

图 23　2018 年和 2019 年中国并购市场消费行业案例数（按被并购方）

资料来源：清科,建投华文研究部。

从并购案例金额来看,连锁及零售、教育与培训、食品与饮料、物流、纺织及服装五个消费细分行业在 2019 年的并购金额分别是 907.6 亿元、202.08 亿元、481.11 亿元、115.35 亿元和 73.99 亿元,分别同比增长 209.57%、290.87%、65.97%、-83.92% 和 6.42%(见图 24)。

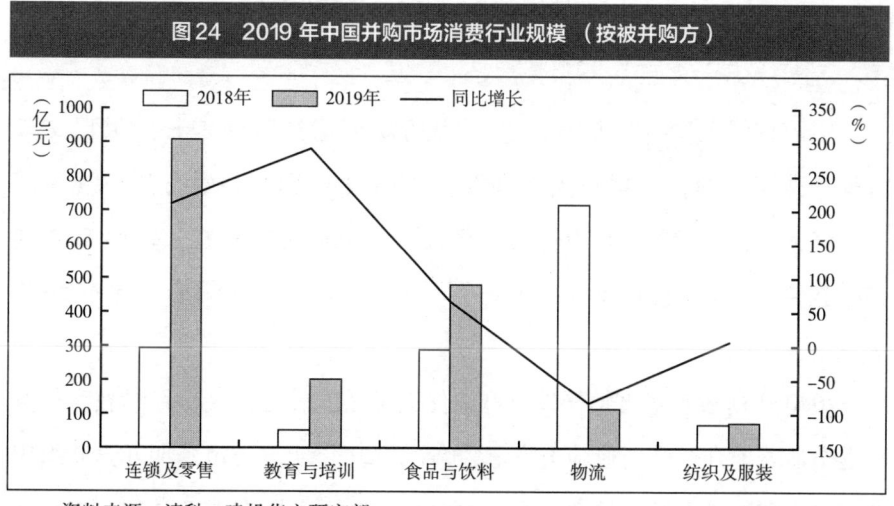

图 24　2019 年中国并购市场消费行业规模（按被并购方）

资料来源：清科,建投华文研究部。

三 2020年文化消费行业投资机会展望

在线教育可以突破时间和空间的限制，给用户更好的体验，推动行业发展。近年来我国持续建设互联网基础设施，骨干宽带网容量大幅增加，宽带网络的速度也明显增快，为云服务打下坚实的基础。与此同时，5G的逐渐普及使画面清晰度更高，视频延迟减少，稳定性更高，未来随着AR、VR技术的发展，课堂活跃度有望进一步上升，在线教育这条赛道价值已经开始显现（见图25）。

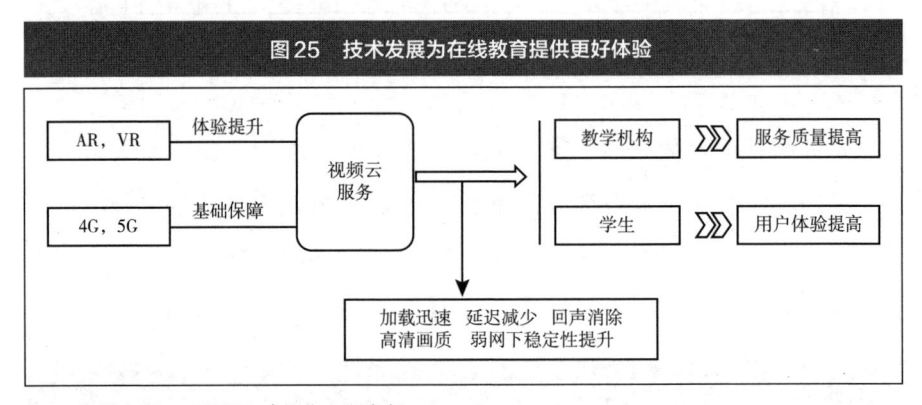

图25 技术发展为在线教育提供更好体验

资料来源：互联网，建投华文研究部。

中国在线教育人数持续增长，市场规模保持较快增长。根据艾媒咨询和艾瑞咨询，从用户人数来看，2018年中国在线教育用户规模超过2亿人，而2020年有望达到3亿人，从市场规模来看，2018年中国在线教育市场规模为2518亿元，预计在2022年市场规模将超过5000亿元。

2020年新冠肺炎疫情暴发更好地促进了在线教育发展，在线教育行业渗透率显著提升。受新冠肺炎疫情影响，2020年初多省市延期开学并组织全校师生在网络上开展教学学习。大中小学广泛采取在线教学的方式，极大地推动了在线教育行业的发展，新冠肺炎疫情使得在线教育企业获客成本降低、盈利水平提升。预计未来在线教育带来的在线直播、在线录播等会成为更受欢迎的教育场景，线上线下相结合的混合式教学将更加广泛，在线教育比例会逐步提升。

2020年新冠肺炎疫情下公众健康意识显著提高，体育运动渗透率提升。随着疫情的持续发展，健康运动引发了公众的广泛关注，根据线上健身平台Keep的统计，2020年2月Keep直播的观看量同比增长近430%，消费者越来越多地通过直播学习和参与体育运动，显示出居民健康意识不断提升，各项体育运动渗透率获得提升。

室内运动热潮带动消费者体育用品相关需求爆发。疫情下户外运动受限使得居家健身器材销售同比显著提升，京东消费大数据显示，2020年春节期间京东平台拉力器成交额同比增长109%，跳绳成交额同比增长56%，划船机成交额同比增长134%，2月上旬京东自营瑜伽垫成交额同比增长近6倍，不受场地限制的健身器材成为疫情期间人们的热门选择，2020年新冠肺炎疫情有望促进体育用品行业的发展。

未来叠加奥运会和冬奥会到来，运动行业有望进一步蓬勃发展。冬奥会的日益临近使人们对于运动的关注不断升温。各大运动品牌未来将借力奥运会带来的流量，加大宣传力度，提升品牌曝光度，塑造品牌形象。此外，申请冬奥会成功以来，国务院、国家体育总局等颁布了多项政策支持我国体育产业的发展，并提出了阶段性的发展目标，2018年我国体育产业总规模为2.66万亿元，同比增长20.91%，按照发展规划估计2025年中国体育产业总规模将达到5万亿元（见图26）。疫情结束后人们对于强身健体的需求叠加奥运盛会的临近，运动行业有望蓬勃发展。

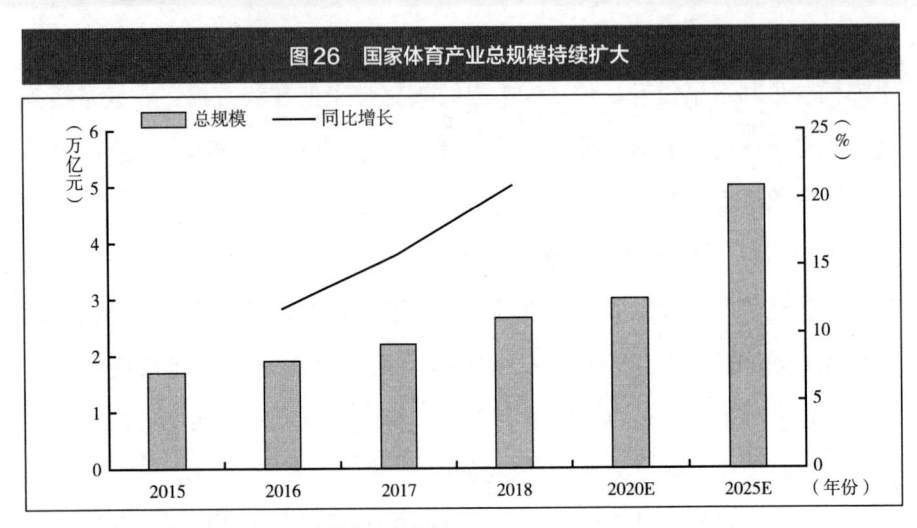

图26 国家体育产业总规模持续扩大

资料来源：国家统计局，建投华文研究部。

文化企业篇

故宫文化： 博物馆文化创意事业的践行与创新　／123

腾讯动漫： 国漫行业生态建设者　／133

蓝色光标： 从公关市场领头羊到开启智能营销时代　／143

洛可可设计： 颠覆式创新　／157

猪八戒网： 众包服务的独角兽　／167

朝宗文旅： 江上知音　武汉倒影　／177

东道： 品牌创意进化者　／187

摩登天空： 践行"音乐+"之路　／197

无忧传媒： 拥抱MCN发展的黄金时代　／213

巅峰智业： 开启创新发展之道　／225

新湃传媒： 用"90后"的语言讲述中国故事　／235

掌阅科技： 引领品质阅读　／245

纵横文学： 打造以网络文学为核心的全球化泛娱乐生态　／255

鲲池影业： 抓住海外视角打造年轻内容厂牌　／271

咕咚运动： 在体育产业大发展时代下开启互联网体育事业　／285

作业帮： 学习的变革——以科技驱动在线教育新供给　／301

故宫文化：
博物馆文化创意
事业的践行与创新

北京故宫文化传播有限公司（以下简称"故宫文化"）成立于2008年，是经故宫博物院批准、在国家工商总局注册的独立法人企业，为故宫出版社全资子公司。

故宫文化以"传播故宫文化，发展创意产业"为主旨，依托故宫博物院优秀的专家团队力量以及丰富的文物藏品资源，致力于故宫博物院文化创意产品的研发、推广，以及故宫文化主题IP项目的运营。通过空间营造、文化展示、教育培训、产品销售等形式达成故宫文化的社会传播与市场融合。通过对历史文化内涵的挖掘、创新与传播，使紫禁城生活美学成为日常生活中的新元素。

中国经济新常态和供给侧改革的背景下，文化创意产业成为推动国家经济持续发展、建立文化自信的原动力。诸多政策鼓励博物馆积极发展文创产业、提升设计和营销水平。故宫文化在十年间不断摸索创新，从最初单一的文创产品生产销售慢慢地向多元文化创意产业模式发展。

故宫文化的主体业务运营模式为线上线下结合，实行平台化服务与项目式开发。以故宫博物院相关文化创意产品研发为基础，线上主体运营"故宫博物院文创旗舰店"（故宫天猫）、"故宫文化官方旗舰店"（故宫京东店、故宫微店），线下运营以"紫禁书院"为品牌、以教育培训为主要内容的文化推广活动。与此同时大力发展"故宫中国节"、"宫囍·龙凤呈祥"、"金榜题名"三大主体性综合文化创意项目。以全方位体系化建造新的文化创意产业模型。

一 文化创意产品的设计与研发

故宫文化通过对故宫博物院文创产品进行整理分析，理清开发思路。深度分析故宫文创产品的文化内涵和文化符号表达，挖掘其开发价值。公司产品突出故宫元素，注重创意和趣味，引导大众的审美，表现出丰富的美学内涵。产品所蕴含的美学价值不但传递了中国传统的哲学观、价值观和生活之道，还表现了当代人们的需要、理想和审美情感，达到了实用和审美的融合统一。

故宫文化文创产品迄今接近1800种，涉及材料包括陶瓷、丝绸、纸品、金属、珐琅、木器、铜器、琉璃等；涉及类别包括文具、家纺日用、服装首饰、茶餐具、电器、节日礼品、香器花器等多种品类。产品注重设计以及品质的高级美感，随着主题性产品的陆续上线，宫廷风成为文创产品的重要视觉元素，"紫禁城生活美学"受到了更多人的关注与喜爱。

在故宫文化众多的文创产品中，万福如意新年礼盒、故宫笔记·工艺笔记系列特色尤为突出。万福如意新年礼盒从故宫文化主题、使用场景、市场环境三个维度对产品进行前期定位。礼盒以年节文化基础下受众认知度最高、寓意最鲜明的福禄寿主题作为核心元素。在使用场景方面，考虑到礼盒的购买客群多为需要体现故宫中国风的受众，因此，礼盒的设计选择以宫廷的华美风格为视觉主导，配以最利于传播的文字，无处不以故宫文物为基础。

故宫工艺笔记套装深入挖掘故宫藏品中传统工艺的精湛之美，选出六种具有宫廷华美风格的典藏文物，同时甄选剔红、点翠、钧瓷、掐丝珐琅、彩漆描金、黑漆描金这六种代表性传统工艺作为设计元素呈现给大家。每一款都为消费者奉上来自故宫的美好祝福，也使传统经典之美融入现代生活美学之中。

二 互联网时代下文创产品的消费市场

"互联网+"是创新2.0下互联网发展的新形式，我国博物馆中珍藏的华夏文物具有无穷的艺术价值，博物馆文创产品更是博物馆文化产业附加值的体现，文创产品的销售也成为一个经济选择。

2016年6月"故宫博物院文创旗舰店"在阿里巴巴天猫平台正式上线,当年销售额300万元,粉丝5万。成为博物院文创产品线上销售的又一标志性案例。故宫文化以故宫博物院丰富的藏品资源、故宫出版社的专业图书内容资源为依托,利用天猫大平台,以故宫文化主题活动为焦点,传播紫禁城生活美学,连续三年实现销售成倍增长。到2019年突破1亿元,粉丝突破350万。同年,为实现市场差异化管理,进一步提升故宫文化的品牌形象,提高文创产品品质,故宫文化联合京东正式开设"故宫文化官方旗舰店",利用京东的平台优势打造富有生活化、品质化的故宫文创产品。店铺运营8个月销售突破1000万元,粉丝突破150万。这样的合作形成了双赢的局面,故宫文化也为京东平台文博类别产品的发展起到了积极的作用。

早在2015年,故宫文化初试微信推广,注册了"故宫文化"微信公众号,尝试以内容传播形式推广公司的文创产品,并于同年12月在公众号内开设了第一个线上店铺"故宫微店"。这一年整个互联网文创市场开始了蓬勃发展。由于原来使用的微商平台系统技术落后,推广模式受限,起初运营非常吃力,日销不到1000元。2018年公司对原有的微商平台进行了改造,开设专用的文创运营公众号"故宫微店"(后更名为:故宫文化官方旗舰店),使用更专业的营销平台,粉丝运营从零开始快速突破17万,日销破万元,年销售额也近1000万元。

随着互联网的迅速发展和新媒体时代的到来,文化也需要一种新的表现与呈现形式,以更为亲切的方式融入年轻人的生活。故宫文化通过线上运营将产品带入大众的视野,让博物馆文创产品成为大众消费的新选择。

三 多媒介发展的文化内容传播

博物馆是为公众提供教育资源、文化资源和欣赏内容的公共文化机构。传统博物馆多以展览的形式提供公共文化服务,公众缺乏深度参与,参观结束后公众与博物馆的联系也随之结束。随着受教育程度不断提高，精神文化需求不断提升，公众对博物馆文化传播的宽度与厚度也提出新的要求。如何更大限度发挥自己的文化资源优势，增强公众与博物馆的联系，提高竞争力，走特色发展之路，把深厚的历史底蕴和文化积淀通过不同的方式传达给大众，引发大众思考，也是公司在文化创意产业发展中规划的重点。

紫禁书院是当代文化艺术空间，以传播故宫文化为使命，深入挖掘故宫特色的中国传统文化，通过教育活动、展览展示、文创研发等模式，探索和开拓传统文化空间当代运营的新路径。紫禁书院的建设，除重点打造位于故宫博物院内东长房的书院空间外，自2016年起开始在全国各地陆续开设分院。目前已有深圳分院、珠海分院、景德镇分院、福州分院、武夷山分院落成开业，上海分院、西安分院、广州分院、武汉分院、石狮分院即将落成开业。

作为书院空间运营，需要不断系统化地充实文化内容。文化艺术展览是空间载体中非常重要的一种形式。紫禁书院陆续举办过传袭古代院体画风的当代艺术家书画展，紫砂、玉雕、木雕、瓷器等非遗大师佳作展览。文化活动、学术研讨是充实和提升紫禁书院文化内涵的重要文化形式。结合故宫博物院的文物展览，书院组织热爱中国传统艺术的社会各界人士聆听专家、策展人的学术分享，为紫禁书院相关文化工作的开展提升了学术高度。

教育工作是紫禁书院的重要板块。书院开办的"上书房传统文化课堂"，教授小学生诵读"四书"，系统讲解其文化内核；"紫禁学堂"是系统的博物馆美育课程，分为书法、绘画、建筑、服饰等六大板块，通过专家讲授及手工互动等形式向热爱中华传统文化的中小学生进行美的教育；"紫禁小学堂"利用小长假，以专题的形式组织中小学生系统地学习相关主题文化知识；"紫禁大讲堂"结合各地书院的地方文化特色，延请相关领域专家举办讲座，惠及各方民众。以线下研发及教学实践为基础，紫禁书院系统开发了线上课程"你好呀！故宫"，2019年1月第一季上线，6

月第二季上线。目前听众已逾千万。第一季荣获国家新闻出版署颁发的"2019年度数字出版精品"荣誉证书；在2019年知识付费排行榜中位居第25，在亲子类板块中更是位居第一。

四　项目化运营下的文化创意产业

故宫文化在不断的发展过程中，通过不断尝试新形式和新媒介进行业务创新，增强了人与文化之间的互动体验，促进了多元的文化交流，实现了紫禁城美学的市场价值。

2018年，故宫博物院召开了"'修身　齐家　平安天下'——故宫博物院主题性综合文化创意项目研发模式"发布会，宣布"故宫中国节""宫囍·龙凤呈祥""金榜题名"三个主题性综合文创项目正式启动。该项目是故宫在培育新型文化业态道路上的全新尝试，它将文物、科技、艺术相结合，以沉浸式、互动式的方式向人们展示中国传统年节内涵、大婚礼仪、修身文化。

故宫中国节以"他乡遇故知"为切入点，遵循了"把文化的根留住"的理念。"独在异乡为异客，每逢佳节倍思亲"，过节就是一个留住文化根脉的重要节点。中国的传统节日丰富悠久，春节、元宵、清明、端午、七夕、中秋、重阳等融合着中国人对于天文历法、自然物候、祖先信仰、历史文明的理解，承载着中华民族悠久历史文化的积淀与凝聚，组成了中华民族的文化记忆与根脉。故宫中国节项目立足中国传统节日，以故宫文化为引领，以中国各地悠远深邃的文化遗产为依托，以十二节令、二十四节气、七十二物候为支脉，打造易于被大众接受的故宫文化生活美学创意体系。通过对文化、文创、展览、出版、教育、文旅、商业、互联网、影视等内容的综合打造，形成"文化+创意+生活美学+数字科技+互联网"的立体文创项目。中国人对于节日的生活方式展现，紫禁城对节日的美学寓意表达，汇聚成中国传统节日文化迭代发展的经典。故宫中国节通过全球华人节日共享，打造"国家传统文化节日名片"，将中华文明的内聚力与包容性完美呈现。

2019年春节期间故宫文化"宫里过大年"数字沉浸体验展在故宫博物院展出，展览融汇了紫禁城节日礼俗及故宫博物院院藏文物中蕴含的丰富年节文化，运用数字互动、空间沉浸、实时交互等方式，与观众互动。传统文化元素与当代艺术设计交融，汇聚成创新的故宫节日文化体验空间。观众可以沉浸其中，感受新鲜有趣的浓浓年味。展览内容分为门神佑福、冰嬉乐园、花开岁朝、戏幕画阁、赏灯观焰、纳福迎祥六大单元，每一场体验文化观感都源于故宫博物院藏品，展览根植于传统文化，提供传统与现代、视觉与听觉、真实与奇幻相结合的综合沉浸体验，引领观众通过全新的文化游历，重塑新时代中国春节仪式感，引领"文化过年"新风尚，实现通过年节记忆留住中国文化根脉的初心。

不仅如此，项目在文化科技板块，与互联网智能AI深度结合，实现百度AI智能定制互动的全平台文化与科技呈现。且在全国文创领域首次实现头部文化内容与互联网AI科技真正结合。针对文化空间的运营，项目实现节日实体文化主题空间的突破，与必胜客展开空间合作，在全国2000余家餐厅内，形成以"故宫过大年"为主题的春节文化体验空间，为合作企业注入新的中国传统节庆元素，在市场经营的同时做好文化融合。在文化互动板块，以故宫节日、祥瑞文化为主题同步展开了"宫猫过大年""故宫中国节超级IP日"主题互动传播，最终达到互动人数为13.36亿人次的规模性文化传播推广。项目深入产品合作板块的搭建，以文化传播、社会效益为基础，与中国工商银行、肯德基、德芙、飞利浦等品牌合作，开发了以故宫节日、祥瑞为主题的系列主体产品。产品突出了合作企业自身的技术和品牌优势，故宫元素的注入又大大提升了产品的文化属性，为企业的文化形象树立起到了积极的推动作用。与此同时，项目在影视动画方面，积极打造基于故宫节日、祥瑞文化为主题的贺岁动画大片《福瑞迎春》，首次将节日文化场景、祥瑞文化符号进行电影动画工业标准的拍摄制作。

宫囍·龙凤呈祥项目提取宫廷大婚礼仪中的吉祥喜庆、盛大美好的元素，结合故宫专家、学者及民间手艺匠人大师群体的专业交流。通过数字多媒体、吉服嘉礼展演、互动体验、空间展示、主题音乐、实体商业、主题快闪、文创产品等不同呈现形式传播故宫文化、传承非物质文化遗产，向大众表达生活和谐美满的祝福。婚礼是嘉礼的一种，婚庆产业涉及社会经济的各个方面，近年来随着居民消费能力的持续提升，婚庆消费也保持高速增长趋势。

宫囍·龙凤呈祥项目在实践中积极探索文化输出新业态，将主题场景、文创产品、出版物和宣传教育活动有机结合，以快闪店的方式推广，使观众在快闪店中全面体验故宫文化，领略故宫博物院的传统与现代、古典与时尚、继承与创新等不同面孔。2019年12月，由故宫文化主办的为期两个月的"宫囍·龙凤呈祥"主题快闪店在天津天河城购物中心开幕。该店以清代皇帝大婚为主题，展示与介绍婚礼流程中的精彩环节与重要礼仪，利用实景搭建、互动打卡、文创精品展销等呈现方式，实现中国传统婚俗和当代大众婚庆的结合。活动期间，还设有专家讲座与手工互动活动，让观众近距离体验传统文化。2020年1月，北京荟聚中心项目主题快闪店开幕，快闪店外观设计仿故宫建筑，内有还原《载湉大婚典礼全图册》中的凤舆，以及象征"平安如意"的马鞍、苹果和"金"如意，并在现场设有传统投壶游戏、红包墙、许愿树、"定情印玺"等互动体验和琳琅满目的文创产品，为观众增添乐趣，让观众能够近距离感受故宫文化，感受中国传统文化的无穷魅力。

金榜题名项目将"知识改变命运""行行出状元""教育公平"这些具有正能量及积极引导作用的教育理念作为主题思想予以表现、弘扬。同时，勇于开拓、创新也是年轻一代应当具备的时代精神。百年大计教育为本，对于当代年轻人而言，在求学和成长的过程中树立正确的人生观、价值观是非常重要的。项目通过举办沉浸互动式展览、举办主体文化创意设计大赛、策划出版相关主题优秀出版物、组织传统文化教育专题活动、设计研发文创产品等方式，多元化打造"金榜题名"这既经典又具有当代特色的文化IP。

2019年底，金榜题名项目在北京举办了同名沉浸式文化实景展览，参展人员以签到名字为身份主体，代入科举考试流程，在观榜、殿试和传胪大典中与名字主体进行互动。连贯的故事线与科举背景的设置，增强了展览沉浸式艺术美感的体验。项目同时打造了三个人物IP，使故事更丰满，体现了"教育公平""知识改变命运""行行出状元"的核心思想。

民族文化遗产承载着这个民族的认同感和自豪感，一个国家的文化遗产，代表着这个国家悠久历史文化的"根"与"魂"。保护和传承文化遗产，就是守护民族和国家过去的辉煌、今天的资源和未来的希望。当代博物馆文化与各个领域融合发展，要树立以文化促进市场发展的理念，要用文化提升消费品位。要以优秀人文资源为主干，把历史文化与现代文明融入经济发展，精心打造出更多体现文化内涵、人文精神的特色文化创意产品，这是故宫文化前行的理念和发展基石。

腾讯动漫：
国漫行业生态建设者

一 腾讯动漫介绍及业务优势

1. 基本介绍

腾讯动漫成立于2012年,品牌主张为"遇见不一样的世界",是中国最具规模的原创及正版网络动漫平台。目前,腾讯动漫全平台月活跃用户1.2亿,在线漫画作品总量近30000部,签约作者超900人,签约漫画作品近1400部,约1500部漫画作品点击量过亿,35部动画作品播放量破亿,多部IP被开发为手游。腾讯动漫旗下的知名国漫IP包括《狐妖小红娘》《一人之下》《小绿与小蓝》《通灵妃》《妖怪名单》等。自2017年起,腾讯动漫也致力于开拓条漫市场,培育了一批优秀的条漫作品,如《猫妖的诱惑》《代嫁丞相》《琅寰书院》《女九段》《未来重启》等。

2. 发展战略

2018年,腾讯集团副总裁、腾讯影业首席执行官程武正式提出"新文创"这一概念。"新文创"指的是新时代下,以IP构建为核心的文化生产方式。其愿景目标是打造出更多具有广泛影响力的中国文化符号。这一概念是基于"科技+文化"的基础战略,腾讯在文化维度的系统性战略思考,也是腾讯对于实践6年的"泛娱乐"战略的升级,而动漫成为新文创战略的重要组成部分。

作为腾讯新文创生态中重要的IP孵化器,腾讯动漫时刻紧跟腾讯集团新文创战略,不断完善、优化自身动漫产业链,并基于对产业和IP的理解和洞察,从漫画的源头,逐步去寻找和培育具有成为明星IP潜质的作品,向其倾斜资源,加速IP的成长孵化。同时,腾讯动漫基于动漫IP的内容特征及用户属性,背靠腾讯系流量平台的资源,结合动漫IP的二次元属性、丰富的画面及声音素材,能够和游戏、影视、有声书籍、广播剧等跨形态内容进行结合的特质,为IP的开发和商业化,提供了更大的想象空间。

除孵化IP外，腾讯动漫作为动漫IP的源头，拥有作品版权及独家运营权，并进行了一系列IP商业化的探索与尝试。目前腾讯动漫已形成了内容改编类授权、结合实景类授权、品牌合作类授权、垂直衍生品授权、数字虚拟授权五大类别授权业务，取得了丰硕的成果。

二 腾讯动漫IP矩阵

1. 国漫之光的标杆案例

腾讯动漫是国内最早进行IP孵化尝试的平台之一，已经成功孵化了《一人之下》《狐妖小红娘》《通灵妃》《从前有座灵剑山》《小绿和小蓝》等多部人气IP巨作，其中《一人之下》《狐妖小红娘》更是被动漫人群誉为"国漫之光"。

《一人之下》是由米二原创的国产漫画，讲述了主人公张楚岚、冯宝宝在与朋友们共渡难关之后，最终绽放自身光芒，展示如同宝石般闪耀的青春的故事。漫画通过对于山川、河流、道观、服装的精心描绘，也忠实展现了中国道家文化内核，受到海内外粉丝追捧。目前，《一人之下》漫画人气值高达174亿，动画全网点击量31亿，《一人之下2》豆瓣评分高达9.2分，《一人之下》真人剧也在筹备中。

另一部头部IP作品《狐妖小红娘》，则讲述了作为红娘的涂山一族创造"轮回之恋"系统，让恋人在相思树下转世续缘的故事。截至2019年，《狐妖小红娘》漫画在腾讯动漫平台人气值高达143亿点击量，动画全网播放量超51亿次。2017年B站点击量破1亿次，为B站首部点击量破亿的国产动画。

两部作品，不仅获得了国内观众认可，在海外同样广受好评，受到粉丝追捧。2019年5月29日，由文旅部、国家广电总局、北京市人民政府联合主办的第 14 届中国北京国际文化创意产业博览会开幕，北京文博会组委会与新华社瞭望智库联合发布《成就新时代的中国文化符号：2018～2019 年度文化 IP 评价报告》（以下简称《报告》），《报告》对电影、连续剧、游戏、文学、漫画、动画等领域的 IP "出海"情况首次进行了评估，在中国 IP 海外评价 TOP20 榜单中，《一人之下》《狐妖小红娘》以动漫原生 IP 身份分别位列第 8 和第 11 位，《狐妖小红娘》更是作为动画出海典型案例出现在《报告》当中，充分显示了深入挖掘中国元素文化 IP 价值，对打造中国文化软实力的重要性。

2. 知名 IP 漫改合作

除了孵化原创动漫 IP 外，腾讯动漫还与知名文学 IP 进行合作。2019 年，腾讯动漫上线了《三体》《大王饶命》等多个文学 IP 漫画化作品，均取得了不菲的成绩。漫画《三体》连载至 17 话，人气值超 6000 万，腾讯动漫评分 9.3，该漫画作品获得了 2019 中国科幻大会水滴组委会特别奖；《大王饶命》漫画连载至 46 话，人气值超 10 亿，腾讯动漫评分 9.3，引起了超 6 万人次的讨论。

3. IP 改编其他衍生形式

在孵化出优质 IP 打下坚实基础后，腾讯动漫还在推动动漫 IP 发展上进行了诸多探索，首先是聚焦于在中国仍有很大发展空间的真人影视漫改。2019 年，由漫画改编的真人网剧《从前有座灵剑山》，凭借其搞笑元素迅速出圈，引起网络热议，成为国漫改编真人剧的标杆案例之一。

另一部成功作品《通灵妃》，也在 2019 年推出了同名竖屏短番，由腾讯动漫和微视共同出品，完全按照影视剧的拍摄方法进行，并且在剧情上还原了《通灵妃》动画的桥段和笑点。《通灵妃》竖屏短番在分发平台快手、B 站、微视、腾讯视频都有很好的效果，目前全网播放量 3 亿，社交平台话题量突破 8 亿。

三 推动行业发展

1. 最早引入正版日漫，加大版权保护力度，推动行业正版化

腾讯动漫通过引入正版日漫、发布正版国漫，培养用户阅读正版漫画内容的习惯，成为中国最具规模的原创及正版网络动漫平台。同时加大版权保护力度，确保作者利益不受盗版侵害，经过8年的不懈努力，初步建立了一个较为健康的动漫内容生态。

腾讯动漫自建法务专家及知识产权团队，在打击盗版、保护知识产权等维度持续发力。

打击盗版：通过技术手段全天候全网监测，维权范围涵盖漫画网站、百度贴吧、微信公众号、视频、直播及其他平台，发现盗版立即发函投诉要求盗版平台下架。2019年腾讯动漫持续跟踪监测全网80余个盗版漫画网站895部作品，共计下架超90000条侵权链接，清理盗版周边商户35家，封禁或处罚微信公众号11个。并向江苏省版权局、厦门市文化执法大队、泰州市文化广电和旅游局等发起行政投诉11起，其中"漫画1234"网站、小丁网、733漫画已经被查处关停并受到行政处罚。

保护知识产权：对平台重点商业化IP提供有针对性的保护举措，如提前进行商标布局、对平台重点IP形象进行注册登记、保护已完结动画作品著作权。

2. 推进商业模式革新，营造良好的创作生态

2016年，在不被看好的情况下，腾讯动漫在国内率先发起并坚持推进漫画的付费阅读，致力于让漫画家通过自身才华与劳动获得正当且对等的收入与回报，为行业提供一个健康的商业模式，从而带动行业的发展。随着大众的版权和移动支付意识逐步提高，再加上平台精心培育作者生态和内容生态，腾讯动漫成为年轻人心中首选的平台，平台的内容付费模式逐步增强。2018年,腾讯动漫对作者的付费分成达到1.2亿元,环比增长55%。

3. 打造覆盖全产业链条的服务体系,为创作者"保驾护航"

除了保障创作者的收益外,为创作者提供良好的学习和创作环境也是优秀动漫平台的重要一环。腾讯动漫依托产品和能力,充分调动内部资源,面向创作者,打造出一整套的"创作者服务体系"。这套体系能帮助创作者完成60%~80%的工作,大大提升了漫画作者的创作效率。此外,腾讯动漫也将在内容创作、运营孵化、商业开发、著作权保护等方面累积经验、资源与能力,进行整合完善和升级,为作者提供更加系统的"护航"服务。

以内容创作环节为例,在作者构思阶段,用户调研、编辑、运营和商务团队,会集结力量,分享最前沿的市场信息,帮助大家策划新作方向。与此同时,用户也会参与到作品的"诊断"和创作中来。除此之外,腾讯动漫还将推出更多透明化举措,帮助作者洞悉作品的市场表现。

4. 新文创与旅游跨界融合

2018年,国务院机构改革,正式组建文化和旅游部,文化和旅游融合开启了全新篇章,市场需求也日益增多。作为腾讯"新文创"重要战略组成部分的腾讯动漫,也在考虑如何实现动漫IP文化价值和商业价值的良性循环。基于对旅游业的洞察,腾讯动漫发现优质的IP内容对游客的游览兴趣乃至对旅游生态将产生正面积极的影响。因此,腾讯动漫从2018年起持续发力文旅产业,以动漫IP带动文旅产业发展。腾讯动漫旗下《狐妖小红娘》《一人之下》等多个头部IP,分别与杭州、云南、洛阳等多地达成合作,并受到众多年轻人的关注。

2018年12月,杭州动漫公交正式携手腾讯动漫推出51路"纯爱公交",《狐妖小红娘》中的主角涂山苏苏,被授予"动漫公交形象使者"官方身份。这也让杭州的"二次元"世界有了具象的代表;2019年5月,《狐妖小红娘》大型纯爱巡礼系列活动在杭州开启。纯爱巡礼以51路环西湖公交线路为起点，串联起主题公交车和车站、配合印象西湖表演——点亮西湖中的相思树走进现实等环节，为杭州市民、游客提供了更多、更新鲜的互动体验；2019年9月，杭州临安区政府、腾讯动漫、杭州宏逸投资集团有限公司在杭州举行签约仪式，宣布打造中国首个国漫主题旅游景区。该项目计划通过大规模实景建设，还原《狐妖小红娘》原作中的场景和人物，将"狐妖世界观"与景区特色充分结合，创新文旅体验，打造文旅融合"国漫+旅游"的杭州样本。

《一人之下》也取得了耀眼的成绩。2019年《一人之下》与云南达成合作，通过IP授权、品牌合作等方式，"游云南"在与《一人之下》的深度合作中，分别以动漫人物形象代言、景点植入动漫视频、开发互动H5、购买产品赢取《一人之下》周边等玩法打造了"异人集结·大理拾光"大理旅拍一日游动漫主题线路；同时与"妈妈制造合作社"结合推出碎片化手工扎染体验，通过现代动漫推广古老的非遗手工技艺；除此之外将与小交通联合，携手云交出行与腾讯动漫在"游云南"平台推出《一人之下》主题动漫租车服务，丰富自驾游体验；基于动漫文化内核，《一人之下》"人有灵"和云南联名定制的扎染潮服也预售上线，以年轻人的时尚来诠释传统技艺，用动漫的方式演绎云南特色元素与当地文化。

5. 精品内容"走出去"

2016年1月，《从前有座灵剑山》登陆日本，成为第一部在日本电视台播放的面向青少年的连载动画，同时也是腾讯动漫在海外市场迈出的第一步。随后，腾讯动漫致力于发展海外市场，并与海外渠道方合作，输出原创动漫作品。截至2019年，腾讯动漫累计海外发行动画和漫画作品超200部，涉及4种语言、16余家合作方，覆盖东南亚、北美、南美、欧洲等。其中，《从前有座灵剑山》《狐妖小红娘》《一人之下》等7部动画登陆日本，《一人之下》漫画更是登陆日本在线动漫平台少年Jump+进行连载；而腾讯动漫的《狩猎》《重生之为追影帝》等多部面向女性的漫画在韩国Naver和Kakao等平台被重点推荐。腾讯动漫App在马来西亚和法国等地区的阅读类 App 畅销榜中位列前十。

2019 年 3 月，腾讯动漫国际版上线北美，半年内陆续上线东南亚、欧盟等 32 个国家及地区，其中菲律宾上线仅一个月即登顶安卓端动漫品类第一名。腾讯动漫国际版在北美地区以付费运营为主，积极打造付费生态；在东南亚地区增量市场高效快速拓盘，同步挖掘内容付费和广告市场。

2019 年 6 月，由国务院新闻办公室、国家广播电视总局、中国驻日本国大使馆共同主办的"中国动漫日本行——从水墨中来"系列巡展正式启动。该巡展既是 G20 峰会配套的国家文化交流活动之一，也是中国动漫首次以"国家队"名义出海的活动。

该巡展持续 1 个月，先后在日本神户、大阪、奈良落地。腾讯动漫作为支持单位，携《一人之下》《狐妖小红娘》《从前有座灵剑山》《猫妖的诱惑》《山河社稷图》《百层塔》《风起鸣沙——敦煌曲》《如梦令》《白门五甲》《本草纲目》《笑傲江湖》等 11 部作品参展。同时参展的还有《小蝌蚪找妈妈》《大闹天宫》《镖人》《大圣归来》等 136 部代表中国动漫的高水平作品。

该巡展获得海内外的高度关注，共获 106 家官方网站和媒体的报道转载，其中包括国务院新闻办公室网、中国驻大阪总领事馆网、CCTV-1 新闻联播、CCTV-13 新闻直播间与朝闻天下、人民日报海外网、新华社，以及朝日新闻等。

动漫是年轻人内心情感的表达方式，拥有丰富的视觉表现力和想象力，这赋予了动漫在 IP 产业开发中不可替代的价值。未来，腾讯动漫会继续帮助创作者创作出更多的好内容、好故事，推广具有正向价值观的精品动漫内容，希望建立健康的行业生态，以动漫之力，讲述中国故事，并最终打造出可以代表中国的文化符号。

蓝色光标：
从公关市场领头羊到
开启智能营销时代

蓝色光标自1996年成立，到2010年在深圳证券交易所创业板上市（股票代码：300058），再到2020年，经历了传奇的24年。

蓝色光标营业收入从成立之初的100万元，到上市之初的3亿多元，再到2019年的281亿元，增长迅速，企业价值也快速提升。从公关领域的飞速发展，到营销领域的快速拓展，再到开启智能营销时代，蓝色光标完成弯道超车，实现在高速飞行中更换引擎，"蓝标速度"惊艳业界。

在中国营销传播行业乃至全球营销传播行业，蓝色光标创造了一个奇迹。而在公司发展历程中，我们也可以看到时代变革的轨迹。20多年来，蓝色光标从一间公关公司发展成为全球TOP10营销传播集团，并逐步拥有全球影响力。从传统公关到智能营销，从内容服务到"创意服务内容"与"产品技术资源"快速融合成核心竞争力，蓝色光标不仅仅是中国营销行业启蒙与发展的见证者，更是创造者。

一 中国公关市场领头羊

在当今时代，"穷则变，变则通，通则久"可能对于很多企业组织、个人都特别重要。如何在这个大变革时代推动组织的变革，如何更好地适应这个时代，是很多企业都在思考的问题。所谓"穷"并不是走到了穷途末路，更多的是指事情发展到了某种阶段、某种瓶颈的时候，就要寻求突破和改变。

蓝色光标从1996年走到今天，在行业领域内持续保持领先地位，正是在变革中走来的。20世纪90年代中期，也就是蓝色光标刚刚成立之时，公共关系是鲜有人知的一个概念，中国绝大多数企业基本没有这个意识，只有少数欧美企业才会有公共关系管理的需求，因此中国本土的公关公司非常少，蓝色光标就属于最早的一批。在整个市场来看，可以说当时还是外资公关公司的天下。蓝色光标在当时没有任何品牌美誉度、市场知名度,靠什么去竞争呢?

当时,外资公关公司按照小时来收费,对不同级别的客户收费标准不同。而蓝色光标的服务模式对于整个行业来说是一次变革——将按时间收费变成按结果收费。这一变革带来的好处显而易见。对于客户或者广告主来说,几乎不需要做选择,因为他们在意的是结果,关心媒体专访是否可以刊出、可以触达多少受众,而非公关公司花费了多少时间。早年,蓝色光标凭借这一优势慢慢打开了市场,并凭借高满意度的结果导向,成为中国公关市场的领头羊。

2000年美国纳斯达克科技股互联网泡沫破裂以后,整个IT行业进入寒冬,当时蓝色光标100%的客户来自IT行业,IT行业的疲软也影响了蓝色光标的发展。这时,蓝色光标开始推行另一项变革,从单一的IT行业进入其他行业。如今看来,这一变革至关重要。尤其是在汽车行业,蓝色光标服务众多汽车品牌和客户,客户量占据绝对领先地位。在这一项变革的推动下,蓝色光标重新回到了快速增长的轨道。

蓝色光标几乎精准地把握了国内自20世纪90年代末开始,不同产业间每一波的发展浪潮,这其中包括IT、汽车、快速消费品以及房地产业,蓝色光标诸多战略性的大客户正是这些行业中的佼佼者。这类新业务的开展,不仅使蓝色光标在中国市场上遥遥领先,从体量和规模上也进入全球百强。

二 上市并购,实现从公关到营销的拓展

2010年2月26日,蓝色光标在深圳证券交易所上市,成为国内公关行业第一家上市公司。彼时的蓝色光标,经历十多年的迅猛成长,已经发展成为国内公共关系领域的领头羊。

不过,大部分在某个领域领先的企业通常会遇到一个问题——如何积极围绕产业链进行扩张,以谋求更大的发展空间?在公关服务领域领先的

蓝色光标，也开始考虑"发展空间"的问题。在蓝色光标董事长赵文权以及其他几位创业合伙人看来，就企业已有的核心竞争力和产业关联度来看，从传统的公关服务领域进入更为广阔的营销和广告领域，对蓝色光标而言显然会是一个巨大的机会。于是，上市后借助资本力量展开投资并购的蓝色光标，在不断完善原有公关服务业务板块的同时，也开始积极对国内外优质的营销和广告资源展开布局。

蓝色光标并购的第一步始于2011年5月31日。蓝色光标作价1.12亿元并购了当时国内最大的游戏广告代理公司思恩客51%的股份。不到一年时间，2012年4月5日，蓝色光标又以1.9亿元成功拿下思恩客剩余49%的股份，实现100%控股。现在来看，这起并购为蓝色光标在日益崛起的游戏领域提供营销服务埋下重要伏笔。此外，蓝色光标还先后完成了对精准阳光（国内户外灯箱顶尖品牌）、今久广告（国内知名地产广告公司）、西藏博杰等多起并购。

在移动营销链条上，蓝色光标也不乏布局，对中国两大移动广告公司——多盟和亿动的投资并购，以及成为Facebook中国区顶级广告代理商，为蓝色光标打造一站式移动营销解决方案的核心竞争力，增添了重要筹码。这些布局使得蓝色光标的业务格局发生巨大改变：公司广告业务超过传统公关业务，奠定了蓝色光标在国内整合营销业务领域的领导地位。

从传统公关服务业务切入广告营销行业后，蓝色光标的优势逐步显现和释放出来。一方面，相比传统广告公司更多偏重设计的专业性而言，蓝色光标从公关服务起家，在十多年服务多个不同行业客户的过程中，累积了大量的对于客户需求和所处细分行业消费者的理解与洞察力，这使得蓝色光标在理解客户传播诉求时，往往具有其他普通广告公司所无法比拟的优势。另一方面，和专注于某一领域或单一资源的广告公司相比，拥有诸多广告资源的蓝色光标，开始具备将不同属性广告资源打通的能力，这使得其既能提供真正的一站式整合营销服务，又能提供可供客户自由选择的针对性极强的菜单式服务。

三 确立智能化与全球化发展战略

今天我们所处的时代,比以往任何时候都更加强调技术与真实生活之间的关联。这样的新趋势,正在为营销开启一个看待世界的新角度,而智能营销时代的许多技术进步以及我们所寻求的创新,往往就来源于看待问题角度的转变。

正是这种改变,给我们的营销环境带来了巨大而深刻的变革。在戛纳全球创意节现场,Google、Facebook 这些互联网巨头不仅仅是常客,而且正在成为主角;Oracle、Adobe 这些曾经的软件公司也已经杀入营销市场;全球营销企业的排行榜上出现了 PWC、德勤这些咨询公司的名字,四大会计师事务所都已经有了相当规模的数字营销部门。同样在中国,BAT 及后发的京东、今日头条等平台企业,已经是毫无疑问的营销大玩家,它们的广告收入占比非常高,而且还在保持持续快速的增长。

基于对全球广告及移动市场的洞察,2012 年,蓝色光标提出数字化及全球化的战略,在 2012~2015 年进行了大量的投资并购,收购了多家具有技术基因的移动广告企业,蓝色光标的并购模式在很大程度上也带动了整个 A 股市场的并购热潮。借助于投资并购,蓝色光标再一次走上了增长的快车道,发展成为一家营收百亿元级、业务遍布全球的大型营销传播集团。

(一)开启智能营销时代

在大数据和社交网络日益紧密结合的时代背景下,随着社会化媒体对用户的泛场景化渗透,品牌需求与用户特点也发生了重大变化。单靠过去创意和内容的能力已经远远不能满足客户的需求,技术、数据和算法方面的能力越来越重要。从确立"数字化"的科技发展战略以来,蓝色光标不断加大在数据技术上的研发投入,除了斥巨资并购成熟的移动广告公司外,还组建了大数据部门,拥有了数百人的技术团队,获得了 ISO 27001 信息安全管理认证。通过投资并购及自我构建增加数据基因、技术基因,蓝色光标又陆续孵化出 CRM 业务、自媒体智能投放业务、Data + 精准用户画像投放等一系列为企业经营赋能的数据科技产品,希望依托大数据的能力构筑,为整个营销体系的智能化发展提供强有力的引擎。

2018 年上半年,蓝色光标更名为"北京蓝色光标数据科技股份有限公司",这是其转型为智能营销企业的重要标志。2018 年 8 月,蓝色光标发布了营销行业内首款智能自动化人机交互产品族"小蓝机器人家族",由 iDataBot 营销数据平台、撰稿机器人妙笔等 14 款智能营销产品组成,涵盖智能营销全链条,从目标洞察到策略制定,到基于数据分析的创意产出,再到线上线下的精准投放,直至营销效果的最终监测及评估,小蓝机器人形成了智能营销闭环。

作为本土规模领先的营销企业,蓝色光标智能营销产品一直受到外界的密切关注。基于 20 多年来的营销传播服务,蓝色光标沉淀了大量宝贵的营销数据资产,涵盖了需求、供给、对未来趋势的启示和对过往经验的总结,近年来更是不断通过业务创新和投资并购增强数据和技术基因。小蓝机器人家族产品,不仅体现了蓝色光标对技术的独特认知与强大的产品力,更体现了蓝色光标将"创意 + 数据 + 产品 + 资源 + 服务"全链条深度融合的行业竞争力。

如今,蓝色光标基于数据科技的业务收入占比已达九成,超过 20% 的创意已经实现由自主研发的智能服务机器人完成。可以看出,蓝色光标新的技术、产品和模式创新以及数据能力,在帮助广告主获取更具性价比的优质、精准流量和服务,实现最大化的营销收益转化的同时,也构筑了深厚的技术壁垒,成为其内生增长动力,更为整个营销行业的智能化发展提供了强有力的引擎。

（二）业务全球化，打造世界级营销服务品牌

在推动"营销智能化"战略的同时，蓝色光标也开始全力冲刺全球化战略。2014~2015年，蓝色光标先后投资并购了7家国外一流企业，如全球最大的英国专业社交媒体营销公司We Are Social、中国香港最大的独立广告公司Metta、美国硅谷最火的智能硬件设计公司Fuse Project、加拿大历史悠久的综合性整合营销传播公司Vision7集团、总部位于新加坡的亚洲知名投资者关系顾问公司Financial PR等。通过并购与整合，蓝色光标成为目前唯一一家具有全球业务覆盖能力的中国营销企业。对于这些收购，蓝色光标董事长赵文权表示，海外投资是公司实施营销传播服务行业"全产业链"布局战略的重要组成部分，不仅有助于公司客户在中国本土市场的成长，也有助于现有本土客户在国际化方面的业务拓展。

2015年，蓝色光标在美国硅谷创建蓝标国际总部，负责集团国际化战略、海外投资并购、跨境业务的开展。在国际化并购的同时，蓝色光标境外子公司整合、境内外业务团队协作也在以多种方式持续推进。2018年，旗下品牌We Are Social收购了迪拜的一家同类企业Socialize，蓝色光标在中东市场获得了一个战略支点；Vision7在旧金山收购了一家优秀的创意公司Eleven，进一步完善了蓝色光标在美国西海岸市场的布局。

凭借海外市场多元化的平台优势，蓝色光标的国际业务连续4年营收保持两位数增长，在北美、西欧等市场形成初见成效的业务格局，为众多全球500强品牌以及"出海"的中国品牌提供国际化传播服务，并已经与国内业务形成协同效应。随着国内移动流量见顶，国内企业出海推广的需求不断显现，海外业务收入有望继续保持快速增长，成为拉动蓝色光标收入增长的重要引擎。蓝色光标亦将进一步打通国际业务板块资源，为中国企业走向世界提供更专业的服务，创造更大价值。

2019年8月23日，蓝色光标宣布与美国纽交所上市公司Legacy

Acquisition Corp（股票代码：LGC）签订最终协定，拟将蓝色光标集团旗下四家全资控股公司 Vision 7、We Are Social、Fuse Project 和 Metta 的全部股权以及蓝色光标所持有控股公司 Madhouse Inc 81.91% 的股权注入 Legacy。交易正式完成后，Legacy 将更名为 Blue Impact 并继续在纽交所交易，蓝色光标将获得约 44.4% 的股权，成为 Blue Impact 的单一最大股东。这一创新形式将获得更多发展资金和美国投资者的关注，同时将快速提升蓝色光标在全球营销行业的影响力，为进一步实现全球化发展奠定坚实的基础。

如今，中国经济总量位列世界第二，在制造业领域我们拥有联想、华为、海尔这样一批世界级的品牌，在互联网领域我们拥有百度、阿里、腾讯这样一批世界级的平台。商业环境的变化、技术的发展，给我们提供了弯道超车的可能，通过全球化战略的不断深入，蓝色光标希望为全球客户提供世界级的、一流水准的专业服务，进而成为一个在全球范围内有影响力的营销服务品牌。

四 今天的蓝色光标：向智能营销企业转型

今天的蓝色光标，已经是一家在大数据和社交网络时代为企业智慧经营全面赋能的营销科技公司。2019 年营业收入为 281 亿元，广告收入占比超 80%，数字营销收入占比超 90%，位列亚洲公关公司第一、全球 TOP10 营销传播集团，是中国移动广告第一名、智能电视开机广告第一名、Google 在中国的最大代理商、Facebook 在中国的官方代理商。

蓝色光标及其旗下子公司的业务板块包括营销服务（数字营销、公共关系、活动管理等）、数字广告（移动广告、智能电视广告、中国企业出海数字广告）以及国际业务，服务内容涵盖营销传播整个产业链，以及基于营销科技的智慧经营服务，服务地域基本覆盖全球主要发达市场。现有员工约 5200 人，其中境外近 2300 人，北京、上海、广州、深圳、无锡等地近 3000 人。

营销服务：秉承"创意服务+产品技术"的理念，为信息技术、汽车、消费品、房地产、互联网、金融、游戏等七大行业品牌，提供消费者洞察、内容创意、数字营销、活动管理、CRM 服务、泛娱乐营销、智能自媒体管理等全渠道应用，以及企业销售促进解决方案等全价值链服务体系，拥有蓝标数字、智扬公关、思恩客、今久广告等子品牌。

数字广告：拥有蓝色光标数字传媒（移动手机屏）与智能电视广告（智能电视屏）两大智能投放业务，基于强大的技术、大数据和服务能力，为客户提供全方位媒体购买服务。旗下包括多盟、亿动、蓝瀚互动、博杰传媒、精准阳光等子品牌，拥有 Data+、DSP、DMP 等多个产品。核心业务包括技术驱动的程序化媒体购买，服务驱动的头部媒体购买，基于 Facebook、Google、LinkedIn、Twitter 等平台的一站式出海营销，互联网电视广告营销代理，以及面向大客户的移动营销全方案。

凭借丰富的数字营销经验、强大的技术及国际化管理团队，出海业务已成为蓝色光标第一条过百亿元的业务线。依托于 Facebook 和 Google、Twitter 几大海外平台及新兴的 Tiktok 等平台，2019 年蓝色光标出海广告投放业务收入达到 172 亿元，在总营收中占比达 61.49%。基于全球化大背景，出海服务越来越受到大客户重视，从五年前进入出海营销领域到如今成为行业头部，蓝色光标出海营销业务份额已远超国内其他代理商。未来，蓝色光标将继续加大在出海营销领域的数据、产品、人才等方面的投入，助力中国企业建设和完善海外市场并收获全球声誉。

国际业务：蓝色光标国际总部位于硅谷，为北美、西欧等众多全球 500 强品牌以及"出海"的中国品牌提供国际化传播服务。客户从大型消费品制造商到前沿技术公司，提供覆盖品牌战略咨询、数字创意制作、电商运营、CRM、大数据分析、数字和传统媒介购买以及社交媒体洞察和营销的全球智能营销方案。旗下拥有 Vision7、We Are Social、Metta 等多家行业内享有盛誉的数字营销、公共关系、整合传播和广告代理公司的子品牌，以及享有盛誉的工业设计公司 Fuse Project。

20 余年来，蓝色光标以"专业立身，卓越执行"为经营理念，持续服务于约 3000 个国内外领先客户，其中财富 500 强企业 150 多家。凭借稳健增长的营收与科技和服务的深度融合竞争力，蓝色光标位列北京民营企业百强第 17 名、北京民营企业文化产业百强第 5 名，是科学技术部、中央宣传部、中央网信办、文化和旅游部及国家广电总局五部委联合认定的"国家文化和科技融合示范基地"，还是 2019《财富》中国 500 强、首都文化企业 30 强单位、北京文化产业投融资协会联席会长单位、首都文化产业协会常务理事单位、中国广告协会副会长单位、中国 4A 协会副理事长单位。

蓝色光标的战略清晰，即营销智能化、业务全球化。未来的 10 年、20 年，蓝色光标将沿着这两个方向坚定地前行，把原来的基于内容、创意、策略的能力跟新的基于产品、数据、技术的能力进行整合，形成新的营销能力，为客户提供更有价值的服务，通过积极的业务布局为客户在全球市场提供服务，帮助中国企业更好地"走出去"。

五 新赛道，蓝色光标引领营销 SaaS 化

在企业应用云化的趋势之下，以讲究创意以及个性化为特点的营销行业也开始不断探索云化。当前广告投放环节逐渐自动化，市面上类似 DMP、DSP 等能够实现营销数据处理以及自动化投放的平台较多，但是能够实现从内容创意到广告投放全链路服务的 SaaS 平台仍较少。相比于传统的模式，营销 SaaS 能够专业化和规模化地降低营销服务商提供软件服务的成本，一定程度实现营销服务的标准化，是对传统营销方式的变革和延伸。

营销SaaS，就是通过网络，把营销服务环节从营销创意生成到最终投放的服务能力集成在一个系统云平台，各环节工作能够在平台上自动化完成，直接在平台上为用户提供服务。数据计算和存储均不需要在本地进行，营销实现自动化、智能化，并且能够在平台上沉淀数据。

根据工信部数据，截至2018年底我国中小企业已经超过3000万家。广告营销公司难以通过传统的线下营销方式完全覆盖这类客户，但实际中小广告主对于营销服务的需求一直存在，并且对于专业服务的付费意愿也在增强。以往中小广告主因为营销预算有限，未能得到充分的营销服务。大广告主客户资源分配逐渐固定，营销公司开始重视对于长尾客户的需求挖掘，营销SaaS则是高效并且经济的覆盖方式。中小广告主的数字化转型以及营销需求，有望拉动营销SaaS化。

2020年新冠肺炎疫情的暴发改变了经济市场格局，营销全面进化到线上已是大势所趋。基于过去几年在智能营销产品的投入与积累，以及当下在线营销需求旺盛的大趋势，2020年2月20日，蓝色光标发布了自主研发的一站式在线营销平台——蓝标在线体验版，依托于蓝色光标服务七大行业客户的经验积累，以"让一切营销在线化"作为产品理念，发挥原有的服务能力，在线一站式满足策略洞察、创意、内容制作、信息发布与广告投放等营销需求，帮助企业打通线上营销全链条，提高营销效率。

就营销链条而言，线上广告投放和线上流量购买比较常见，但线上策略洞察、创意和内容制作却很少见，主要因为洞察、创意和制作高度依靠人工和客户定制，而且成本很高。而这一问题正是蓝色光标多年攻克的难点和重点。"蓝标在线"是蓝色光标在小蓝机器人的基础上，整合迭代而推出的一款重磅智能营销平台，其目标是让更多的企业以合理的价格享受蓝色光标品质的营销服务（疫情期间，免费面向所有企业），是蓝色光标的战略项目，也是蓝色光标成为营销科技企业的关键所在。

蓝标在线的整体思路是将蓝色光标原有的营销服务能力，以在线的形式帮助企业实现全链条营销、无缝协作，操作门槛低，易用性比较强。敏捷、高效是蓝标在线的底层逻辑，也是在线营销的最大差异点。蓝标在线全面开放使用，提供的不仅仅是一时的免费服务权益，更希望通过搭建覆盖营销全链条的在线服务体系，让更多企业在疫情期间获得持续稳定的营销服务。

从 2015 年并购多盟、亿动，组建内部大数据部开始，到 2018 年推出自主研发的小蓝机器人系列营销工具，再到如今的蓝标在线，短短 5 年时间，蓝色光标集团基于数据科技的业务收入占比已超过 90%，超过 20% 的创意已经实现由自主研发的智能服务机器人完成。智能投放和在线服务构成了蓝色光标的基础产品形态，这意味着从传统公关业务出发的蓝色光标，历经 20 多年的发展，已经转型成为行业领先的由数据驱动的智能营销企业。

"智能化营销技术正在颠覆整个营销行业，"蓝色光标董事长兼 CEO 赵文权表示，"从线下的定制服务，到线上的标准化服务，再到未来的线上定制化服务，这是营销行业开创性的举措，是一个全新赛道。我们的出发点是让更多企业尤其是广大中小企业都可以享受蓝色光标品质的营销服务，这也是蓝色光标未来 3~5 年的核心战略。"以在线营销形式帮助企业实现推广和获客，拓展资源，让营销更简单、更高效。蓝标在线将打开一个全新的服务于中国千千万万中小企业的 SaaS 市场，推动在线营销使用规模加速扩张，同时推动行业向科技化营销模式转型升级。

洛可可设计：
颠覆式创新

洛可可设计成立于2004年，并迅速由一家工业设计公司发展成为一家实力雄厚的整合创新设计集团，正在逐步构建以"创造好产品"为价值的社会化产品创新平台。作为首批"国家级工业设计中心"，洛可可获得了包括红点、iF在内的400余个国际国内创新设计奖项。

洛可可深耕创新设计16年，服务行业包含人工智能、新能源、新工业、新消费、新零售、智能家居、智能出行、医疗大健康、婴童&K12等领域的产品创新设计，为国际国内500强、行业知名公司、互联网创新公司和众多创客提供创新设计咨询服务。并以"设计美好世界"为企业使命，坚持以设计为核心竞争力，致力于连接用户、企业、设计师，构建社会化产品创新平台。2013年入选由工业和信息化部认定的首批"国家级工业设计中心"，2018年入选由国家发改委认定的首批国家级"共享经济示范平台"，致力成为中国设计产业未来趋势的探索家与实践者。

一 2004~2014年：专业化沉淀

洛可可诞生在一个每月500元租金的工位上。2004年，28岁的贾伟从联想辞职创业，他认为"靠脑子赚钱的"人不需要办公室，所以以每月500元租了一个办公位，开始接单子做服务。随着业务做得越来越好，他找了更多的设计师，在租到第四个工位的时候，贾伟正式注册了洛可可，只有几个人的小团队成立了一个小型设计工作室。

2006年，洛可可获得第一个国际设计大奖——iF设计奖。

双摇杆工业遥控器为服务建筑和桥梁起重机领域而生，它在外观设计和电路技术上都有着非凡的创新突破，且将设计人性化与机械电气化完美地结合在一起，在满足人体工程学的同时，也带给人一种专业和流线型的视觉感受。凭借双摇杆工业遥控器的仿生设计，洛可可荣获了iF设计奖，这也是洛可可获得的第一个国际设计大奖。此项大奖的获得，标志着中国本土的设计公司水平开始跻身于国际行列。

2008年，洛可可与三星共同打造北京奥运地铁闸机项目，解决了当时500万人/天的使用压力，全速高效服务于国内外乘客。至今仍在为首都人民的日常出行提供服务，而三星也成为洛可可服务的第一家世界500强客户。

2014年，洛可可旗下智慧生活品牌"55°"创造性地推出首款降温水杯——"55°降温杯"，并荣获iF、红点、金点等多项设计大奖。这是一款能够将刚刚烧开的沸水，迅速至55℃适合人体饮用的杯子。它创造性的设计，不但解决了国人喜欢喝温水的痛点，还改变了人们对水杯的传统定义和刻板印象。"55°降温杯"一经推出，就成为受市场热捧的现象级爆品，被称为"姨妈神器"，并创造了中国国产品牌的推广和销售奇迹。由于它的诞生源于洛可可创始人贾伟的亲身经历，因此它不再是传统概念中的盛水器皿，而是富有温度、情感的载体，并衍生出一系列满足不同年轻消费群体个性化需求的产品，赋予了水杯更多仪式感和互动性。

从2004年到2014年，洛可可用了十年的时间，成为一个能够代表中国的设计公司。然而一个设计公司，已经拥有近900位设计师，如何再继续扩大规模？设计作为一个典型的影响力行业，影响力与规模不可兼得，这是许多行业默认的规律。如果无法实现规模化，也往往意味着增长停滞、易被颠覆。

沿着"不把鸡蛋放在一个篮子里"的逻辑，洛可可又通过区域横向扩张、沿产业链纵向扩张的方式，成为一家整合创新设计公司。除工业设计之外，还布局了品牌设计、交互设计、研发、生产供应链管理、投资等业务。

此时，每年向洛可可提出的设计需求多达上万个，而洛可可的近900位设计师每年仅能完成1000多个订单。通过再招设计师来扩大产能，又显得不太现实——公司已经开始出现内部消耗和管理问题，效率变低，离职率再次上升。

公司创始人贾伟突然意识到，其实设计师不喜欢被"包养"，不喜欢朝九晚五，于是提出要突破公司边界，进行平台化扩张，用数字化的模式，开始数字化探索。

二 2014~2016年：标准化构建

类似于淘宝重构人—货—场的零售逻辑，能否以设计师（Designer）—平台—B端客户（Business）为模式，重构设计产业的逻辑，不再雇用设计师，而是作为B端与D端之间的交易连接和赋能者呢？

理论上，这一商业模式极具想象力：由于不再雇用设计师，管理瓶颈消失，省下的成本可以体现在客单价的降低上；而客单价的降低则意味着客户范围的扩大，原本可能只有500强企业才能支付得起的设计服务，可以惠及更小规模的企业——这意味着整个市场更有想象空间。

平台的逻辑是连接，可以把C端消费者也连接起来。在传统的设计流程中，设计师的创意没有经过市场验证，产品也就面临市场不埋单的风险。如果消费者能够参与设计流程，预先提出自己的需求和偏好，那么设计师"闭门造车"导致产品失败的风险就能大大降低。

公司把前十年中像黑箱子一样的创意工作结构化和标准化。这个工作进行了两年，总结出13大节点、45个标准化工作、6个月时间承诺的模式，将原来复杂无序的创意，变得能够标准化、结构化、流程化。

但是这不是真正的平台，因为没有平台的逻辑和功能，还不能把全球的设计师、工程师甚至是工厂构建在上边。

三 2016~2018年：在线化平台

在洛可可将结构化做完之后，公司创始人贾伟开始构建一个全新的概念——洛客。于是2016年，贾伟辞掉洛可可总裁的职位，孤身再创业，开始做一个全新的洛客（洛可可设计集团旗下共享设计平台）。

洛客选择了低端颠覆、错位竞争的方式进入了价格更低的设计需求市场——当客单价相对较低的时候，客户更愿意在网上挑选设计师，而且售后难度更小，更有利于进行后期制造的品控。

新市场开拓法1：地推。

颠覆式创新的特征是低价、快速抢占市场。经过一年的基础平台构建和最小闭环试错，在一个半月的时间里，洛客在全国开了15家公司，每个公司都以总经理、营销负责人、质量负责人的配置形式开始地推，吸引B端公司上平台。地推吸引到客户的方法主要有两点：一是平台设计价格仅仅是洛可可的1/3；二是如果客户对于设计师的交付方案不满意，可以百分之百退款。

新市场开拓法2：城市设计中心。

城市设计中心模式，就是与希望能够实现制造业升级的区域产业合作，吸引当地有产业密集效应的小微企业在平台上寻找更低价/优良的设计服务。目前，这一模式已经在南昌、景德镇、佛山等地跑通，预计能为平台带来1/3的订单量。

不到两年，洛客平台上就有了几万个设计师，现在有了近100万的创造者。而洛可可十年只拥有1000多个设计师。这一模式在供给侧达成近十倍的增长。

增长的过程中也遇到了典型客户，比如知名音频分享平台喜马拉雅想把原来的音频体系变成一个智能音响，将技术产品化，做到真正的万物有声。于是洛可可、洛客与之合作了"声音实验室"项目。设计过程中，喜马拉雅的用户也参与进来一起研发。这是一次大规模的用户参与实践，一共有2.5万人参与，覆盖量达37.5万人。而且，原来设计研发需要170天的项目，这次仅用了11天。这就是平台的力量。

做完结构化,将所有的业务流程、商务流程全部标准化,再通过工具、平台在线化,这就是数字化了吗?数字化不仅如此。

四 2018~2019年:数字化驱动

2018年,洛可可通过和阿里云以及钉钉展开一系列合作,构建了数据平台中台。

洛可可首先构建了一个数字化的组织。将所有人的行为数字化,把整个项目业务流程数字化。当真正以数字化驱动管理、驱动业务的时候,就可以做到多角色协同、服务透明化。

洛客一天有2000多个订单、2000多个项目,要怎样去管理?比如有一个项目是音箱设计,至少需要6~7个人。可能一个设计师在美国,一个工程师在德国。这时必须要多角色协同、服务过程透明化。要建立项目经理工作台、设计师工作台、财务工作台、CEM工作台等,甚至还要给客户建工作台。贾伟始终思考的是,如何通过平台积累的数据,更快速和高效地为客户服务。

但设计作为低频服务,如何避免设计师和企业通过平台取得联系后私下接单,以及平台设计师不靠谱导致客户流失、口碑差等问题?如果仅仅作为连接需求的平台,那么留存问题必然难解。洛客目前的做法是,平台建立质量标准化体系,让B、D两端都深度连接平台。

1. 平台建立质量标准化体系,形成信用背书

对工业设计来说,由于会影响到后端的生产和制造,设计的每一个细节质量都至关重要,一旦设计出了问题,整款产品都将研制失败甚至企业会因此"死亡"。这也是很多企业一开始难以信任平台上的独立设计师的原因。所以,基于洛可可16年的设计服务经验,平台很快建立起自己的质量标准化体系,严格对质量标准和交付成果负责。

这既能保证设计师的工作质量,提升客户信任度,也能加强二者对平台的依赖。但与此同时,对成千上万个设计任务进行质量控制,是否会给平台带来过大的运营压力?贾伟说,目前平台单量不大,尚能够保证1%以下的退单率。

2. 设计入口与产品出口的完整赋能闭环

对于设计这样一个低频业务而言,如果仅以撮合单次设计交易为目标,那么每一次获客都会导致用户流失,平台很难建立护城河。那么,做洛客平台的逻辑是什么?洛客以共享设计平台为入口,整合产业链下游的生产、研发渠道,分别形成平台,通过漏斗式的商业模型,以设计订单撬动研发供应链订单,形成对 B 端客户的完整赋能闭环。理想的商业模式下,客户来到洛客平台寻找设计服务,其中有40%的客户可以对接到洛客的研发平台找到合作伙伴,20%的客户会继续留存找到生产制造服务,更少的客户甚至可能在平台上完成从设计到产品的全链条服务。也就是说,对每一家企业都有提供3项及更多深度服务的可能性,这将成为洛客平台最大的增长想象空间。从目前画像来看,诸如渠道转型做产品的创业公司、缺乏供应链能力的文创和新消费公司会更需要此类服务。

这是一条更难走的产业互联网道路,如果能成功,也意味着更强的竞争壁垒和收入能力。"如果只是横着打共享设计平台,哪怕发展 3 年我们可能的盈利最多是 15 亿元,但如果能协同产业上下游,那就是上百亿元的价值。"贾伟说。

3. 跨越三大堡垒

目前来看,洛客平台已经初步完成平台商业模式的验证,2019 年或许是战略的破局点。

能否顺利完成破局,取决于洛客能否顺利跨越以下三大堡垒。

①保障质量;

②完成 1 万个设计任务;

③完成"设计+研发供应链"的单品赛道能力建设。

此外，在产业互联网逻辑下，洛可可想做的事情太多，一大潜在的风险在于资金链的保障。这将有赖于"横向＋纵向"业务的现金流相互支撑，对团队来说也是一大考验。

不论是作为第一曲线业务的洛可可，还是第二曲线的洛客（见图1），都还需要在转型中继续作战。

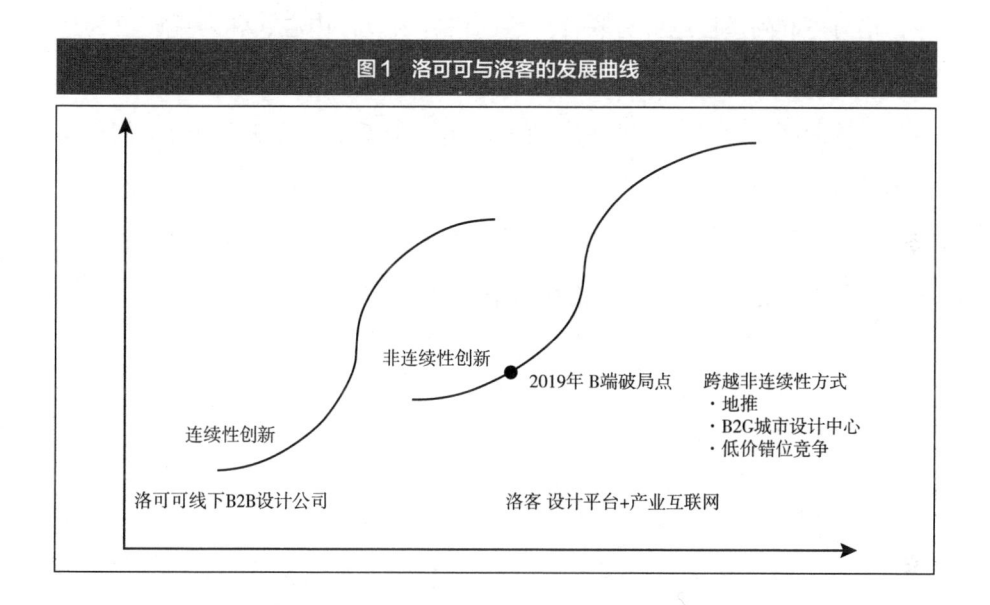

图1　洛可可与洛客的发展曲线

（图示：连续性创新——洛可可线下B2B设计公司；非连续性创新——2019年B端破局点；跨越非连续性方式·地推·B2G城市设计中心·低价错位竞争；洛客 设计平台+产业互联网）

五　2020年智能化探索

2019年是智能应用元年，洛可可也要在智能层面探索，这是未来。

于是2019年，贾伟做了一个大胆的决定——第三次创业，并与阿里巴巴的达摩院一起研究设计这个行业怎样以智能逻辑驱动未来。

阿里巴巴的曾鸣教授提出过一个概念，叫"三浪"："一浪"是传统公司，对应洛可可，是用16年构建了一个传统设计公司，用组织取胜；"二浪"是互联网公司，对应过来，就是靠平台管理的洛客；"三浪"是智能公司，对应到洛可可叫作——洛。什么是"洛"？

20年前互联网进入中国百姓家，10年前云计算和大数据萌芽，5年前移动互联网时代到来。环顾四周，各行各业都在全方位走向数字化和智能化。随之而来的，还有被数字经济催生的无限机遇。这就是"洛"诞生的意义：用AI赋能设计，让更多中小企业买得起专业设计服务。比如2019年，洛可可和阿里巴巴钉钉联合打造的洛客云设计中心、和阿里巴巴云达摩院联合打造的"洛"普惠智能设计，以及云智能设计平台，都是如此。

曾鸣教授还说过："最厉害的公司是三浪叠加。今天的电商再厉害，也不可能完全取代门口的便利店。"对应到洛可可，那就是只有"洛可可人""洛客人""洛人"都在一起，才是真正的成功。以设计为核心竞争力，迎接"三浪叠加"，这是洛可可未来的发展观。

猪八戒网：
众包服务的独角兽

一 独角兽崛起

猪八戒股份有限公司成立于2006年，总部位于重庆两江数字经济产业园，公司建设运营的猪八戒网（ZBJ.COM）是一个科技驱动的企业服务平台和灵活用工平台。此外，公司还在全国30个省（区、市）、80余个城市建立了超过100个线下"互联网+现代服务业"园区，为企业提供全生命周期服务，为各类专业人才提供灵活就业服务。通过构建线上线下立体的平台基础设施，聚集孵化人才，服务实体经济。

猪八戒网运用人工智能、区块链、云和大数据智能化等技术对企业和人才进行匹配连接，助力企业通过灵活用工方式降本增效。目前，平台聚集来自20多个国家和地区的1400万名专业人才，为1000万家企业提供设计、知识产权、IT开发、税筹和科技咨询等1000余种灵活用工服务。

通过线上人才共享平台和线下"互联网+现代服务业"园区，猪八戒网可为全球技能型人才提供创业孵化服务。其中10万余人由平台孵化为公司，为100余万人提供了在线灵活就业岗位。

猪八戒网整合了人才的服务能力，现已形成知识产权、八戒财税、八戒科技、八戒严选等一站式全生命周期企业灵活用工服务。同时，也打造了八戒文旅、八戒印艺、八戒游戏等行业解决方案，助推企业发展，助力经济高质量发展。

成立14年来，公司持续推动技术升级和商业模式创新，先后获得"国家双创示范基地""国家文化产业示范基地""中国文化企业30强提名奖""国家互联网企业100强""国家小型微型企业创新创业示范基地""国家高新技术企业"等资质奖项。2019年10月21日，胡润研究院发布《2019胡润全球独角兽榜》，猪八戒网排名第224位。

二 猪八戒网的价值观

猪八戒网创始人、CEO朱明跃提出:"对于创业,我们有一个标准,如果这家公司只有商业价值而没有社会价值,我们认为这是生意人去干的事;如果这家公司只有社会价值而没有商业价值,我们认为这是政府为人民服务。我们创办的猪八戒网应该既有商业价值,同时还必须兼备社会价值,把商业价值和社会价值完美整合在一起,这是八戒人的初心,我们要牢记使命,砥砺前行,取得真经。"

把公司运营好,是最重要的责任,这是毋庸置疑的。但对猪八戒网来说,担当社会责任的影响更加深远。猪八戒网作为一个平台,依赖它生存的不只是员工。随着工作理念和生活方式的改变,越来越多的企业和人才从传统的雇佣工作方式脱离出来,更多的企业选择在平台购买服务、业务外包,或者采用灵活用工的方式降低企业用人成本,提升利润;更多的人才选择创业成为合伙人,或者选择成为自由职业者在平台实现灵活就业,在发挥专业能力和展现自我价值的同时,充分享受自由。让更多的人、更多的企业在平台上生存和发展,这才是平台最终为社会做出的贡献,才是平台最应当承担的社会责任。

三 猪八戒网的发展历程

1. 猪八戒网成立并完成融资

2005年,朱明跃在一个社区论坛上发了一个帖子:"谁能帮我设计猪八戒网站?"一位名为朱陶的程序员以500元接下了这个订单,于是"猪八戒网"就这样产生了。

2006年，朱明跃辞去《重庆晚报》首席记者的工作，组建6人创始团队，正式成立公司，"一头猪"终于落地了。

2007年初，朱明跃接到一个电话——彻底改变猪八戒网命运的电话。电话来自博恩集团的董事长熊新翔。早在2003年，熊新翔就预判未来互联网服务业很有前景，并准备投资这类公司，通过层层筛选，选定了猪八戒网。熊新翔看好未来服务业的发展前景，希望猪八戒网能做成服务业的"淘宝"。猪八戒网获得了博恩集团500万元天使轮融资。猪八戒网4年后超越了所有的对手，处于国内领先地位，直到今天。

2011年对于猪八戒网来说是个不错的年头。早在2007年，IDG初识猪八戒，但当时认为猪八戒网模式太超前，并不看好。2010年底，IDG的一个投资合伙人来到重庆，对猪八戒网有了新的认识。在经过几轮谈判后，IDG决定投资猪八戒网666万美元。这次融资对于猪八戒网有里程碑式的意义，猪八戒网也从一个草根创业公司长成董事会治理下的现代企业。

2014年，猪八戒网完成B轮融资，获得IDG和重庆文投集团1750万美元投资，成为中国领先的服务众包平台。

2015年，猪八戒网完成了26亿元的C轮融资，估值高达110亿元。至此，猪八戒网不仅仅是重庆家喻户晓的互联网公司，更在全国互联网行业备受瞩目，成为名副其实的独角兽企业。

2. 创业如取真经，九九八十一难

万事开头难。第一笔订单来自朱明跃个人悬赏1000元征集猪八戒网的Logo。据创始人回忆，公司最开始都是请朋友帮忙，让有需求的人在上面发布需求，然后自己再找人来接单，促成网上交易。后来，猪八戒网的模式逐渐清晰起来，成为一个综合性服务众包平台，撮合卖家和买家进行服务交易，涵盖创意设计、网站建设、营销推广、文案策划等。每成交一单，猪八戒网可以从中抽取20%的佣金。

猪八戒网最初的商业模式是悬赏，需要创意服务的买家在平台上公开发布自己的需求并列明悬赏金额，看到信息的卖家竞标提供服务，最终买家选择自己最满意的作品并向某个卖家支付费用。比如，有人在猪八戒网发布需求，悬赏1000元钱为他的孩子取个好名字，任何注册用户都可以竞标取名，最后他选中谁的名字，谁就中标，获得赏金。猪八戒网从中抽取20%的佣金。

随着平台发展，发展佣金模式跳单现象越来越多。买卖双方通过猪八戒网认识，却私下交易。猪八戒网在国内外没有对标企业，没有先进经验可以借用。因此，猪八戒网开始启动一项代号为"腾云行动"的再造工程，把网站、产品、商业模式等全部推倒重来。

2010年，猪八戒网开创了一种新的交易模式——招标，即创意需求方先把需求发布出来，看看哪些威客感兴趣，然后再从中选定，确定服务商后，由该服务商提供服务。悬赏模式依然保留以满足草根需求。这一模式上线后，猪八戒网月均订单提交量提升5倍左右。到2011年，猪八戒网明确定位于满足60%中间用户的主流需求，将以买家发需求悬赏招标为主的模式转变为以卖家店铺化为主的模式。这种模式下，卖方可以在猪八戒网上开店铺、做展示，用户直接到店铺选择服务进行交易，9次"腾云"后，猪八戒网也从一个社区变成一个交易平台，从买家发需求的模式变为像淘宝那样的卖家开店的模式，把严重低频、非标、非专业买家的服务做成规模化交易。

2014年，猪八戒网从多年来沉淀的大数据中分析用户行为，根据用户需求衍生出知识产权公司。仅6个月的时间，知识产权业务就带来了近1亿元的收入，猪八戒网一举成为中国最大的知识产权代理公司。八戒知识产权仅仅成立一年，就成为国家工商行政管理总局商标局平均单日注册量最高的公司。

2015年起，猪八戒网权衡利弊，宣布对除比稿、计件以外的交易方式全部取消20%的交易佣金（对比稿和计件的悬赏模式保留20%的佣金主要是防止出现骗稿和套创意的情况）。取消佣金对服务商来说，掘金之路上再无"过路费"，无疑是一个好消息。失去了赖以生存的佣金，猪八戒网开启了全新的商业模式,以"数据海洋+钻井平台"为战略,依托平台十年积累的海量交易数据,开拓出八戒知识产权、八戒科技服务、八戒财税、八戒工程、八戒金融等钻井业务,为企业提供一站式的全生命周期服务。这种新的商业模式让猪八戒网业绩呈跨越式增长,猪八戒网真正意义上成为从 0 到 1 的互联网公司。

2016 年开始,猪八戒网围绕创新创业生态,积极推动"百城双创"战略,从线上走到线下,从重庆走向全国,帮助地方政府助推产业转型升级,为当地提供"互联网+"双创支撑性平台,助力区域经济发展。

3. "猪八戒"飞起来了

15 年来,猪八戒网一直致力于将专业人才在线化、平台化,构建起在线服务交易生态体系。平台已聚集来自 20 多个国家和地区的 1400 万名人才,提供设计、营销、IT 开发、知识产权、财税会计、科技咨询等 1000余种服务,有 150 多个行业的 1000 万家企业在猪八戒网采购服务。目前,猪八戒网已为 350 万家企业提供品牌设计服务,为 180 万家企业策划营销方案,帮助 100 万家企业解决商标问题,帮助企业完成了超过 100 万次报税服务。

(1) 支持政府"放管服"。

通过猪八戒网平台,解决政府和中小企业对接问题,使两者互相了解、互相信任,从而使政府"放管服"在平台上实现落地。

"放"。猪八戒网平台上汇集了数以千万计的中小企业,无论它们的办公场所在哪里,它们的账务都在猪八戒网的平台上,所以账务一定是真实的。这使得猪八戒网有机会了解企业,进而了解产业;而平台遵循的是行业自律的规则,政府可以放心大胆地放,不会出大问题。

"管"。猪八戒网平台与国家统计局共同研发了一个基于平台大数据的中小微服务型企业活跃度指数,根据平台接单和收入情况,观测经济的景气程度。宏观上,这个数据可帮助地方政府了解本地的经济发展状况,诊断传统经济发展的问题。微观上,平台可以知道中小企业的详细情况,政府不是通过平台来抓企业违规,而是根据平台的预警,在企业违规之前就告知其违规的风险,或者帮助企业补能力短板。

"服"。平台的出现帮助企业精准地找到政府服务,去掉中间环节,从而避免寻租行为。

(2)支持偏远地区发展。

越是偏远的地方,猪八戒网平台越是它们的刚需。偏远地方没有好的产业资源,比如像设计 Logo、营销策划、融资报告等,都没有资源帮它们实现;而在平台上它们就可以得到专业规范的服务,越是新疆、内蒙古等地的企业,越需要互联网的支持,在品牌建设、记账报税和营销推广上,它们比北上广的企业更需要猪八戒网。

2018 年,猪八戒网与贵州省人民政府签订战略合作框架协议,携手推进大扶贫、大数据、大生态三大战略行动,5 年内力争为贵州孵化新增现代服务业大数据产业相关企业超过 1500 家,直接或间接解决近 10 万人的就业问题。猪八戒网将为贵州提供至少三项服务:一是打造一个独具特色的区域平台,将贵州的文、旅、体融合在一起;二是建立支撑品牌的企业和产业规范,形成持续输出稳定服务的能力;三是引入资本等资源,形成持续运营的能力。

(3)赋能中小企业。

①传统企业升级。发达地区的传统中小企业同样面临巨大挑战。猪八戒网通过大数据智能化诊断工具,既能够让平台用户发现自己的需求,也能够让服务商发现自己的缺陷。根据大量需求聚合而成的大数据,猪八戒网设计了八个能力维度,猪八戒网可以主动扫描或者用户自行扫描自己的能力模型,从而准确诊断自己的能力缺陷,猪八戒网可以针对这个缺陷进行精准赋能。

②研发创新资源协同。早在 2017 年 12 月,猪八戒网就与云南省科技厅达成战略合作协议,共同创建"互联网+"云南科技创新云平台,这是产业互联网的联合研发创新的全新尝试,旨在解决中小企业产品研发和设计的薄

弱环节。所以，让中小企业去做端口，猪八戒网做后台；中小企业去接订单、销货、交付服务，猪八戒网平台上的资源做制造型企业的设计和开发。

③改变获客方式。广西巴马近一年来不仅推出了巴马品牌的香猪、山茶油、火麻等旅游农产品，还牵头周边8个县组建投资公司进行全域旅游开发。推动巴马实现蜕变的是一家名叫博观达智的重庆公司。而就在几年前，这家公司一度面临关门困境，但通过猪八戒网它和客户更加迅速地了解彼此，达成合作，公司也重现活力。

④扩大获客半径。在入驻猪八戒网之前，易晨电商的服务客户还仅限于广东地区，入驻猪八戒网后不仅有来自全国的订单，更有机会参与提供加拿大总理钦点的项目，为加拿大知名品牌 Umbra 提供了有力的服务。

（4）为弱势群体提供就业机会。

猪八戒网的"灵活就业模式"恰能解决某些弱势群体的就业问题，对接国家精准扶贫及"双创"工作。

针对残疾人，猪八戒网联合国家残联、重庆残联推出阳光计划，该计划将通过创业培训、创业流量补贴、推广传播等对残疾创业者进行帮扶；这一计划降低了残疾人的创业门槛，提高了创业便利性，扩大了市场创新创业半径，让他们能专注于业务。截至2017年9月，阳光计划已经先后扶持了窗外视觉、爱竞互动、出格设计等优秀服务商成功创业，月收入达到1万元以上。

针对有创业计划的在校大学生，猪八戒网推出"天鹰计划"，为其提供公司注册代税、商标注册、版权注册、专利申请等方面的创业扶持。根据规划，至2021年底，将面向全国招募逾5万名大学生，扶持超过3000名大学生在猪八戒网创业，力争年订单交易量突破1亿元。

猪八戒网还陆续推出了针对退役军人的服务，为退役军人提供培训、就业服务，帮助国家进行退役军人安置。

未来，猪八戒网还会推出更多针对细分人群的服务平台，比如为家庭女性提供就业服务等。

四　数字平台助力经济高质量发展

未来，猪八戒网将继续做强线上平台基础设施和线下现代服务业园区，发展灵活用工平台优势，壮大数字经济新业态。运用人工智能、区块链等创新技术，猪八戒网构建了线上线下立体平台基础设施。线上平台为人才提升工作效率、创造收入；线下平台为人才降低办公成本、创造利润。此外，人才可通过猪八戒网扩大服务半径、改变工作方式，极大降低了创新创业的门槛，助力人才实现灵活就业。

新冠肺炎疫情期间免见面、共享、全在线、互联网生存、灵活用工、灵活就业、兼职等关键词反复在媒体上出现。《北京日报》调查显示，一半的民营企业要通过灵活用工来缓解经济压力，四成以上的企业将减少用工需求。灵活用工已经从离我们比较远的概念，变成燎原之势。2020年2月，猪八戒网上的灵活用工需求比2019年同期增长了25.6%。

为了适应新的市场形势，猪八戒网推出免见面企业灵活用工云系统，帮助企业实现服务采购全流程线上化，使企业经营正常运转，系统实现内建采购申请、审批管理、供应商管理、项目进度管理、员工管理等功能，一站式解决企业采购问题。不仅全程免见面，采购效率还快了一倍。企业可以在猪八戒网采购灵活用工服务，该服务具备价格灵活、形式灵活、地域灵活的特点。同时，企业还可以通过猪八戒网解决灵活用工税筹问题，合理合规减税降费。

猪八戒网希望通过科技创新手段，提高社会生产要素之间的连接效率，实现市场化的资源配置，成为一个数字化的，为产业服务、为企业服务的新基建。

朝宗文旅：
江上知音　武汉倒影

武汉朝宗文化旅游有限公司（以下简称"朝宗文旅"）成立于2015年6月，是武汉旅游发展投资集团旗下控股企业。公司秉承"铸造城市旅游文化灵魂"的企业愿景，坚持"守纪、诚信、激情、敬业"的核心价值理念，立足文旅产业，围绕长江主轴打造武汉文化地标产品——长江首部漂移式多维体验剧《知音号》。公司依托集团雄厚的资源优势，站在企业高度，以系统思维为谋，提供多业态顶层策划、内容设计、托管运营，强化"文化+服务"双IP，开发长江盛会、知音婚典、知音礼遇、文创产品、戏剧教育、演出公司、餐饮服务、咨询策划等规模产业板块，逐渐形成集团化趋势。

《知音号》于2017年5月20日公演，作为长江首部漂移式多维体验剧，是湖北省推动"十三五"全域旅游发展战略的重点创新文旅项目，是武汉市"十三五"重点文化项目、武汉市长江主轴文化轴亮点项目，由武汉旅游发展投资集团联合著名导演樊跃共同打造。该项目打造全国独有的文化和服务双IP模式，已成为武汉城市文化旅游新名片和中国文旅产业新地标。

该剧以知音文化为灵魂，以大汉口长江文化为背景，故事取材于20世纪20~30年代的大武汉。导演团队在武汉市两江四岸核心区打造了一艘具有20世纪20~30年代风格的蒸汽轮船及一座大汉口码头，船和码头即剧场，演出以在长江上漂移的方式进行，再现了大武汉当年的历史风貌。

在表演创意上，导演采取国际顶尖的艺术表达方式和独创的观演模式，围绕知音文化，以20世纪初大汉口的商业文化为故事背景，从知音号码头露天部分拉开序幕，为游客设置了鲜活的老码头实景体验区，随后游客将分别从三个登船口登船，各以不同的顺序分层移步观看触及心灵的武汉故事。

目前，《知音号》项目在朝宗文旅的运营下，充分发挥对武汉旅游的拉动作用，已与两江四岸核心区的景点、酒店、特色街区和餐饮购物元素建立紧密合作，形成板块联动。

一 发展现状

朝宗文旅自2015年筹建以来，围绕《知音号》演出，采取双IP战略和多元化手段，进行了大量实践探索，形成了一整套的运营体系和一系列的IP衍生产业，锻炼了一支高素质队伍，创造了中国文化演出的奇迹，正朝着强IP化、集团规模化、资本化的方向发展，力争成为中国文化演出的标杆。

（一）千余场爆满、一票难求，创造中国文化演出票房奇迹

《知音号》已演出近千场，场场爆满，一票难求，场均上座率超过100%，观演人数、大型活动年接待人数逐年增长，屡创新高。2019年接待游客46.5万人次，其中外地游客（湖北省外）占60%，接待外国游客累计超过2万人，承担了多项省、市两级政府外事接待活动，旅游团队、外联市场接待工作。

公司建立了覆盖旅行社、OTA等渠道的营销矩阵，通过参加重要的旅游展会、线下推广活动，与OTA平台合作，开展异业合作，进行基于衍生产业的多元推广，提高了《知音号》及其衍生产品的销量并扩大了《知音号》的品牌影响力。公司未来将针对我国粤港澳台地区、日本及东南亚市场进行定向品牌和产品输出，精准开拓市场。

（二）实现品牌持续高频次曝光，打造现象级文化强IP

朝宗文旅顺应新时代传播特点，善用创新形式，打造自有媒体矩阵，低成本立体化传播，持续挖掘《知音号》文化IP，带动良性舆论氛围，助

力《知音号》品牌再提升。一方面应用城市大型公关活动低成本推广《知音号》各类业务，紧抓各重大宣传节点，使之获得全国乃至国际市场的关注，针对不同产品或服务，采取"多而不乱""重中选优"的策略，擦亮"知音出品"的金字招牌。另一方面宣传推广工作"策划先行""重质保量"，有节奏地策划有亮点、互动性强、契合主流政策的品牌活动，针对衍生产业、营利性强的重大项目规划"重质保量"，推动建立"知音号"地区文旅产业的龙头地位。

公演至今，《知音号》累积发布报道逾 2200 篇次，多次登上央视《新闻联播》《东方时空》等主流权威媒体，多次接待并协助央视纪录片拍摄，获得港澳台地区及国际媒体频频报道。作为武汉城市名片和地标，《极限挑战》等综艺节目将知音号剧场作为主要拍摄场地，相关话题几度登上热搜，视频播放量超 1.4 亿次。2019 年国庆期间，知音号和长江灯光秀一起霸屏央视《东方时空》，并陆续登上央视新闻频道纪录片《为了可爱的中国》之归国篇和央视财经频道大型专题片《我们的征程》，代表城市呈现不一样的武汉风采。军运会期间，知音号接待军运会全球媒体团观演，吸引了全球目光，并获得海量海外媒体报道，军运会开幕式上，知音号更是作为武汉城市地标，现身开幕式大荧幕。

在各类重量级的城市活动、名人传播、节目录制中，《知音号》品宣团队积极策划话题，应用社交媒体平台形成多次发酵和扩散，推动《知音号》在全国乃至国际平台上高频次、高流量曝光。"星月榜样盛典"、上海合作组织成员国旅游部长会议、跳水世界杯赛欢迎晚会、国际旅游开幕式等各类重量级国际盛会频繁"落户"知音号。多次接待中央、省、市级领导，外宾及社会名人，广受各界好评，印度旅游部长阿方斯·卡南塔纳姆盛赞"That's Amazing（真是太棒了）！"；当代女诗人舒婷赠语"知音号是夜长江的惊艳"；国家一级编剧张和平说"可以把《知音号》拍成电影"。央视专题片《直播中国》、《长江之歌》及《远方的家》，国内优质综艺节目《极限挑战》，米奇 90 周年走遍全国纪录片、献礼改革开放 40 周年电视剧《你和我的倾城时光》，湖南卫视中国首档城市魅力创拍节目《快乐哆唻咪》不约而同地选择知音号参与专题拍摄。

《知音号》已成为湖北、武汉文旅第一名片、中国文化演艺新标杆。在2018年外交部蓝厅湖北推介会中，《知音号》被重点推介亮相；同时，获得2018年中国都市类主流媒体旅游联盟总评榜评选的"最具创新旅游品牌"——该奖项被誉为中国旅游界奥斯卡，2017年携程中国旅行口碑榜"最受网友好评旅游景区"，2017年腾讯大楚网媒体峰会评选的"年度创新传播大奖"，2019年演艺中国博览会"中国沉浸式旅游演艺五强"及"中国独立剧场旅游演艺十强"。

二 经营模式与策略

（一）筑魂"4+3"企业文化与"4+5"管理体系

根据演员可持续、经营可持续和品质可持续的总体要求，朝宗文旅公司总结了"4+3"企业文化精神，即超级执行力、超级团队力、超级创造力、超级服务力以及从零开始的创业精神、负能量清零的合作精神和120分满意的服务精神。

另外，公司还构建了"4+5"管理体系，即"质监制度、安全制度、网监制度、办公会制度+班前会、舞监例会、月度考评、季度淘汰、年度考核"。打造"120分"满意体系和"360度"管理评价体系，保持"零事故、零投诉、零容忍、零负面"，争取实现服务零差评，并实施黏性服务、邻里化知音式服务体验，树立国内文化演艺管理服务标杆。

"4+3"企业文化与"4+5"管理体系是立司之本、运司之基，同时在集团的要求和企业文化精神的引领下，团队建制稳定，创造了演出零事故、场场精彩的行业口碑，受到国内外专业人士认可，实现了品质和口碑的稳步提升。

（二）广泛开源，产品占据区域高地

在确保正常演出的基础上，《知音号》广泛开源，向外延伸戏剧（城市文化IP与戏剧文化IP）和服务双IP，构造广告资源、商业街、场地租赁、白天场、餐饮、文化衍生品、米酒味汽水、知音礼遇万里茶道礼盒、完美婚礼、品牌联名月饼、江城三宝、观演摄影项目、儿童戏剧发展中心、经纪公司、咨询策划等非门票产业模型，实现了非门票收入占比近50%的文化演出奇迹。

其中和利汽水渠道已延伸至全国20多个城市，为未来实现千万元级目标奠定了坚实基础；知音礼遇平台经过一年多构建，产品链已经形成，正在深化特色服务及游客大礼包服务，且将交通板块纳入体系中，即将进入零售、批发渠道；成人艺考、艺培及儿童戏剧教育项目启动；婚庆板块与央视合作，已形成集婚拍、婚礼、旅拍于一体的产品体系；民众乐园项目形成知识产权的创意策划，具备复制能力；演出经纪公司现已形成了集抖音、推广、演员包装、演出经纪等方向的综合艺人经纪发展模式；咨询策划业务已经完成本地及外地多个项目的演艺策划及商业策划。

借力知音号IP影响力，公司探索"网红"商品的盈利模式，献礼城市发展。依据武汉历史文化及《知音号》正剧人物形象，共设计4个系列24款IP形象，以此衍生出首批文创商品：镜子、手机气囊、磁性书签、冰箱贴、首饰。开发城市礼物——万里茶道商务礼品，阐释武汉的"万里茶道"商业历史及茶道文化。拓展合作渠道，与清华美院团队联合开发中高端文创产品，设计"江城三宝"商务礼品，首创高端武汉城市礼物，呈现武汉历史文化与故事，逐步探索联名、线上、知音礼遇平台商品进驻，实现文化获利，通过"创意集市""快闪店"等在年轻群体中获得强烈关注。

除此之外，公司单独成立了战略咨询部，对内负责新产品新业务的整体规划、可行性研究，对外承接咨询策划、文化演艺、运营营销的咨询输出及培训项目等。自该部门成立以来，先后完成了黄鹤楼夜游、两江游船旅游升级、江汉关活态博物馆、汉阳知音漫线码头旅游规划、两江网络化平台搭建、哈尔滨城市文旅规划、湖南醴陵瓷谷文旅规划等项目，形成了咨询规划盈利的新模式。

三 未来规划

未来朝宗文旅将深入贯彻落实十九大精神，以"文化、演艺、戏剧"三大IP战略为核心，筑牢口碑，输出知音礼遇系列产品，输出演出及沉浸式文旅业态，输出运营模式及品牌，力争进入全国强IP文旅企业第一阵营。

（一）巩固演出票房，确保持续的票房奇迹

针对淡旺季场次，合理调配代理渠道及直客的配额比例，提高渠道结算价格，开发落地套票等新产品；提升门票客单价格，探索演出人数增加与演出质量保证之间的合理比例，确保人气爆棚的口碑效应；与年卡及专项市场开展合作。

（二）集中精力，持续开发二次产业

发挥知音号空间和时间价值，加大会议会展营销力度，加大灯光广告价值贡献，构建线上线下一体的知音号系列"网红品牌"，不断优化白天

场、和利汽水、知音礼遇、完美婚礼、儿童戏剧教育等衍生产品运营策略，扩大产品销路，提高销量。同时结合知音号 IP 以及节庆热点，与优质品牌联合开发新产品，扩大品牌影响力与消费市场，为消费者提供更好的体验。

（三）深化媒体传播价值，实现品牌拓展目标

深化媒体矩阵，增强组织能力，做优武汉市场。扩展两小时高铁圈周边半径市场及城市圈。强化重点外域市场。拓展境外市场及其他专项市场。围绕 IP 拓展品牌，在知音号品牌扩大的基础上，进一步策划有亮点、互动性强、契合主流价值观的品牌宣传活动，重质保量、多角度出发，提升知音号的品牌影响力。在城市衍生品、文化演出、戏剧教育、婚礼、大型活动、艺术资源引进等方面创造品牌，形成知音号的品牌系统。

（四）实现三大输出

以树立的知音号品牌形象为背书，持续向外输出公司成熟的文化策略及运营模式，实现公司对外业务"咨询策划、文化演艺、运营营销"三驾马车并行拉动的局面，以期拓展除正剧演出外的更多收益板块。其中咨询策划输出包括对外策划文化旅游项目、品牌形象打造、文创商品设计制作等，文化演艺输出包括微演出及外地文化戏剧演出策划、设计、制作及营运、发展艺人经纪等，打造从创作到落地的一体化服务模式；运营营销以知音号自身完善专业的管理模式为蓝本，进行演出及景区托管、文旅项目托管模式的探索，计划在未来成为国内领先的文旅行业整体打造平台。

（五）加强安全及品控

强化人员培训及末位淘汰机制，完善班前会、舞监会、办公会、质监网监等体系，深化"四力"企业文化精神，提升服务质量，打造管理输出、服务输出的国内一流剧场管服体系，实现持续"零差评"，确保安全、环保、舆情不出现负面事件。

在现有演出高品质的基础上，进一步提升服务水平，推出成熟、热情、气质化的服务方式，及时发现解决问题，严守质量关与安全关，保持硬件水平、演出水平、现场管理水平、口碑的稳定性。市场层面提高白天长江主轴游览附加值，做深做精企业服务市场。

以集团化和资本化为终极导向，面向国际国内市场，整合资源，提升正剧品质、服务水平和附加值，365天全时域放大剧场功能，坚持不懈地探索、颠覆、创新产品形式、商业模式、产业模式和投资运营模式，做大企业规模，做强效益，做优品牌与口碑，使朝宗文旅成为地区文旅开发运管龙头企业、国内文旅品牌及强IP输出企业。

> # 东道：
> # 品牌创意进化者

东道品牌创意集团（以下简称东道）1997年成立于北京，在上海、广州、深圳、长沙、青岛、杭州、昆明、德国慕尼黑和曼海姆都设有分（子）公司或常驻办事机构。

东道具有国际化品牌服务能力，在全球拥有24个跨领域合作伙伴。东道有员工800多名，汇聚了国内外知名专家、教授及众多拥有行业资深经验的视觉设计和品牌咨询精英。东道构建了十大专业中心，包括品牌策略与企业文化中心、品牌设计中心、产品包装与工业设计中心、视觉传达设计中心、空间导示设计中心、影视中心、品牌数字化中心、品牌传播中心、工程制造中心、商务礼品中心，为客户提供闭环的品牌创意、管理、传播等全产业链服务，全面助力企业品牌综合体系的构建。

东道为国际及国内大型峰会和论坛提供了专业的设计和品牌创意服务，其中包括2014年北京APEC峰会、2016年G20杭州峰会、2017年"一带一路"国际合作高峰论坛、2017年"金砖五国"峰会、2017年新兴市场国家与发展中国家对话会、2018年中国国际进口博览会、2019年北京世界园艺博览会。此外，还为司法部、商务部、国家市场监督管理总局、交通运输部和公安部消防局等设计徽标，并为杭州、青岛、珠海、苏州、义乌等国内著名城市提供整体品牌设计服务，为城市品牌形象走向国际化贡献了力量。

23年来，东道服务了29个行业和领域的一线品牌，为国航、南航、东航、海航、一汽、东风、北汽、中国银行、农业银行、中国人寿、PICC、中石油、中石化、中海油、苏宁、海尔、新浪、美的、京东、燕京、三元等重要知名单位和企业提供品牌设计服务。

23年来，东道获得近400项国际设计大奖，包括德国iF奖、红点奖、德国国家设计奖、意大利设计奖、澳大利亚设计奖等，并获得德国国家设计奖金奖和澳大利亚设计奖金奖。在国家资质荣誉上，2017年被工信部授予国家级工业设计中心，被国家工商行政管理总局、世界知识产权组织联合授予"中国商标金奖"，2014年被国家文化部授予"国家文化产业示范基地"称号，2016年被中国工业设计协会授予"中国工业设计AAA级信用企业"称号，被北京市科委评选为"北京市设计创新中心"，2019年成为中国4A会员单位。

东道的创始人解建军先生，以"信仰专业的力量"为精神驱动，创建了东道，带领团队20多年专注于品牌顾问与设计服务行业，使东道发展成为品牌综合体系构建者，代表中国设计在国际发声。解建军先生还担任国际商标标志双年奖执行主席，并自2015年起连任德国国家设计奖评审委员，成为参与制定德国最高规格设计标准的首位华人。

东道深信，一切价值都源于创造。东道矢志不渝，秉承专业至上的理念，帮助客户洞悉发展机遇，提升品牌资产，成就品牌价值。

一　东道的发展模式

1. 经营策略：经营权和所有权分离

东道在运营模式上进行了大胆创新，进行了经营权和所有权分离的尝试，以"自驱动方式"激发经营团队的潜在能量，实现东道主营业务的稳健增长，提升了东道的品牌价值。《东道独立经营方案》自2017年实施以来，构建了东道各业务单元内生的、可持续发展的治理机制，创设了一种吸引和汇聚优质资源到东道各业务单元的环境，与东道合伙人实现了共赢，使集团内各业务单元实施独立经营、共享平台、风险共担的经营机制及配套的考核机制。

2. 管理模式

东道十分重视科技创新和科技合作工作，尤其是把引进人才、留住人才和发挥人才专业技能作为重要工作来抓，以形成一个具有超前思维、较强开拓能力和较高专业知识水平的团队。

东道品牌创意集团集结了中国极具实力与创造力的有为之士。高层管理人员平均年龄在 37 岁左右，占集团人数的 7%（多数高层在本公司工作时间为 10 年以上，其中本科学历占 40%，硕士及 MBA 学历占 60%）；中层平均年龄 30~33 岁，占集团人数的 25%（其中本科学历占 80%，硕士学历占 20%），基层员工 60% 来自中央美院、清华工美、北京服装学院及国外大学设计专业，其余也多为 211 重点院校设计专业毕业。除此之外，东道每年优先为中央美院、清华工美等院校优秀毕业生提供实习、就业岗位并择优录取。

在人才培养方面，东道拥有自己的发展通道，通过东道创享会（每周一次）、设计沙龙、设计采风等活动帮助设计师提升设计思维能力，东道人力资源部专门为设计师职业发展规划了晋升通道，帮助设计师实现自我成长价值。同时，东道与欧洲顶尖设计公司展开深度合作，每年选送优秀设计师前往欧洲学习和交流，参与项目设计和研发工作，如德国工业设计协会全球正版 Logo、德国电信部分传播创意、Herz 赫兹大数据检测、Bosch 博世未来汽车仪表盘设计与开发等均为由东道团队独立承担的竞标项目，受到了德国客户高度认可，尽显东道国际化培训学习成果。

二 品牌建设简述

东道相信品牌的成功最终能够带来业务的增长，同时东道也一直秉持精准务实的策略、激动人心的表达和细致入微的实现理念。

品牌建设是一个循序渐进、由内至外的过程，从品牌研究、品牌定义、品牌传播策略、品牌执行到品牌管理，是一个完整的体系。东道有品牌策略、品牌设计和品牌落地三大管理体系，塑造了精准实效的品牌体验。以此为指导和支撑，东道为 29 个行业的领导品牌，提供了符合企业调性的品牌形象。同时，东道通过与 24 个国际合作伙伴的跨领域深度合作，也为客户创造了世界领先的品牌体验。

三 文化"走出去"

1. 中非友好合作协议

2017年2月6日,东道与比利时布鲁塞尔非洲国际平台欧洲组织正式签订了友好合作协议,双方将在文化艺术、工业设计领域展开紧密合作,同时开展对非洲民族文化传承创意设计的援助。共同打造、提升非洲本土企业工业设计水平、增强非洲文化艺术的可持续发展能力。这是中国和比利时签署的首个在文化、艺术、设计领域的民间援非合作协议,它不仅打通了亚欧两地在文化创意领域的沟通渠道,更展现了中国民企的国际责任与担当,开启了民企践行国际公益的崭新篇章。

2. 中德创意中心

2017年初,在德国曼海姆市政厅,东道与曼海姆市长共同签署了"中德创意中心"。该中心作为一个集教育、国际交流、工业研究发展于一体的综合平台,旨在增进中德两国人民的相互了解,推动文化艺术创意交流与互访,提高亚欧两地企业的工业设计国际知名度,拉动亚欧区域的经济文化发展。"中德创意中心"将为中德两国和欧亚地区政府、企业提供可持续发展的创意服务,开展专业的深度研究与广泛的国际交流。

3. 中意合作办学

2017年初,东道与意大利教育部合作开展创意设计硕士研究生学历教育,采用双语教学,为非英语母语的中国设计专业学生打开学习意大利先进设计方法和思想的通道,开设"设计驱动型可持续创新"国际研究生课程,举办欧洲专家精品讲座,让学生亲身感受国际设计前沿与新动向,走进当代艺术设计大师工作室,了解他们的艺术生活、创作思路及过程,为中国培养设计与管理兼修的高端国际型设计人才。

4. 中国设计　世界传达

（1）东道作为第一家进入联合国教科文组织的品牌创意集团，代表中国设计在联合国教科文组织的文化研讨活动中发表"活化文字"主题宣讲，并展示了东道把中国文字"活化"应用到产品设计的作品，向中外嘉宾展示了东方文化的意蕴。

（2）德国设计周。

东道代表东方设计在慕尼黑政府主办的慕尼黑创意营商周上发表"东方设计思维"主题演讲，是一次东西方设计思想的碰撞与交锋。东道一直在努力，把中国设计带向世界，让国际社会听到、看到和理解中国设计。

四　社会责任

1. 引领正面主流文化

东道坚持正确的文化立场和文化追求，倡导主流价值取向。在创作过程中，东道始终坚持文化企业的责任感、使命感，坚持创作思想性、功能性、文化性、价值性、艺术性相统一的原则，靠思想的力量、艺术的魅力、喜闻乐见的形式打动人心、赢得受众，抵制庸俗、低俗、媚俗之风。

东道始终牢牢把握政策导向和市场主流需求，秉承贴近市场、打造精品的经营理念，自觉履行社会责任，贯彻主流价值观，不断巩固在行业内的领先优势，不断提升国际影响力。

2. 促进大学生就业和创业

东道在23年的发展过程中，严格执行政府章程，依法纳税，在吸纳优秀大学毕业生就业的基础上，建设互联网平台，整合资源，为设计师个人和小型团队提供生存保障，积极促进和帮助大学生创业。

3. 开办东道设计学院，为中国设计培养中坚力量

东道创办了东道设计学院，开设了品牌设计、视觉传达、UI设计和新媒体应用设计等多个专业，把东道的设计思维和 23 年来总结且已得到验证的国际工作方法和流程，传授给设计从业者。其间，还分享东道众多成功品牌设计服务经典案例，并与德国、意大利、韩国、日本等国家设计大师共同推动设计教育，致力于提高国人的审美意识，改善国人的美学生活。

4. 促进产、学、研协同共建

东道注重产、学、研合作。与中国人民大学文化创意产业研究所建立合作关系，与清华大学、北京服装设计学院合作进行未来汽车人机交互界面的开发研究工作，并在移动互联数字应用系统设计、智能机器人外观设计方面进行了研究和开发。在产品的开发部分，东道运用了大量的创新方法，包括产品线的规划、产品的主题设计、产品的应用创新、外观材料以及工艺表面处理的创新。

在科研方面，东道以课题带动设计科研成果应用的思路，不断创新设计，让设计产品经得起市场的检验，为客户创造市场价值。东道 2015 年承担北京市科委重点课题"视觉传达设计在线教育"，并以"A"的优秀成绩获得验收。2018 年，东道在北京市科委组织的"民族文化大项目"中承担重要课题，依托民族地区设计创新服务联盟，整合北京地区的优势资源，开展有关少数民族文化元素的集合性项目 12 项，根据少数民族文化特征规范提取可用于新产品开发的设计元素，落实创意旅游纪念品、服装、家居、饰品类等新产品的设计研发和生产，开发创意产品 116 款，同时完成《民族文化设计创新服务示范研究报告》1 份。通过民族文化创新设计服务赋予了中国品牌以民族文化内涵，实现了偏远地区企业的产品升级和品牌提升，传递了中华民族物质和非物质文化遗产的精神价值，推动了民族文化可持续发展并达到了良好的社会示范效应。

5. 展开社会公益行动

（1）母亲水窖。

东道捐款为西北缺水地区捐修混凝土构造的水窖，使他们能利用屋面、场院、沟坡等集流设施，有效地蓄积有限的雨水，以满足一年的基本饮用水需求。

(2) 新冠肺炎疫情期间，捐赠抗疫物资。

东道向湖北 10 所医院发热门诊捐赠医用空气消毒机，向白衣战士致敬。

从 2020 年 1 月 25 日至 2 月 25 日，历经难忘的一个月，从集团和员工共同捐助开始，到联系核心医院、设备选型、运输、对接最需要的诊室，东道采取靶向式投放，全程实时核对、精准把控各环节，让有限的资源释放最大的能量。将每一台设备准确送达重点医院发热门诊，安放到诊室医护身边。

东道向和平街街道抗疫人员、和平街派出所抗疫民警、易亨集团抗疫人员捐赠抗疫物资，帮助他们守好抗疫的"最后 100 米"。

摩登天空：
践行"音乐+"之路

摩登天空于 1997 年 12 月在北京成立，经过 23 年的发展，已成为全球重要的音乐公司之一，也是中国首屈一指的新音乐厂牌及音乐节运营机构。

目前，摩登天空旗下子厂牌 10 个，签约艺人 120 余组，拥有音乐节品牌 8 个、中小型现场演出品牌 7 个，核心业务包括艺人经纪、版权交易、现场音乐，延伸板块包括演出场地、亲子教育、展览、互联网、传媒、视觉与产品设计、文旅、设计酒店、录音棚，在中国音乐领域建立了独有的、业务板块相互联动的生态系统。

回顾摩登天空的发展历程，其模式在国内甚至国外都没有参照物，创造是摩登天空的出发点。

一　根植于音乐领域

摩登天空在 1997 年成立之初，率先出版了创始人沈黎晖组建的清醒乐队的首张专辑《好极了!?》，随后签约了新裤子、超级市场、果味 VC 等乐队，开启了摩登天空的音乐之路。

1999 年，摩登天空设立首个子厂牌"BADHEAD"，厂牌所选唱片的共通点是——它们各自不同，破击传统思维方式和固有模式到一种无所不为的境界，迅速在独立音乐圈建立口碑。同年推出《摩登天空》杂志，以前卫的视觉设计与独特的编辑理念反映并引领了当年最具活力的青年文化潮流，其叛逆的创新因子辐射影响了众多年轻人，前几期被一抢而空。

接下来的三年之内，摩登天空旗下新增图书出版厂牌"Modern Sky Books"、电子音乐厂牌"Guava"、艺人经纪代理分厂牌"M2"，并与 EMI 唱片公司建立合作，代理海外艺人在国内的唱片约及经纪约，海内外签约和代理艺人累计近 30 组，出版和代理唱片 36 张，还举办了 Suede 亚洲巡演北京演唱会，巩固了艺人经纪、唱片出版、现场演出、图书出版四条基础业务线。

二 扭亏为盈,创办音乐节

21世纪初期,随着CD的普及,盗版横行,互联网的发展也改变了人们听音乐的习惯,实体唱片受到打击。摩登天空的正版CD和卡带销售量骤减,杂志业务也亏损严重,低谷时期,摩登天空负债超200万元,公司暂时陷入困境。2002年,沈黎晖前往瑞典胡尔茨弗雷德市,第一次参加音乐节,当即萌生了创办音乐节的想法,但此时的摩登天空无力举办一场音乐节。2006年,摩登天空财务状况逐渐好转,账面上有了100万元的盈余,团队人数也恢复到十余人,举办音乐节的时机成熟了。

经过一年时间的筹备,"摩登天空音乐节"于2007年10月在北京海淀公园连续举办三日。在艺人的选择上,摩登天空不以人气和票房号召力为标准,给新人乐队宣传和表演的机会。120组参演艺人来自海内外18家唱片公司,美国当红摇滚乐队Yeah Yeah Yeahs的参演,也让摩登天空音乐节成为内地首个邀请到海外大牌艺人的音乐节。舞台表演之外,又将创意生活、运动、时尚、影像等多个单元尽数囊括。这场音乐节,算上票房和赞助,最终亏损100万元,但摩登天空也由此积累了经验、打响了品牌,并看到了音乐节市场的强烈需求。

2008年,第二届"摩登天空音乐节"结束后不久,摩登天空收到北京通州运河公园的邀请,在实地勘察场地后,计划于次年"五一"在运河公园举办新的音乐节,气质定位为"春天、浪漫、包容、有爱"的草莓音乐节由此诞生。第一届草莓音乐节举办期间,数千名观众披着个性的旗帜、拿着气球陆续进场,其中有相当一部分人穿戴各种含有草莓元素的配饰,甚至将音乐节的Logo做成十几米长的巨幅海报铺在草地上,草莓音乐节的文化逐渐被观众所接受。

2010年起,草莓音乐节开始向全国扩张,陆续进入西安、上海、镇江、武汉、长春等城市。到 2013 年，摩登天空在音乐节板块的业务收入达到 6000 万元，远超行业第二梯队，其中，草莓音乐节收入占 60%。北京、上海草莓音乐节在商业上已经成熟，利润率最好的时候可以达到 30%。

沈黎晖把草莓音乐节的成功首先归因于审美性，音乐节呈现的是从艺人选择到视觉的整套审美，摩登天空作为唱片公司，旗下业务长久与视觉设计紧密结合，其对内容审美的把控是非常严格的。其次是深耕内容，草莓音乐节每年都做有差异化的内容，为新的内容签艺人，在艺人年度规划和艺人阵容上，也进行更全面的考虑。再次是不断挑战自己，摩登天空并不将盈利留在账户上，反而在音乐节产品上的投资逐年增加，优化硬件、内容和服务，并不断开拓新城市。

在拥有两个综合性大型音乐节品牌的基础上，摩登天空还创办了中小型户外生活方式品牌"自然醒"，举办民谣诗歌节、Fat Art 艺术展，丰富摩登系线下活动产品线，为之后的扩张和跨界进一步打下基础。

三 全面开启"音乐+"之路

2014 年对于摩登天空来说是一个重要的年份。此时，摩登天空在音乐节运营、唱片出版、艺人经纪、剧场演出、演唱会、版权交易等板块已轻车熟路，在音乐领域是一个全产业链的公司。

这一年，摩登天空开始做加法，在音乐节板块进行新的战略部署，艺人经纪板块则做细分，吸收更多风格的音乐人，并扩大演唱会、巡演的范围，提高演出频次，同时正式开启"音乐+"之路，即以摩登天空的审美为核心，围绕音乐在多领域开展多形态的业务。

1. 核心业务板块升级

（1）音乐节业务线战略新部署。

截至 2013 年底，草莓音乐节已入驻 6 座城市，举办 13 场，其大获成功催热了市场。2014年，全国的音乐节也从2009年的4个增长到了近150个，新的区域性音乐节还在不断涌现，并且呈现细分化的趋势。而摩登天空旗下有两个综合性音乐节品牌，在战略上，草莓音乐节在深耕已入驻城市的同时，继续开拓新城市，进一步提升市场份额，摩登天空音乐节则转战海外，作为中国独立音乐对外展示的窗口。

2014年，草莓音乐节在全国新开拓6座城市，"超级草莓"概念诞生，即在原有的基础之上，将同期举办的北京、上海站从体量、阵容、周边体验、制作、服务等方面进行全面升级，旨在将草莓音乐节国际化，成为亚洲具有较大影响力与规模的音乐节，打造令中国年轻人骄傲的音乐狂欢节日。如果说常规的草莓音乐节是在普及音乐及音乐节文化，那么超级草莓就是在国内聚齐重量级艺人的同时，将海外一线艺人带到国内观众面前，让大家近距离体验期待已久的音乐人演出现场，这也让超级草莓成为乐迷们每年期待五一假期的重要原因。

2014年10月，摩登天空音乐节作为国内第一个将现代亚洲青年文化带入欧美的音乐节，在纽约中央公园成功举办，成为中国摇滚乐近年来最具影响力的一次推广，也是当年中国音乐产业的最大事件之一，New York Times、Pitchfork、Am New York、Time Out New York等诸多海外媒体报道，展示了中国独立音乐所蕴含的巨大能量。五年时间内，摩登天空音乐节延伸至芬兰赫尔辛基，美国西雅图、洛杉矶，加拿大多伦多，现场观众的华人与当地人的比例也由最初的7:3到持平，摩登天空音乐节在海外正在实现"本土化"。

与此同时，摩登天空开始收购各种区域性音乐节，其中包括西安的"张冠李戴"音乐节、昆明的"五百里"音乐节，以及集会展、博览会、会议、现场音乐四个板块于一体的"影响城市之声"，并陆续创办多个垂直类音乐节，将旗下音乐节矩阵朝着多样性、差别化和细分方向运营。

"嘻哈热"掀起之前，摩登天空就于2016年11月成立了Hip-hop厂牌"MDSK"，次年9月，摩登天空站在当时正热的Hip-hop文化潮流之上，推出潮流音乐节品牌"MDSK"。MDSK 音乐节作为国内首个大型户外潮流音乐节在成都举办，邀请了近百位国内外顶尖音乐人参演，引起了行业的广泛关注和乐迷的良好反响。在中国 Hip-hop 元年，摩登天空成为这一潮流的参与者和推动者，开启了一个时代。

国内的音乐节发展了十余年之后，来现场的人群一直以 16～28 岁为主，早期那些来音乐节的人群已成家立业有了孩子，但是市场上却没有适合亲子家庭的音乐节产品。摩登天空从中看到了市场，于 2019 年 1 月推出"Modern Sky Kids"亲子厂牌，并于 6 月推出"小草莓"亲子音乐节，以亲子体验为主，打造"融合式"亲子音乐场景。首场小草莓音乐节在秦皇岛阿那亚举办，以安全、便捷、温馨、健康的音乐节基础体验为前提，Modern Sky Kids 为"小草莓"注入更具启示性的亲子相处价值观——以平视的角度，将孩子当作大人和朋友对待，让大人暂时告别拘谨的成人身份，在由"小大人"和"大小人"组成的快乐星球上互相陪伴。首届小草莓亲子音乐节实现口碑与盈利双收，"小草莓"IP 打响。

此外，摩登天空还凭借多年的音乐节制作运营经验，受众多品牌邀约为其定制音乐节，包括赤水河谷音乐季、OPPO 红蓝音乐节、抚仙湖自然音乐节等，进一步增强了摩登天空在音乐节制作领域的能力。

（2）艺人经纪板块细分运营。

2014 年，成立 15 年的摩登天空旗下尚没有真正意义上的按音乐风格分类的子厂牌。过去，人们习惯按摇滚与流行、主流与地下分类，民谣、电子、HIP-hop、爵士等音乐风格在国内始终处于边缘地位。国内独立新音乐已发展 20 多年，加上互联网和在线音乐播放器的发展，人们获取信息比过去更加便捷，音乐平台将海量曲库按风格分类展示，在这个过程中，人们聆听音乐的习惯逐渐改变，从泛到专，原来的非主流音乐风格势必越来越被人们了解和接受。摩登天空开始按音乐风格设立子厂牌，并进行分类运作，从艺人经纪到小型演出、剧场、体育馆，再至音乐节。此举验证了摩登天空的运营策略之正确，摩登天空也在后来助推和引领了"民谣热"

和"嘻哈热"。

2014年4月，休眠多年的BADHEAD厂牌重启，由摩登天空艺术总监、著名乐评人张晓舟主理，在新的音乐环境中，以开创性与前瞻性续写了20世纪的荣耀。

摩登天空自2012年起陆续将宋冬野、马頔、尧十三等新晋民谣音乐人签入麾下，成为次年掀起的"民谣热"的助推者。2015年，一档音乐选秀节目翻唱，让马頔的原创歌曲《南山南》和他创立的民谣厂牌"麻油叶"获得了不小的知名度。"麻油叶"在壮大的过程中，面临着难以独立运营的问题。而有着强大运作能力的摩登天空在2015年11月与"麻油叶"签约，使其成为旗下子厂牌，助其更加产业化，运营更有逻辑、更加系统化，以期为中国独立音乐孵化出更多优秀的音乐人和作品。

接下来的几年时间里，"麻油叶"影响力的疾速爆发有目共睹——艺人的巡回演出和个唱、厂牌每年的周年纪念及跨年演出的观众数量逐年累加，动辄数千人，直至开进工体。

2016年，内地说唱音乐尚处于地下待浮出水面的状态时，摩登天空就开始开拓Hip-hop音乐版图，以"Hip-hop文化建设"为目标，成立潮流音乐厂牌"MDSK"，并将中文说唱音乐与潮流文化推广的先驱人物陈冠希签入麾下，一举震撼音乐界。半年间，又签约包括Tizzy T、满舒克在内的多组说唱艺人及制作人，成为2017年夏天爆发的嘻哈热潮里的位列前茅的冲浪者。从专场派对、中小型巡演、演唱会，到在草莓音乐节设置舞台以及成功举办国内首场Ubern Music主题户外音乐节，获得行业广泛关注及乐迷强烈反响。2019年，获得首届音乐财经行业大奖"年度最具行业贡献音乐厂牌"奖。

从2015年起，国内电音节兴起，国际大型电音节纷纷进入中国市场，2018进入鼎盛时期，这些音乐节的票房核心为海外艺人，中国还没有自己的电音文化。作为中国电子音乐唱片发行的摇篮之一，摩登天空于2018年整合旗下所有电子音乐势力，创办了MSE电子音乐厂牌，立足电子音乐文化之根本,寻找流行和文化的折中点,以最贴近大众的姿态宣传真正的电子音乐文化。MSE 在持续挖掘 Techno、House 等国内新人和老将的同时,又以舞台的形式落地草莓音乐节,阵容以国内电子音乐人为主,在普及电子音乐文化的同时,培育中国自己的电子音乐明星。

2018 年 4 月摩登天空与星外星音乐强强联合,成立"北河三"世界融合音乐公司,致力于挖掘、推广世界各地的根源音乐文化,如民族音乐、传统音乐、原生态音乐等,使之以自身的独特美学介入全球多元文化交流,与各类现代音乐进行有机融合与对话,并生发出更具当代活力的音乐形态。"北河三"广涉艺人经纪、音乐制作、文化旅游及音乐版权交易等多个领域,现已签约十余组海内外音乐家,未来还将致力于联合音乐、艺术、时尚、学术等多个领域的精英和机构,以共同创作、表演、论坛等方式,在"传统－现代""本土－世界"的鸿沟之间搭建桥梁,探索更多面向未来的可能性。

2019 年 4 月,摩登天空延续其对电子音乐领域的深度探索,推出"Sound Blanc 白"氛围音乐厂牌,通过出版、展演、研究等多方触角,举办多种形式的多媒体演出和音乐会,秉持艺术化的唱片设计理念,邀请顶尖艺术家演出,致力于氛围和环境音乐在中国的普及和发展,为受众提供了一个全新的、立体化的艺术体验。

2019 年 11 月,摩登天空成立"白猫洗衣店"厂牌,以"音乐社交生活"为理念,聚焦"95 后""移动互联网原住乐迷"的音乐美学,挖掘代表未来音乐潮流的音乐人。

(3) 现场音乐板块升级。

自 2014 年起,摩登天空建立巡演和演唱会团队,在规划国内艺人海内外巡演的同时,又将海外艺人带到国内举办专场演唱会、巡演,所主办的 40 余组海内外音乐人演出覆盖全球 30 多个国家和地区。其中,痛仰、新裤子、谢天笑、海龟先生、尧十三、马頔、Tizzy T、满舒克等艺人的巡演场场爆满,包括 The XX（UK）、水曜日のカンパネラ（JP）、Wolf Alice

（UK）等在内的艺人的国内巡演场场叫座，甚至一票难求。

与此同时，摩登天空自2018年起，陆续创办多个中小型垂直类活动品牌，包括迪斯科现场音乐品牌"霹雳派对"、氛围音乐现场品牌"清醒梦"、新人展演品牌"新血试验"、以"噪音摇滚+钉鞋+迷幻"等音乐风格为核心的室内活动"噪盯迷"、室内音乐生活节"昆明呼唤"、室内概念派对"草莓恒温派对"等，合作艺人来自海内外，多达160组。

2. "音乐+"布局

事实上，摩登天空在创办之初就有跨界的想法，因为摩登的前身是一个设计公司，在视觉方面很敏感。1999年开始做杂志、做媒体、做设计、拍视频，始终以跨界思维在不断尝试。2014年起，摩登天空结合过去十余年的跨界经验，全面开启"音乐+"之路。

（1）实体运营。

2015年3月，摩登天空布局场地运营，推出以音乐为主导、以当代潮流年轻人为主流、以摩登基因与审美系统为内核的"音乐+"线下生活方式集成空间Modern Sky Lab。它以最专业的LiveHouse为中心业态，围绕LiveHouse的用户流量，延展出零售商店、文创咖啡馆等强关联消费场景。Modern Sky Lab现已先后落地北京、上海、昆明，并成为落地城市的青年文化地标，未来还将落地更多城市。

（2）互联网。

2015年4月，摩登天空推出全国第一家集PC端和移动端于一体的互联网泛娱乐音乐平台"正在现场"，致力于打造国内领先的专注音乐现场、音乐人及衍生服务的现场音乐直播及周边贩售平台。2015年测试版上线以来，正在现场已直播近400场音乐节、现场演出和巡演。截至2017年，App下载量超过4100万次，注册人数超过350万，累计直播观看量超过3.6亿次，全平台覆盖量超过7亿，单场直播最高观看量达830余万人。

2018年，正在现场整合过去近三年运营累积的优质内容资源，向用户运营和票务平台转型，功能包括热门演出票务、音乐现场视频回放、周边商品售卖，致力于打造国内青年文化社群，帮助音乐人及LiveHouse解决版权分发、内容运营、票务销售及乐迷维护等问题。

（3）传媒。

2016年9月，摩登天空成立摩登天空数字传媒科技有限公司，作为内容营销传播机构，致力于IP内容打造、娱乐营销、媒体运营、出版等。

摩登天空数字传媒科技有限公司成立至今，已推出音乐脱口秀"摩登嘻哈秀"，将复刊的《摩登天空》杂志打造成为专注青年泛音乐文化及前沿生活方式的跨媒介平台，并推出青年文化和艺术人才发掘项目"新血计划"。此外，业务还包括多渠道在线图文及音视频原创内容日常传播，以及富含知识和情怀的系列落地活动。通过跨形态的媒介阵列，摩登天空试图打通音乐文化与潮流生活、聚集前卫观点与当下热点。

（4）文旅。

随着中国文旅产业升级的发展需求，以音乐为核心的文旅发展路径被越来越多的旅游目的地品牌关注与青睐，音乐基因的注入激活了更多文化形态的产生，吸引了更多消费群体的关注，拉动了旅游目的地的流量，打造别具一格的主题性文旅项目成为主要发展趋势。

2017年，摩登天空成立文旅事业部。这是摩登天空城市音乐节体系催生的一种新型生活方式实现模式，以满足中国当下年轻群体对音乐文化深度体验的消费需求，目前已推出包括2017赤水河谷音乐季在内的文旅项目。

（5）视觉与产品设计。

作为唱片公司，视觉设计一直是摩登天空审美传递的重要出口。2017年9月，摩登天空成立创意视觉设计厂牌MVM，在为摩登天空品牌护航的同时，MVM还签约多媒体艺术家，同时进行非服务性的视觉创作，运用新的多媒体语言助攻艺术表达。

MVM现已签约三组多媒体艺术家，联络触及北京、上海、伦敦、柏林、纽约、东京等地，自主开发IP"摩登天空 | 无限宇宙""I. M. O."，跨界合作品牌包括屈臣氏、NIKE、GAP、肯德基、戴尔、乔丹、Timberland、北汽

等，并与北京朝阳大悦城推出潮流街区"摩登天空聚能场 UNI_JOY"，摩登天空首家"商业体品牌概念店＆线下零售空间"也落地街区。

（6）展览。

早在 21 世纪头 10 年，摩登天空就多次举办艺术展，作为"音乐＋"布局的一部分。2018 年 6 月，摩登天空正式成立展览厂牌 Modern Sky Exhibition，致力于从全球范围内寻找优质的 IP 展览引入中国市场，在摩登天空的品质护航下，将 IP 展览产品的影响力最大化，最终实现双赢。Modern Sky Exhibition 主营三类展览产品，分别是以"HELLO, MY NAME IS PAUL SMITH"为例的顶级 IP 特展，以"FAT ART"为例的主题特展，和以 2017 年"ZERO PROJECT"交互艺术展为例的 POP–UP 快闪展览。

（7）录音棚。

2018 年 3 月，摩登天空录音棚建成，正式对外运营。录音棚以国际顶级规格标准打造，包括四个录音间、三个控制室，总面积近千平方米，配备最大规模顶级数控模拟调音台，同时连接海外制作公司，为国内艺人提供与国际优秀制作人的合作机会。

录音棚是摩登天空音乐产业布局最重要和基础的一环，其诞生不仅为旗下音乐人提供了更加坚实的保障，更为国内录音棚标准树立了新的标杆。

（8）设计酒店。

2018 年 4 月，摩登天空设计酒店（MODERN SKY HOUSE）项目正式启动，将以孵化中心、运营管理、创意视觉为支点，打造设计酒店。MODERN SKY HOUSE 基于摩登天空的美学经验和资源，注重空间与美学、空间与人的关系，包括空间对人的尊重与关怀、空间美学对人的影响、人与空间的交互可能、人在空间里的社交关系等。首家酒店计划于 2020 年开业。

（9）亲子教育。

2019 年 1 月，摩登天空推出 Modern Sky Kids 亲子厂牌，旨在通过内容生产、线下活动、产品开发等方式，创造更优质的儿童内容，并引领更具时代感和潮流感的亲子生活方式。Modern Sky Kids 集结独立乐坛强大的原创能量，以制作发行亲子音乐合辑等形式，为社会带来更具品质感和时代感的儿童音乐新声场。同年9月，"小草莓音乐教室"公益计划诞生，并落地长沙干杉中心小学，摩登天空购置了音响器材和部分乐器设备，并设计装修了教室，在独立音乐人和孩子们之间搭一座桥，在孩子们需要的地方种下音乐的种子，让音乐不再只是一门"副课"，让未来的世界收获更多美妙的声音。

四 海外扩张

1. 成立和运营海外公司

早在创立之初，摩登天空就与海外唱片合作，代理海外艺人在国内的经纪约和唱片约。2007年，摩登天空在美国设立分公司，旨在更好地拓展唱片业务、签约海外乐队和出版唱片。

自2014年起，摩登天空正式在海外进行扩张，全面运营美国公司，除了艺人经纪和唱片出版之外，还将"摩登天空音乐节"带到了纽约。而在英国，摩登天空战略投资利物浦城市音乐节 Sound City，基于与 Sound City 的合作，2017年成立了摩登天空英国公司，推出艺人经纪业务。后又在德国柏林设立办事处，意在于欧美建立一个立足点，未来更好地输出中国艺人和引进海外艺人，同时吸收国外优秀音乐创意概念，借鉴国外成熟音乐市场模式，建立起和国际接轨的中国音乐产业结构。

以唱片公司和版权代理业务为核心，摩登天空海外公司一直保持着频繁的活跃度，签约艺人20余组，获得了越来越多媒体、乐迷的关注与认可，发行的多张唱片在英国唱片业协会（BPI）的官方排行榜上进入前20名，上榜艺人包括 Slow Readers Club、The Blinders、SPINN 和 Red Rum Club 等，而 The Lathums 的单曲 *Fight On* 发布两个月内即在 Spotify 获得35.3万次的播放量。

2020年3月初,摩登天空英国公司成立艺人经纪部门,业务范围包含唱片、出版、直播、视频和管理等,旗下乐队The Lathums随即与U2、Bon Jovi等知名摇滚乐队所属的Island Records(小岛唱片)签下五张唱片预计数百万英镑的合约,引发包括英国Music Business Worldwide在内的媒体跟踪报道。

2. 推出国际艺人预订服务和演出代理业务线MIBA

摩登天空自成立以来,已为中国演出市场引进海外艺人达数百组之多,所引进的艺人在中国市场的海外艺人中占比65%。

2019年1月,摩登天空正式推出国际艺人预订服务和国际艺人演出代理(Booking Agency)业务线MIBA(Modern Sky International-artist Booking Agency)。作为跨国演出经纪平台,MIBA独家代理多个国家的艺人,提供代表国际艺人接洽演出谈判、资料翻译、演出报批、艺人宣推、演出需求对接、现场接待协调等一系列服务,同时也为国内的音乐节、演唱会、巡演、综艺节目等各种音乐形式提供专业的国际艺人预订服务,代表需求方邀约国际艺人来华演出,与国际艺人团队谈判、沟通和协调。

作为一条完全同步于欧美音乐市场运作模式的业务线,MIBA的开启,将在国际艺人和中国市场间搭建起一座宽广通畅的桥梁,这也是摩登天空国际化发展布局的重要一步。

五 未来之路

1997年至今,摩登天空以音乐为起点和核心进行探索和布局,为中国摇滚音乐、独立音乐,以及更广义的原创音乐发展贡献了不可或缺的力量,同时在中国音乐领域建立了独有的、业务板块相互联动的生态系统,同时在理性和感性、艺术和商业上实现了平衡,被视为"行业标杆"。

过去的20余年,摩登天空所获的奖项无数,包括2016年第十一届中国最具投资价值企业 50 强评选榜单"中国最具投资价值企业"、2018 年中演协成立三十周年首届颁奖典礼"最具投资潜力演艺企业"、2019 首届音乐财经行业大奖"年度艺人服务团队大奖"、2019 年第四届中国新文娱·新消费年度峰会"年度生活方式公司"等，签约艺人及所出版的唱片更是常年占据各大音乐榜单和颁奖礼，包括金曲奖、阿比鹿音乐奖、华语音乐传媒大奖、CMA 唱工委音乐奖等。

摩登天空音乐节成功走向欧美，MDSK 音乐节、小草莓亲子音乐节等后起品牌也在外打响。草莓音乐节则以 28 座城市、举办 91 届、参演艺人 3000 组、到场观众逾 600 万人，创造了国内音乐节的纪录，成为被大众熟知的流行符号，2018 年荣登《人民日报》改革开放 40 周年"幸福长街"场景，又先后获得 2018 年第八届中国旅游投资 ITIA 艾蒂亚奖"中国最佳旅游项目"、CEIS 2019 年中国娱乐产业年会金河豚奖"最佳线下娱乐项目"、2019 年首届音乐财经行业大奖"年度大型音乐节"等奖项。

未来，摩登天空将带着"影响全球青年文化"的使命，继续深入长久以来的"音乐文化＋生活方式"探索与布局，力图为中国音乐产业树立一种全方位的、立体的"音乐＋"生活方式运作模式，创建一种全新的体制，并通过敏锐的触觉与全新的思维方式把握未来的方向，进而影响青年文化，为中国原创新音乐产业的发展创造良好的环境。

无忧传媒：
拥抱 MCN 发展的黄金时代

一 何为无忧

MCN（Multi-channel Networks），意为多频道网络，起初是内容生产者和 YouTube 之间的中介。无忧传媒在原有 MCN 业务的基础上进行了扩展，利用自身资源为网生艺人提供内容生产支持、账号运营、商业化变现等专业化服务。无忧将网红聚合形成矩阵，上游对接优质内容，下游寻找推广平台变现。

无忧传媒总部位于北京，自 2016 年成立至今，已在杭州、成都、广州、上海、长沙、武汉、重庆、合肥等一、二线城市设立分公司或办事处，是中国演出行业协会网络表演分会第一届与第二届常务理事单位。全网拥有超过 8 亿粉丝，签约艺人已超 3 万人，其中全约优质艺人超 1000 人，拥有众多金牌主播、超级大 V 和全网现象级红人。

随着无忧产业链不断完善，对旗下艺人的助益也日益明显。对网络红人而言，签约机构在内容创作、流量曝光、商业变现上的支撑最为关键。无忧传媒旗下艺人践行社会主义核心价值观，引领首都青年关注社会，增强家国情怀，积极传播正能量。旗下全网现象级艺人多余和毛毛姐、张欣尧登央视《脱贫攻坚战星光行动》，为特色产业扶贫建言献策；在国际残疾人日，旗下全网超级美食达人麻辣德子携手助残，获微光益"扶贫助农公益大使"称号；旗下艺人李昊佑参加北京网络文化协会新村走基层情暖共建乡扶贫下乡活动，并与韩红共赴西藏关爱藏区儿童；多余和毛毛姐、张欣尧、李昊佑参加《中国青年报》"两会青年说"节目，与全国人大代表共同探讨青年话题，传播正能量。

无忧传媒在积极响应社会主义核心价值观的同时，也不断致力于科技和文化、商业的融合。无忧传媒希望加快在北京的业务经济增长，尽快实现科技创新驱动，并为相关地区提供网络流量倾斜、地方产品扶持、专业人才培训等全套支持方案。在努力推动当地经济增长的同时，为宣扬社会主义主旋律、传播网络正能量做出贡献。

二 无忧之道

无忧传媒成立于北京，集团旗下现有六大业务板块：泛娱乐直播、短视频内容制作与商业化运营、电商、音乐制作发行、游戏电竞及艺人经纪。自2016年成立至今，业务持续增长。从成立初期靠泛娱乐直播实现盈亏平衡，到今天的综合业务布局，在团队的努力下，无忧传媒交出了一份亮眼的成绩单。

1. 泛娱乐直播

2016年4月，无忧传媒在北京成立。同年，也被称为"直播元年"。当时直播模式正值风口，直播市场有200多家平台，主流八大直播平台的直播DAU已经达到了2400万，其中大型直播平台的日均同时在线人数可以达到400万，行业规模达到400亿元，平台用户规模达到3.25亿。支付技术的成熟配合线上专业的营销推广，为网红变现提供了便利。"千播大战"过后，直播行业经历了重新洗牌，模式也实现了从传统的秀场直播到游戏直播再到泛娱乐、泛生活化直播的迭代。模式和"玩法"的升级也使得直播的变现不再只有单一的礼物打赏，广告、电商、才艺展示等一系列更专业的操作也为网生化艺人带来更多的想象空间。

无忧创始人凭借多年视频行业及娱乐行业的经验和眼光，迅速抓住了风口，选择了微博系的一直播平台，充分利用平台流量优势，作为首批工会入驻，从泛娱乐直播起步，培养孵化了一批优质的主播艺人，同年实现盈利。

为什么选择一直播作为首个入驻平台？一直播作为具有优质流量的直播平台，同时融入了微博成熟的社交生态，叠加短视频、秒拍、小咖秀，组成了一个可持续的移动视频直播生态。完整的生态完成了从流量导入、内容多元化分解到粉丝回流沉淀的闭环，并且还可以通过微博实现内容变现。一直播通过融入微博实现多元商业化的同时，微博也借助短视频与直播重回社交平台的巅峰。

无忧传媒在一直播平台稳定了第一的位置后，继续挖掘多平台的流量，开始进驻具有腾讯流量的 NOW 直播和依靠短视频起步的抖音平台。在一直播搭建起来的独有的成熟招募、运营体系，使得无忧传媒在腾讯 NOW 和抖音上也取得了优异的成绩。

从 2016 年至今，直播业务发展的市场增量让无忧传媒更加确定移动端的视频互动一定会成为主流，更多元化的模式和玩法值得去探索和挖掘。直播将向更加专业化的方向发展，用户将对内容有更高的期待，无忧传媒将在优质内容的生产上付出更多的努力。

2. 短视频内容制作及商业化运营

内容为王的时代到来，无忧传媒再次把握住了机会。抖音的出现，带动了整个短视频行业的迅速崛起。短视频能够有效弥补直播在内容上的缺失，一个话题可以衍生出更多的内容，满足用户的好奇心。在直播热度逐渐冷却趋于平稳的当口，越来越多平台开始增加短视频功能，通过高质量的短视频内容快速抓住用户，更加有效地留住粉丝及流量。无忧传媒 2017 年底启动短视频业务，开始孵化短视频达人和账号，正式从第一阶段做人的 IP 跨入第二阶段做内容的 IP。用时 10 个月，无忧传媒做到了抖音 MCN 第一，同年孵化出了短视频超级现象级达人多余和毛毛姐。

无忧传媒短视频业务板块现包含：短视频艺人养成孵化、短视频内容策划与制作等。无忧传媒制作的短视频主要在抖音平台发布，内容包含语言类、美食类、幽默搞笑类、美妆类、歌舞才艺展示类等多种类型。同时，无忧传媒自制 PGC 短视频内容频道，包括：《无忧 TV》、《等你懂我》和《林轩成》。

无忧传媒重视内容和人的精细化运营，从发现人—匹配人设定位—阶段调整人设定位—商业化变现能力开发，沿着此路径，成功孵化了多个百万级粉丝量的头部达人，且全部实现了多渠道的商业化变现。无忧传媒现已签约达人、主播超过3万人，头部达人稳定增长，"腰部"群力量坚实，潜力新人不断挖掘，内部形成了良性的竞争和晋升生态。

2019年是无忧传媒短视频和商业化收获的一年。这一年，无忧传媒连续10个月获得抖音MCN第一，同年再次孵化出全网现象级达人大狼狗郑建鹏和言真夫妇。

爆款内容可以短暂地吸引用户，持续输出优质内容才能留住用户，转化成为粉丝，最终实现私域流量的变现。无忧传媒秉持着为用户创造更多优质内容的初心，一步步夯实团队内功并实现多元化发展，努力为互联网新媒体行业输送更多优质的、正能量的内容和艺人。

无忧传媒已实现与超过30种品类下超过500个品牌的合作，收获了良好的口碑。合作品类包含美妆、3C产品、App、汽车、快消等，2019年承接项目案例超过3000个。

3. 电商

移动互联时代，网购人群突破10亿。2019年"双11"全天淘宝直播成交额近200亿元，超过10个直播间引导成交金额过亿元，直播成为当下最强劲的带货方式。自2020年2月以来，新入驻淘宝直播的主播数量较上个月同期增长了10倍。知名机构尼尔森日前发布报告称，67%的零售商表示将大力拓展线上渠道。

无忧电商板块2017年启动，从淘宝店铺直播切入。截至2019年，无忧传媒位列淘宝店铺直播服务商第一位（见表1），服务绫致集团、森马集团、鄂尔多斯集团等多个大型集团旗下全部品牌，2019年"双11"当天为店铺带来营收超过7000万元。无忧电商与宝尊电商、谦寻都达成深度战略合作，未来将在淘宝直播为更多品牌、店铺、集团客户提供优质的服务，创造更大的营收。

表 1 淘宝直播代播服务商排行榜（天猫商家维度）

排名	服务商
NO.1	无忧传媒电商
NO.2	武汉迅视达文化传媒有限公司
NO.3	蚊子会直播基地
NO.4	刺猬自媒体
NO.5	泛银文化直播基地
NO.6	雅鹿聚力直播基地
NO.7	简橙电商
NO.8	葳拉基地

注：数据统计周期为 2019 年 12 月 23 日~12 月 29 日。

4. 艺人经纪

2016~2019 年，无忧传媒完成了对人的 IP 的探索和发展，从成立之初的网红经纪公司，现已经全面升级为互联网型经纪公司。直播、短视频、电商等新媒体渠道的曝光变现模式，让更多有才艺的人和优质的内容获得更多渠道，以更快的速度呈现给用户。传统的电影、剧集、演出受资源、场地、资金等条件的限制，艺人的曝光渠道相对单一，内容的制作成本相对较高、周期相对较长，变现的速度也相对缓慢。越来越多的明星、艺人关注到了网生艺人崛起和网生内容传播的速度之快，纷纷寻求 MCN 合作。

无忧传媒的优势就是对人的精细化运营，秉持"发现人、孵化人、提升人、尊重人"的人本文化，启动"艺人网络化、网红艺人化"的双向孵化。

三 无忧之强

无忧传媒自成立之初就拥有领先的战略眼光和布局，不拘泥于单一业务板块和垂直领域，先后在多个业务板块布局，多元化探索发展，并验证了不同类型的盈利模式。从成立之初的20人团队发展到如今的1000多人，无忧传媒稳扎稳打、小步快跑，奠定了领先的行业地位。无忧传媒连续三年业务保持高速增长，成为国内第一家互联网型经纪公司。2016~2019年，全国员工规模增长49%，拥有直播事业部、短视频事业部、电商事业部、音乐事业部、游戏事业部、艺人经纪事业部、广告与商业化部等业务部门，以及财务部、人力行政部、投融资及战略合作部、市场公关部、政府关系部、信息系统部、董事办等中后台部门，公司体系架构逐步完善。2019年，无忧传媒直播业务板块、短视频内容制作和商业化运营变现业务板块均保持行业领先，收入较上一年实现了翻倍式增长。无忧传媒变现渠道见图1。

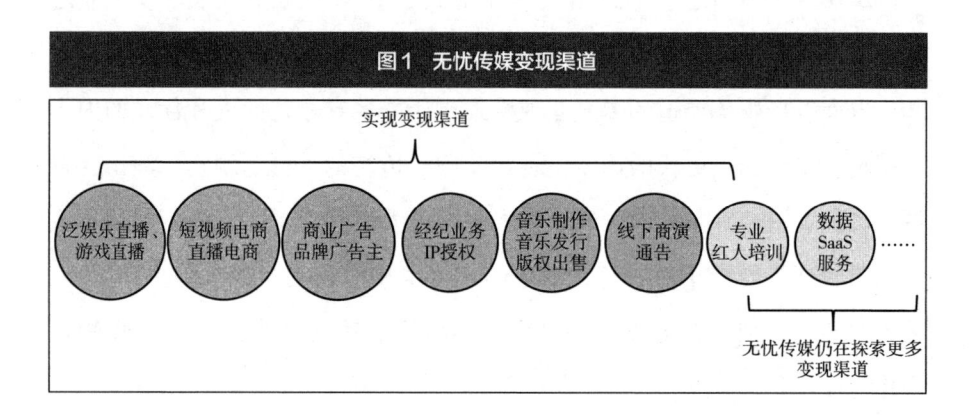

图1 无忧传媒变现渠道

实现变现渠道：泛娱乐直播、游戏直播｜短视频电商、直播电商｜商业广告、品牌广告主｜经纪业务、IP授权｜音乐制作、音乐发行、版权出售｜线下商演通告｜专业红人培训｜数据SaaS服务｜……

无忧传媒仍在探索更多变现渠道

无忧传媒始终不忘初心，务实前行，永不言弃，乐观进取，充分帮助每一位艺人和员工实现成长价值、经济价值、社会价值。无忧传媒自建百人星探团队，自主研发了高效的多渠道艺人招募体系、科学的新媒体内容制作体系、金字塔型的互联网艺人孵化培训体系。在内部体系稳健运行的基础上，实现业务高速增长。与此同时，公司也先后为旗下优质达人IP和自制PGC内容IP注册了商标，保护公司的知识产权。

1. 招募体系

无忧传媒自建百人星探团队，遍布全国，招募时并不局限于高颜值，更注重对才艺、情商、价值观等多方面的考量，招募达人类型更加多元化。招募渠道集合线上、线下，同时联合诸多高等院校相关专业，实现人才共建。无忧传媒的行业口碑获得了合作平台的认可，官方的资源推荐和联合运营也为人才招募贡献了诸多优质资源。从 2019 年开始，无忧传媒也启动了和传统经纪公司的战略合作，布局"艺人网络化、网红艺人化"的双向孵化战略。同时，无忧传媒拥有行业最优的提成政策。

2. 多元的承载能力

不同于其他的 MCN 公司，无忧传媒拥有更强的承载力和包容性。旗下达人多余和毛毛姐，60 万粉丝时签约无忧传媒，后凭借"好嗨哟"爆红，经过 2 个月的人设确定和内容运用，涨粉 2000 万；抖音佛系美食类达人麻辣德子，3000 万粉丝时签约无忧传媒，无忧传媒为其开发电商直播、商品 IP、达人店铺等多元变现模式，实现从内容到商业化的升级；抖音寸头男神、歌手李昊佑，从零粉丝启动到近 600 万粉丝，无忧传媒为其同时运营短视频、直播、原创音乐制作等多个板块，将其向全方位综合艺人的方向打造。

无忧传媒不仅拥有从零孵化的能力、制作爆款的能力，也拥有"高粉"商业化开发的能力。运营人是科学，也是艺术，需要发现人身上的特性，从而进一步挖掘人设的市场稀缺性，这种稀缺性是不可复制的。

四　无忧策略

1. 优质艺人持续孵化

优质艺人是无忧传媒的重要资产之一，是优质内容的载体，是粉丝追随的意见领袖。无忧传媒将继续招募、孵化、培养优质的艺人，持续分享优质的内容并宣传积极的价值观。

2. 深耕优质内容创作

优质内容吸引用户、留住用户、转化用户。无忧传媒不断完善其内容制作能力，研究热点、制造话题、创造内容、传播内容，提升用户的留存率和转化率，实现内容的商业化价值。

3. 挖掘新型营销模式

内容商业化的变现，现在主要集中在品牌广告和内容电商。无忧传媒不断探索社交营销、短视频营销的创新模式，沿着人的 IP—商品 IP—内容 IP 的发展思路，优化自身的营销矩阵，在保持现有业务稳定增长的同时，丰富盈利模式。

4. 战略伙伴合作发展

无忧传媒将以更开放的心态面对行业的变化。MCN 在中国，作为一个刚刚兴起的行业，蓬勃发展不能单靠个体的强大，行业优秀参与者携手并进才能引领全行业进步。无忧传媒将联合平台、客户、合作伙伴、艺人等多方参与者，建立各项战略合作，为中国 MCN 行业生态的良性发展贡献力量。

五 无忧荣誉

无忧传媒体系里独有的孵化机制和商业变现机制，一直在行业里是领先的，所获荣誉见图2。

图2 无忧传媒所获荣誉

- 微博十大影响力直播机构
- 抖音短视频MCN第一机构
- 淘宝直播金牌机构
- 超级红人节十大红人机构
- 微博一直播第一公会
- 中国演出行业协会网络表演分会常务理事单位
- 中国互联网消费商业力量
- 腾讯阳光媒体人
- 中国网络直播行业年度品牌公会
- 中国直播行业菁英奖年度最具影响力公会
- 三声年度文娱新锐公司
- 腾讯视频MCN影响力榜单Top 10

无忧传媒以短视频内容制作和 IP 孵化为基础，不断探索并深耕新媒体艺人养成、新媒体内容创造和互联网渠道变现领域，一步步夯实企业发展基础并实现多元化发展，努力为互联网新媒体行业输送更多优质的、正能量的内容和艺人。

六　无忧未来

2016 年至今，整个网红经济市场发生了翻天覆地的变化。"直播＋X"趋势将进一步发展，在线直播向细分领域拓展，例如垂直市场中的电商、教育等，内容垂直化更加明显。在线直播内容与形式多样化发展，满足用户的多元化需求，商业模式继续创新，在线直播的商业价值将得到进一步开发。

未来直播将更加"出圈"，在线直播更加日常化、生活化。由于技术的成熟，媒体信息将更加强调动态、实时，在线直播在媒体上的渗透率将增加，互联网用户的参与度以及直播的关注度将进一步提升。

在线直播将逐步实现专业化运营，主播生态建设将更加完备。在线直播行业将更加注重精细化与专业化运营，产业链布局将更加齐全完善。平台要通过产品与形式的创新立足自身的差异化特点，避免陷入内容同质化，通过加强主播生态的构建等举措，强化平台优势，在激烈的竞争格局中赢取用户。

在线直播市场将下沉发展，用户下沉是近年来互联网发展的关键点之一。对于三四线城市的用户，娱乐方式较少，而空闲的娱乐时间较为丰富，加强对该部分用户的挖掘，可以为在线直播开辟市场空间。在线直播市场下沉发展，也将推进在线直播在内容与形式上的创新。

电商直播势头强劲，在线直播助力卖货。传统电商流量红利风口已过，而在线直播的实时性、互动性极大地增强了用户体验，降低了用户在电商购物中的不确定性，增强了用户的消费冲动，提升了转化率。未来电商直播将继续发展，主播会利用自身的口碑及社交关系，形成用户沉淀，从而在电商直播中脱颖而出。

无忧传媒的业务布局会根据当下行业的发展趋势，更加注重细分垂直类的内容，运营更加精细化，更加贴合当下市场的变化。回望一路走来的艰辛，无忧传媒无疑是幸运的。三年的积累与沉淀之中，恰逢中国互联网、移动互联网行业高速发展，中国新媒体影响力持续增强的时代红利，这也让无忧传媒开始认真地思考如何去创造新媒体的风向标，如何去更好地实现作为内容创造者的价值。

无忧传媒是一家新晋"互联网+"经纪公司，依托于成型的主播运营管理模式和强有力的艺人塑造培养能力，致力于打造全新的整合营销服务模式。公司肩负着引导全网用户良性发展的社会责任和提供专业服务的使命。无忧传媒将跟随行业的发展，夯实业务基石，持续迭代创新，致力于成为国内网络内容缔造者的领头羊。

巅峰智业:
开启创新发展之道

巅峰智业2001年成立于北京，作为一家旅游智力服务企业，已经走过了近20年的发展历程，其中经历了创业的不易，成长的艰辛，收获的喜悦……

巅峰智业在整个创业发展过程中有三个主要的经验，一是助力客户，为客户创造价值；二是成就员工，为员工成长创造环境；三是坚守使命，用匠心经营企业。

一 助力客户，为客户创造价值

客户是企业发展的基石和命脉，是企业创利的源泉和动力。巅峰智业一直以客户为核心，以同理心找到游客的痛点、诉求、渴望，并为之创新变革，创造价值，实现用价值打动客户，用专业取信客户，用态度感染客户，用服务说服客户，用情感感动客户，用真心成就客户。

大众旅游的需求。巅峰智业成立之初，大众旅游开始火爆，如何做好旅游，如何提升旅游品牌，如何形成游客发展和旅游收益的正向循环是当时各地发展面临的困惑。在这样的背景下，规划成为非常重要的事情，没有好的策划规划就难有好的发展。

巅峰智业在2000年开始酝酿和筹建。最初成立的"达沃斯巅峰"希望可以"高屋建瓴、追求卓越、智造旅游、直达巅峰"；希望可以本着高度的社会责任感，致力于只留遗产不留遗憾，致力于为中国旅游投智；希望中国能够出现一批像达沃斯这样顶级的旅游目的地。

巅峰智业最早在国内提出了旅游智业。中国幅员辽阔、山河壮美、资源丰富，但在快速的工业化和城镇化进程中面临巨大的压力，迫切需要调整发展理念，创新发展路径，精心开展规划。推进了"一带一路"倡议、世界遗产规划、国家旅游扶贫试验区规划、国家级生态旅游示范区项目、公共服务规划等一批有影响力的项目，打造了多彩贵州、大美青海、清新福建等一批知名旅游目的地，获得了原国家文化部颁发的"国家文化产业示范基地"称号。

景区管理的需求。中国旅游业的发展起步于旅游景区的发展，一个国家或地区的旅游景区发展水平，是衡量其旅游业综合影响力和竞争力的重要指标。2005~2006年，景区的服务质量、安全管理、建设营销以及发展效益等方面都有很多不足，破坏性建设、同质化开发、管理服务意识和水平低下，特别是在整个行政管理体制下，景区发展的市场活力和营销动力明显不足。所以，针对景区开发运营四个方面的困惑，巅峰智业提出专业化景区连锁运营管理输出模式，致力于打造中国景区运管界的"希尔顿"。

巅峰智业秉承着"为中国旅游景区提质增效"的使命，成功创造了"3年26倍增长的周村速度""一年创建5A的黑山谷现象""三年大变样的龙宫品质"等行业榜样，培养了数百名景区运营管理人才，并荣获了多项国家级荣誉。

2017年，巅峰智业与华侨城集团联合成立华侨城旅游投资管理有限公司（以下简称"华侨城旅投"），并于2018年出任董事长单位。华侨城集团是96家央企当中的文化旅游领头羊，总资产近5000亿元，致力于成为中国全域旅游的示范者和文化产业的领跑者。截至2020年初，巅峰智业及华侨城旅投累计运管景区百余家，其中有湖南东江湖、福建清源山、山西平遥古城、云南大理古城、重庆云阳龙缸等近30家国家5A级旅游景区，运营成效显著，培养了近千名景区高级管理人才，提高了旅游从业人员素质，景区所在区域旅游基础设施和公共服务设施得到全面提升，促进带动了区域经济发展，并荣获多项国家级荣誉。

景区运管是我国景区发展体制机制变革创新比较重要的途径，能够通过金牌管家服务、驻场专业服务，在很短的时间内让一支"杂牌军"变成"正规军"，再让"正规军"变成"王牌军"，帮助景区进行标准化运营管理，帮助景区增流、增收、提质、整合，帮助景区利用智慧云平台实现多业态产品管理、渠道分销、规范管理、营销自动化、服务会员、体验升级等，帮助景区加大对集多功能于一体的新型城镇化示范区、旅游度假目的地、文化产业基地、旅游小镇的创新投资。

互联网时代的需求。科技进步加快行业变革，互联网时代的来临给旅游企业提出了更高的发展要求。

首届中国旅游信息化发展论坛、第一份全国旅游信息化发展报告、中国智慧旅游一体化解决方案，以及北京市、天津市、四川省、福建省等地方的旅游设计是巅峰智业在智慧旅游行业的一些探索举措。随着数字科技、物联网、智能手机的普及应用，巅峰智业也推出了面向游客的"一部手机游"以及面向旅游管理者的动态管理服务体系，让智慧旅游真正发挥应用价值，为行业贡献智慧和力量。

互联网科技的普及也给营销带来了机遇，海外营销、网络直播、短视频营销、峰会链接以及新媒体营销方式等都让旅游品牌内容更易传播。巅峰智业推进了四川省和福建省的海外网络营销工作，河南省新媒体整合营销，为成都、杭州、大连、烟台、九江、咸宁、攀枝花、涪陵等众多知名旅游地提供旅游营销咨询与项目执行服务，力求让旅游营销更贴近市场，更贴近游客。2020年初，新冠肺炎疫情重创文旅行业，巅峰智业"疫"不容辞，积极开展"文旅振兴、你我同行"系列公益活动，在3~5月成功举办了六场文旅振兴公益直播大会，并启动了"文旅巅峰荟"互动直播课，总规模达1000余万人次，获得业界普遍好评。

民营企业发展的根本在于能够真正地创造价值，能够满足不同阶段的市场需求，其核心则是所应用的商业模式、所提供的服务、所生产的内容能够真正地创造价值。每个发展阶段都有风口，关键在于能否在这样的风口上真正培育自己的核心竞争力。

在战略上不断地颠覆和创新。从单纯旅游规划到"一体两翼"再到"策划规划、产品建设、落地运营、营销执行"的"四位一体"一站式全程服务，希望能够推进行业发展更落地。巅峰智业的愿景是让14亿人旅游更美好，让文旅发展少走弯路，相继牵手华侨城、云锋基金、中旅集团等进行深度战略合作，催生了华侨城旅投、巅峰文旅、中视巅峰等一批创新突破型公司，连续四届举办中国文旅产业巅峰大会，以资源导入、资源匹配作为发展核心，希望能够为旅游行业主体提供与资源对接、碰撞、融通的平台。

在研发上不断地颠覆和创新。注重行业思想库的建设，提出了旅游"12头"、营销"36计"、规划真经"降龙十八掌"、文旅融合"六脉神剑"、"五好"乡村、景区"三板斧"、夜经济"六夜"、全域旅游"六全"、旅游型城镇化等一系列理论和模式，出版了《刘锋讲旅游》《刘锋讲旅游 文旅新探索》《大转型》《图解全域旅游理论与实践》《图解文旅特色小镇开发理论与实践》《图解乡村振兴战略与旅游实践》《图解夜游经济理论与实践》等巅峰书香系列丛书，承接了旅游法、景区最大承载量、乡村旅游标准、世界旅游发展大会等科研专业课题。

在产品上不断地颠覆和创新。提出规划产品要从过去的教科书式的旅游规划转变为操作手册式的旅游规划，要做落地导向的规划、营销导向的规划、投资导向的规划、运营导向的规划，规划不是提一个口号、做一个文本、讲一套概念，而是真正解决文旅发展存在的问题。针对文旅行业精品内容不足，巅峰智业推出了一系列内容产品，包括国内首创的5D光影秀，已经成功落地的济南"好汉山东"光影剧、安庆"天仙配新传"、佛山"顺德华侨城空间秀"、承德"满秀"、连云港"天海传奇"、张家口"巅峰震撼——西游归来"等多个项目，其中"满秀"荣获中照照明奖工程设计奖一等奖；巅峰智业旗下旅豆学堂于春节后立即推出"共助文旅 抗击疫情：精选文旅课程免费赠送文旅人"的"空中课堂"抗疫公益行动，同时为14个省文旅厅和几十家文旅企业提供文旅知识服务，联合发起单位260家，总参与单位2000多家，总参与人数近30万人，提供免费课程服务超10万分钟，贡献的市场价值过亿元；推出"峰物文创"品牌，不仅成功打造欢乐谷香格里拉宝贝IP系列等产品，还发起成立了"峰物优选"

联盟，积极促进商业布局优化，拉动旅游消费；此外，还成功落地了松鼠森林、绿心童乡、欢乐星球等系列产品，全面助力文旅产业创新发展。

二　成就员工，为成长创造环境

人才是企业发展根基，巅峰智业高度重视人才的赋能培养，将人才培育体系作为提升企业永续竞争力的核心利器，实现了从管理员工到赋能员工到支持员工，再到成就员工的赋能升华。

构建了多层级、多元化、多领域的培训体系。巅峰智业根据员工学历背景、行业经验、工作职责的不同，设置新员工培训、业务技能培训、管理技能培训、通用技能培训等多维度课程体系；根据员工对于不同专业领域的学习需求，公司定期邀请行业内外大咖进行前沿的专题培训，定期组织对国内外经典旅游项目、标杆企业等的考察活动，为员工开阔视野和提升格局提供帮助。此外，巅峰智业还研发了内部学习考评互动平台和旅豆学堂在线教育平台等，有内容、有考核、有激励，真正做到了赋能员工。自2007年以来，巅峰智业与二外旅游管理学院签署的"巅峰智业奖学金"也已经走过了12年，希望能够为行业人才的培养尽到企业责任。

构建了能者上、强者上、适者上的成长晋升环境。"给想干事的人机会、给能干事的人舞台、给干成事的人位置"这是巅峰智业一直以来秉持的培育激发人才原则。巅峰智业打造了科学合理的人才晋升通道，为员工提供"专业+管理"纵向发展和"技术+销售+职能"横向发展相结合的职业发展通道，并设置了科学、合理的考核激励体系，科学考量员工业绩，优化员工队伍，同时给员工更多冲锋上阵，展现自我的机会，使员工在实战中历练并得到成长。

构建了高效智能、创新协作的人才成长支撑平台。建立有力中台，研究院是提供专业技术支持的"弹药库"，运管部是确保企业效率的"动力库"……可以说中台是前台员工在冲锋陷阵时最强有力的补给。另外从2002年起,巅峰智业就开始进行企业的信息化建设,先后建成了基于PC端及移动端的OA、智库云库等系统,审批流程实时高效,信息分析快速准确,移动办理不受空间局限,流程消息提示把控准确,也为员工的高效工作提供了支撑。

三 坚守使命,用匠心经营企业

很多人误认为旅游好玩儿也好干,是诗和远方,但做文旅本质更像去西天取经,其中有太多的坑和坎需要跨过。仅从各方发展诉求而言,资本追求的是资金的快回报,政府追求服务民生的政绩体现,这与旅游业本身投资规模大、回收周期慢形成了"两快一慢"的矛盾,这是一个非常大的难题。旅游行业的发展绝不能浮于表面,浮躁与快进只能形成粗放式的旅游产品。总体而言,旅游业进入门槛低,但内涵外延广,做精做优做强特别不易,它是一个需要情怀和温度的产业,更是一个需要实力、耐力和内力的产业,是一个需要系统升级、匠心运营的产业,只有沉下心来,十年如一日,打磨精品,才能够匠心铸造经典。文旅企业不好做,文旅的民营企业更不好做,资金、技术、人员、模式、管理无一不考验着企业的经营能力和水平,因此梦想的引领、专业的团队、执着的追求才能守得云开见月明,才能发展好旅游民营企业。

用梦想与使命引领。巅峰智业成立之初就有这样的梦想,希望能够做成一个令人尊敬的企业,能够真正地培育一流的人才,建设一流的企业,创造一流的作品,让旅游更加出彩、更加美好,"美丽中国巅峰智造"是巅峰智业不变的初心。

打造专业与精诚的团队。巅峰智业一直有一支精诚团结的队伍,不管遇到多大的风浪,始终秉承共同的价值观,不断学习精进,不断创新成长，不断为行业创造价值。

  坚持认真与执着敬业。巅峰智业在发展过程中经历了很多挫折，经历很多失败，也想过放弃，但是巅峰人坚持下来了，这样一种坚持确实需要很多付出。一年里多的时候有 300 多天出差，跟家人在一起的时间显得尤为宝贵。但是这样的一种过程又很幸福，因为把兴趣变成了工作，把工作变成了生活，又把生活变成了事业，这样的人生非常有价值。

  来从脚下去何方，道是山高水又长。紧跟时代脉搏，不断更新理念，不断提供满足市场需求的产品和服务，不断变革创新高效的模式与路径，不管路途如何艰辛，巅峰智业都将坚持梦想，与客户、员工携手前行，共同缔造中国文旅业美好的未来！

新湃传媒：
用"90后"的语言
讲述中国故事

2019年夏天,贵州新湃传媒有限公司(以下简称新湃传媒)制作出品的国风古装巨制《陈情令》成为全亚洲现象级的华语电视剧,在媒体、"90后"群体和海外受众中收获一致的肯定和高度评价。《陈情令》的成功,来自新湃传媒长期坚持的"孵化头部IP,联通产业全生态"的发展模式和推动中国文化"走出去"的炽热初心,为中国影视文化产业发展开辟了新路径,提供了新思路。

一 新湃传媒发展历程

新湃,意为新浪潮、新潮流。回顾新湃传媒的发展历程,不难发现,新湃传媒自始至终带着鲜明的国际化、产业化、年轻化印记,致力于引领传媒行业的风尚与潮流。

(一)起家于"韩流",专注艺人经纪和演唱会业务

新湃传媒成立于2015年4月,从代理韩国艺人在华经纪业务起家,是国内最早做"韩流"文化引入的企业。后来,在当时中韩文化交流大背景下,公司原有的韩国偶像代理业务难以开展,于是凭借早期与韩方接触中积累的大量承办演唱会的经验和人脉,2017年公司业务转向演唱会承办。继2017年初承办了权志龙在欧洲的巡回演唱会后,又承办了两场EXO在美国纽约和洛杉矶的演唱会,在年末主办了Bigbang成员太阳在亚洲的巡回演唱会。2018年新湃传媒主办了"李宇春2018"巡回演出,为了保证品质,公司在演唱会的利益上做出了很多让步。为了达到预期演出效果,李宇春演唱会的舞台重达20吨,单场舞台布景造价达400万元。如此高频率地承办中外顶级艺人的国际演唱会,也显示出团队较高的执行力和运营能力。

（二）回归初心，围绕优质 IP 精耕细作

在经过四年的积累后，公司决定把主动权掌握在自己手里。2018 年，公司开展了两类新业务。一是建立自有偶像练习生体系，进行全球练习生招募，因为艺人是能够激活整个泛娱乐链条的核心 IP 之一，掌握艺人经纪不仅更具有话语权，还能通过影视剧、音乐、综艺、广告等多路径变现，这与新湃传媒最初的娱乐集团设定相符合。二是储备并开发优秀 IP，如《魔道祖师》《你微笑时很美》《梦开始的地方》《大投行家》《国土安全》等，同时围绕精品剧集实现全产业链开发，最大化获取 IP 价值。

（三）重视管理，构建"中后台+业务部门"高效管理架构

新湃传媒创始人王鑫介绍过公司的管理流程，制片人贯穿项目始终，对项目发起、编剧、制作、宣传、发行等各个流程进行统一管理。而和传统影视公司以前台人员为主所不同的是，新湃传媒在公司管理上启用"中后台"概念，前台员工（如选角、灯光、布景等负责人）会对应好几个中后台员工，由中后台员工对其进行预算控制、供应商管理、KPI 监督与考核等，实现标准化流程管理。这种管理方式不仅能够提供更多的监督和审核，保持公司的节奏把控和预算控制，避免出现娱乐圈的很多乱象，也能够在未来规模扩张时有条不紊，因为有坚实的中后台做后盾。

目前新湃传媒已经完成好几轮融资，经过 2016 年 1000 万元的 Pre-A 轮融资和 2018 年 5 月前海兴旺和泰有基金的 1 亿元的 A 轮融资，有充足"弹药"的新湃传媒除了已播的《陈情令》外，还有好几个剧在筹拍，初步夯实了迈向影视领军企业的能力基础。

二 透过《陈情令》，解析新湃业务模式和特色亮点

（一）树立了 IP 全产业链运营的新标杆

在影视板块，新湃传媒拥有国内最专业的"网生代"IP 开发团队，先后与腾讯视频、优酷及全球流媒体巨头网飞（Netflix）联合打造新生代网络巨制《陈情令》和《你微笑时很美》。其中，《陈情令》2019 年夏天在腾讯视频独家开播以来，以其充满侠义精神和家国情怀的故事内核，跌宕起伏、引人入胜的剧情线索，充满东方美学和国风古韵的视听效果，取得了亮眼的播出成绩。该剧网络播放量逾 81 亿次，稳居各大主流收视榜单第一名。

围绕《陈情令》衍生的两部网络大电影，首部于 2019 年 11 月在爱奇艺平台上线，上线当月票房分账近 2000 万元，成为 11 月票房冠军；第二部已于 2020 年 3 月下旬上线。同时，青春励志和热血电竞题材的超级 IP《你微笑时很美》也已于 2019 年 12 月开机。

在游戏板块，新湃传媒的游戏核心团队成员均来自腾讯、完美世界、西山居等知名游戏企业，曾参与开发《仙剑情缘 3》《封神榜》等多款爆款游戏。目前公司主要游戏作品为《陈情令》同名手游，已与网易达成发行计划，预计 2020 年第二季度上线，初步预测总流水将超过 10 亿元。

在音乐板块，新湃传媒发行的《陈情令》国风音乐专辑销售额突破 3000 万元，成为 2019 年畅销影视音乐专辑。

在线下活动方面，新湃于 2019 年举办的《陈情令》泰国演唱会和南京演唱会更是吸引全球几十万粉丝在几秒内将 3 万张门票抢购一空，这也证明了"华流"的影响力。公司已签有一些新生代、实力派、高潜力艺

人,还打造了以国风为主的少年团体,预计公司将于2020年举办全球巡回演唱会28场,2020年春节已在泰国成功举办了第一场。

在IP周边产品上,《陈情令》品牌衍生品已成为畅销的影视周边品牌,淘宝店铺位列同品类综合排行榜第一名,单月销售额突破2000万元,2019年全年销售额突破1亿元。通过《陈情令》IP赋能的一款口红,全网的销售额达到了7500万元。

在带动文旅方面,《陈情令》IP强势带动了拍摄地贵州的旅游业。据黔南州委宣传部统计,自2019年6月《陈情令》播出以来,其拍摄地都匀市6~10月旅游总人次为2073.28万,同比增长36.14%;旅游总收入为177.62亿元,同比增长44.43%。都匀经济开发区(含影视城)6~10月旅游总人次为241.62万,同比增长17.5%;旅游总收入7.29亿元,同比增长19.84%。螺蛳壳景区(《陈情令》主要外景地)旅游人数增加20万人,同比增长65%。《陈情令》大结局拍摄地——都匀螺蛳壳大天落水瀑布(滴水岩水库),原本只是取景的一处荒山,如今被各地慕名而来旅游的粉丝硬生生走出了一条路。目前,百度上搜索"陈情令取景都匀",相关资讯文章已达16600篇。在群山环绕的贵州,如今因为《陈情令》取景,这座从来无人问津的小山头,成为网友们热爱的打卡地。

(二)"国剧出海"的新高度

在影视出海亟待提质升级的时代背景下,《陈情令》精彩上演"破圈"行动,以惊艳的线上线下表现,走出了一条"出海"新路。

一是强势"霸屏"各地主流媒体。《陈情令》在泰国、越南及中国台湾等地一经上线,便成为YouTube等社交平台"刷屏"的关键词,在海外权威评分网站"Mydramalist"评分高达9.2,成为亚洲评分第一的剧集。

在泰国最流行的新媒体平台YouTube上,《陈情令》播放量远超同期热播韩剧《德鲁纳酒店》、泰剧《吹落的树叶》和日剧《轮到你了》。在

Tumblr平台全球电视剧热度排名榜单中，《陈情令》成为唯一入围"全球Top50电视剧"榜单的国产剧，也是首部登上该榜单的中国电视剧。《陈情令》不但将正能量的中国故事讲进了年轻人心里，引发受众特别是年轻一代对国风的崇尚，还将中华文化和东方美学传播到了世界各地，推动了中国文化"走出去"。在日本、韩国、柬埔寨、新加坡、北美等国家和地区，《陈情令》已被海外网友自发翻译成十多种语言，掀起了"中国风"热潮。

二是在社交媒体上稳居讨论量榜首。在推特上，《陈情令》热度和话题度居高不下。在泰国播出期间每逢更新必上泰国推特热搜，与剧集以及剧情内容相关信息频频登上泰国推特趋势榜首。《陈情令》2019年7月12日在中国国内举办线下粉丝见面会的相关话题登顶泰国推特话题热搜榜，大结局的相关话题登上推特世界版热搜第1位，《陈情令》团队在泰国举办见面会的消息也曾登上推特世界版热搜第13位。在Instagram上，《陈情令》同样以280万的社交讨论量保持压倒性优势。相比之下，韩剧《德鲁纳酒店》社交媒体讨论量为190万，泰剧《吹落的树叶》讨论量为133万，日剧《轮到你了》则为80万。

三是推动国产新媒体平台扬帆出海。2019年6月，腾讯在泰国推出了视频流媒体服务平台WeTV，通过提供来自腾讯企鹅影视的泰国配音中文原创内容，以及与当地合作伙伴创建的内容来拓展东南亚市场。7月，《陈情令》登陆该平台，借助该剧热播效应，WeTV一度冲上Twitter泰国热搜榜第1、全球热搜榜第9，播出期间同步增加了300多万泰国本土用户，每日收视时长超过90分钟，迅速超过了泰国当地排名靠前的Viu TV覆盖量，同时促成WeTV与多家泰国当地主流媒体达成深度合作，预计2021年将赶超网飞在泰国的覆盖量。在《陈情令》强势"助攻"下，WeTV已在泰国、越南、印度尼西亚、印度、菲律宾和中国台湾落地，成为这些国家和地区（除中国台湾）首个专门提供中国大陆内容的流媒体服务平台。

四是通过多元化落地活动助力民心相通。《陈情令》泰国见面会热度空前，官方售票通道一经打开，16万人几秒内将1万张门票抢购一空，且泰国观众占比80%。除为正在遭受水灾的泰国灾民捐款60万泰铢外，《陈情令》见面会期间主创人员还专门为灾民录制加油视频，受到当地媒体和民众热烈关注和广泛好评，得到包括泰叻报、TNN、Dailynews、Naewna、Komchadluek、Nineentertain等在内的多家泰国媒体的报道，在中国国内微博热搜量也突破70万次，使这座影视桥也成为一座民心联通之桥，再一次拉近了两国民众的距离。

（三）开启了面向网生代文化传播的新路径

《陈情令》之所以能够成为全球范围内现象级的、影响力较大的华语剧集，关键在于其鲜明的"网生代"文化印记，使其能够广泛吸引海内外年轻群体。在当今社会，"网生代"文化早已不是一种小众亚文化，而是正在成型中的主流文化，年轻群体也已经成为网上舆论的主力军。因为他们是彻底在网络信息时代成长起来的一代人，能够熟练使用网络，有着更强的信息获取能力和更广阔的国际视野。从"95后"喜爱的影视作品来看，近期热播的《陈情令》和先前流行的《琅琊榜》都是基于优秀的网络文学IP，经过优质的改编，制作精良，以独特的水墨古风和正能量的价值内核、磅礴大气而又不失诗意的精美画面，成功打造的具有史诗风格与正剧品质的古装剧。

三 未来规划

总结《陈情令》的成功之处，不难发现，这与新湃传媒自身国际化、年轻化和产业化的基因一脉相承。未来，新湃传媒将继续深耕泛娱乐新兴产业全生态，厚植平台型业务模式，专注打造头部精品内容，并以优质内容为核心，在影视、音乐、游戏及周边衍生领域深入布局。

一是坚持头部精品战略，打造《你微笑时很美》《梦开始的地方1978》《大投行家》《国土安全》等重点面向年轻一代、面向全球的精品剧集和电影，并通过这些优质 IP 带活其衍生系列，最终建立起公司超强的 IP 孵化和衍生能力。

二是与海内外音乐人才进行广泛合作，加强优秀原创音乐作品创作生产，进一步完善全球化的音乐版权管理系统，加强音乐科技融合创新，打造国际化、专业化的全球音乐孵化和创作平台。

三是继续推动网络游戏研发与制作，打造国际化的 IP 游戏孵化基地，以《陈情令》系列 S+级游戏为代表作，进行国内国际深度运营，打造最成功的出海国风游戏，开拓海外市场。

四是着力推动影视 IP 衍生业务，重点开拓手办、美妆、出版物等周边产品，结合海内外电商，做强做大影视周边文化消费市场。

五是继续升级公司前中后台管理机制，打造聚能中枢、赋能平台、业务前端有机协同的发展架构，为公司长远发展保驾护航。

掌阅科技：
引领品质阅读

2008年成立至今十余年来，掌阅一直坚持深耕数字阅读领域，以打造有文化、有担当、有情怀的数字阅读平台为抱负，以传播中华文明、唱响中国声音为使命，积极参与国家文化建设。经过十余年发展，掌阅已经拥有存储海量图书资源的数字云端和超过1.4亿月活跃用户的平台，业务覆盖150多个国家和地区，并且成为中国首批在A股上市的数字阅读企业和"出海"的国内阅读品牌。

一 囊括海量图书资源，打造品质阅读平台

掌阅专注数字阅读十余年，是国内领先的移动阅读分发平台。目前已与700余家国内外优质的版权方合作，引进50余万册高质量的图书数字版权，拥有国内领先的内容资源，合作方包括人民出版社、高等教育出版社、中国作家出版集团、电子工业出版社、中国少年儿童出版社、清华大学出版社等。书籍类型涵盖文学、人物传记、艺术、经济、管理、哲学、法律、政治、军事、心理、历史、小说、社会科学等类别。

所有数字图书均由掌阅专业团队负责编辑制作，全流媒体数字化排版，图文混排，符合大众阅读习惯，让阅读成为美的享受。数字图书中包含丰富的名家资源。从2017年起，掌阅陆续全球首发或独家上线了《第七天》、《三体》、《冰与火之歌》系列全集、《围城》、《百年孤独》、《麦田里的守望者》简体中文版电子书、三毛14部作品全集、张爱玲作品全集、茅盾文学奖获奖作品《繁花》和《平凡的世界》（全三册）、诺贝尔文学奖得主奥尔加·托卡尔丘克和彼得·汉德克作品、国际畅销童书《小屁孩日记》系列中文电子版以及有声书，以及热门影视IP原著《长安十二时辰》等畅销书籍。2019年，掌阅独家策划的"品质阅读"系列打破了数字阅读平台现有书籍推荐规则，得到合作出版机构的高度认可，截至

2020年中已累计获得100多本独家书，包括《希腊史纲》《中国桥》《虚实之间》等。

二 打磨软件应用产品，提供品质阅读体验

在书籍阅读时，掌阅App提供了优质的阅读体验。

（1）翻页：支持多种翻页方式，模拟纸书的仿真翻页，让阅读体验更沉浸。同时支持左手翻页模式，让阅读体验更佳。

（2）字体：全套正版方正字体，随时切换字体，让精品书籍有更丰富的字体呈现方式。同时可以多档位调整字体大小和行距，满足不同用户的阅读需求。

（3）背景及夜间模式：多种阅读背景供用户选择，更有夜间模式让不同时间读书都有更好的体验。

（4）护眼模式：避免视觉疲劳，针对屏幕色值计算护眼阅读最佳解决方案。

（5）阅读背景音乐：提供阅读背景音乐，更便于沉浸在立体的阅读体验中。

（6）领先的排版引擎：每本书都经过专业编辑打磨，完美复刻纸书阅读体验。

在阅读内容上，支持文字、图片、音频、视频等多种富媒体内容，让阅读更加立体化。阅读过程中，可以随时记录笔记，沉淀读者的阅读心得，同时提供了书签、词典、翻译、搜索等多种阅读辅助工具。

掌阅App同时提供丰富的读后服务，提供完善的读书数据成果，展示用户的阅读数据，包括阅读字数、阅读时长、阅读速度、笔记条目等。还有读书报告，详细记录这本书相关的数据和个人的阅读沉淀内容，情感化体现用户的阅读轨迹。阅读后可以发布书评感受，可以进行用户间的互动

交流，如点赞、回复、分享、复制等快捷操作，帮助用户进行读后的表达，让读书与交流融会贯通，连接人与人、人与内容。

三 注重作者培育，引导品质创作

掌阅一直十分重视作者服务。在作者管理方面，签约的每一部作品都由专门的责任编辑进行维护管理，同时作者可以直接与主编和总编联系。针对重点作品，在创作过程中，会建立虚拟项目小组，对作者进行专项辅导；利用移动社交工具，定期对作者进行小范围培训，确保作者的创作导向不会出现偏差；每年举办一次作者年会，与优秀作者沟通公司的内容战略以及创作建议。与此同时，掌阅文学会定期对作者进行线上和线下的培训，并且针对不同类型和水平的作者，进行有针对性的培训，还会积极推荐作者参加鲁迅文学院和中国作家协会以及各省区市作家协会组织的培训，为作者提升创作水平创造条件。

通过建立完善的作者激励机制，掌阅文学为作者提供稳定的创作环境，支持作者进行优质创作，让作者在创作过程中尽可能地免除后顾之忧。同时，制定了完善的作者福利体系，包括签约奖、全勤奖、半年奖、买断激励奖、完本奖，根据作者创作情况和不同等级，给出相应的福利奖励。

同时掌阅文学通过签约头部作者，增加有品质的内容供给量，以提升平台影响力和竞争力，也为平台其他作者树立了标杆，形成精品创作的良性机制。目前，掌阅文学旗下签约作家超过 5 万人，签约数十名头部作者，签约作品超 7 万部。

此外，掌阅也通过举办投入高额奖金的"掌阅文学大赛"，大力挖掘优秀作者，孵化拳头 IP，并会大力推荐优秀作品，对其 IP 进行评估，考虑其后续开发。在第一届掌阅文学大赛中，洛明月的现实题材作品《荒魂塔克木》获得长篇组一等奖，该作品还入选了北京市新闻出版广电局"2017

年向读者推荐优秀网络文学原创作品"名单，目前已进入影视化制作阶段。在 2018 年 3 月举办的第二届掌阅文学大赛中，更多的现实主义题材作品脱颖而出。其中获得长篇组一等奖的《华丽的冰上》是国内首部以"花滑""速滑"两项热门冰上运动为主题的运动竞技类小说，配合冬奥会主题，体现了运动员对荣誉与理想的坚持，传递出积极向上的正能量，获得多家影视公司的青睐。

四　研发电子书阅读器，延伸品质阅读体验

在硬件电子书阅读器的研发方面，掌阅也在不断引领国产电子书阅读器发展潮流。

自 2015 年自主研发推出旗下第一款符合国人阅读习惯的 iReader 电子书阅读器以来，掌阅以高效的产品开发速度，目前已形成主打"轻阅读"的 iReader Light 系列、主打"为阅读发声"的 iReader A6，以及集合"听·读·写·画"的 iReader Smart 系列等满足不同场景阅读需求的阅读器产品，成为国产电子书阅读器研发的佼佼者。

2019 年 4 月，掌阅推出支持听书功能、可模拟真人朗读的 iReader A6，该款电子书阅读器搭载了 AI 合成发声引擎，利用领先的 TTS 技术，将书籍内容转换为清晰、流畅的高质量合成语音。用户可以瞬间将阅读器变身朗读机，用户可以选择以"听书"的方式，享受"声临其境"的乐趣。

同年 11 月，掌阅对另一款重磅产品 iReader Smart 进行了迭代升级，推出了 iReader Smart X 超级智能本，集听书、阅读、书写、绘画、笔记、分享等功能于一身，在保留了掌阅既往阅读优势的同时，还将笔记的输入及输出数字化，打造了一个智慧的内容交互平台。

2020 年 3 月 19 日，掌阅开发与量产出首款彩色墨水屏电子书阅读器 iReader C6。这款产品采用印刷式彩色电子墨水屏，可实现 4096 种色彩。

300ppi 的显示效果，色彩温润不伤眼，对于儿童绘本、艺术画集、带图解的专业书籍和资料文献等内容的展现效果可以说是提升了一个层次。该款产品的出现打开了一个全新的阅读世界，正式开启彩色墨水屏阅读器元年。

对电子书阅读器板块的填补，也一直被看作构建阅读生态的重要举措。掌阅硬件产品系列较全，能覆盖深度阅读及学习型群体，其产品创新和技术创新的能力也能够最大化强化终端用户体验。

五 探索线下阅读场景，助力全民品质阅读

在 2019 年 4 月 23 日世界读书日期间，掌阅联合中国铁路西安局集团有限公司、郑州局集团有限公司，以及厦门航空、联合国共同推出了"423 一起读"系列主题活动，首次在全国范围内发起交通场景阅读体验活动，鼓励民众在铁路出行和飞机出行过程中，拿起书本，享受阅读带来的愉快旅程。

在 4 月活动基础上，掌阅还与厦门航空达成战略合作，联手打造了全国首个常态化空中阅读服务产品——"天际悦读"。"天际悦读"依托掌阅强大的版权系统、丰富的作家资源、专业的编辑团队和技术优势，为旅客量身定制了个性化书单，将线上阅读和机上阅读服务相结合，让更多乘客体验到专属的阅读服务，在旅行中享受阅读的乐趣。

除了探索交通场景阅读，掌阅还联合天津市新华书店、天津肯德基有限公司一起承办"城市书吧阅读新空间"项目，将天津市河西区肯德基乐园道餐厅打造成首个书吧体验店。掌阅以"万般滋味，皆是人生"为洞察点，在肯德基店内用餐区打造集传统阅读、电子阅读和听书在内的全媒体融合书吧，不仅提供了大量的纸质书供顾客阅读，还提供了电子书阅读器、电子书以及有声读物，与新华书店、肯德基一起，共同打造"沉浸式

全媒体融合阅读空间",让顾客在品尝美食滋味的同时,欣赏到喜欢的作家金句和书籍内容,触发消费者的精神情感共鸣,品尝人生滋味。

在精准捕捉到餐饮、出行与阅读的完美契合点外,掌阅还在积极摸索城市公共阅读服务的新方式,与北京市朝阳区图书馆合作,为市民提供24小时便捷的阅读服务。

安静的图书馆环境很适合长时间沉浸式的阅读,但快节奏的工作使人们的业余时间碎片化。掌阅与朝阳区图书馆一拍即合,共同打造线上线下全覆盖的全新阅读模式。作为朝阳区数字阅读资源共享工程指定合作伙伴,掌阅充分利用朝阳区24小时自助图书馆的优势,在其基础上增加了数字阅读方式和定制化的优质内容,独创地打造了"阅读福利机"概念。行人路过,随时扫描二维码,即可用手机在线阅读,获得海量的阅读资源和便利的阅读服务体验。

此外,2019年以来,掌阅在内容短视频方面频频发力,已经成为阅读领域拥有数千万粉丝的头部品牌,覆盖了抖音、快手、小红书等平台,内容以经典畅销文学类书籍为主,同时涉及情感、经管、职场、亲子、历史等多个领域,受到行业内外的关注。

六 满足海外需求,输出品质内容

2015年7月,掌阅在深耕中国数字阅读市场7年基础上,立项并发布名为"iReader"的国际版本,正式开启国际化征途,全力开展和运营公司相关海外项目。2017年,面对中国网络文学海外受捧的大好契机,掌阅科技启动对国内优秀作品的翻译输出项目。经历一年多的时间,项目分别拓展到东南亚地区(泰国、菲律宾、马来西亚、印度尼西亚)、欧美地区(美国、加拿大、英国等)以及澳大利亚、新西兰等地区,累计翻译成泰语、英语、印尼语作品超过300部,产品触达用户超过2000万人次,内容累计下载次数超过1亿次,中国网络文学受到了海外用户的一致好评。与此同时,为更好地助力文化"走出去",掌阅积极与国内外 700 余家优质版权方建立国际版权合作关系,引进输出高质量版权内容。其中,掌阅已与哈珀柯林斯出版集团、剑桥大学出版社、牛津大学出版社等全球知名出版机构建立了联系与合作;与马来西亚当地多家出版社达成合作,如彩虹出版社、大将出版社等;与泰国 Nanmeebooks、Matichon 等 9 家出版社达成合作;与印度尼西亚 PT. Republik Media Kreatif、Andi Publisher 等 15 家出版社建立合作关系,公司平台可向海外用户发售全球版权的书籍,实现共赢。通过这两项工作,掌阅进一步加快了中国网络作品在海外的本地化进程,跨越了现有语言、文化藩篱,大量中华优秀传统文化读本、中国文学,特别是网络文学作品被广泛、有效地传播,甚至在一些国家掀起了追捧中国作品、学习中国文化的热潮。

掌阅依靠自身组建的人工翻译平台进行内容输出,目前已有数百部原创作品授权到海外,被翻译成韩、日、泰、英多种语言。其中《妖神记》在韩国的订阅量达 50 多万,《星武神决》的韩国订阅量为 30 多万,《画骨女仵作》的泰国日追更人数超过 2000 人。公司部分网络文学原创作品改编的漫画作品,在登陆日本等的漫画平台后,仅两日便爬升至排行榜前列,受到国外读者的欢迎。知名 IP《惹上冷殿下》上线不到 1 个月,播放量达 18 亿次,并且被网飞买下海外发行权,目前已被翻译成 26 种语言,并正式登陆网飞,在全球超过 190 多个国家和地区播出。

从软件到硬件,从线上到线下,从国内到国外,秉承"引领品质阅读"理念的掌阅,希望将阅读带进更多人的生活,让更多人享受到阅读的乐趣,从阅读中受益。掌阅在扩充自身书籍库的基础上,配合自主研发的电子书阅读器,探索阅读新场景、新模式,走出国门,走向世界。掌阅希望借助自身优质的阅读资源和平台,始终创新的阅读器设备,以及不断创新的移动互联网技术以及日益多元的分发渠道,为高品质文化作品提供优质产销平台,为中国数字阅读产业发展、全民阅读风气营造倾尽心力,为深化全民阅读、建设书香中国提供有益的借鉴,为传播中国文化、塑造中国形象发挥日益重要作用。

纵横文学：
打造以网络文学为核心的
全球化泛娱乐生态

一　综合性网络文学平台的成长之路

纵横文学是以百度文学为前身、由百度控股的网络文学平台，旗下拥有"纵横中文网""熊猫看书"等知名产品，日活跃用户量总计突破1400万，作品数量突破60万，是国内顶尖的原创小说创作平台和数字内容阅读平台。

依靠平台领先的内容签约和孵化能力，纵横文学重点进行付费阅读、内容分销、IP孵化等版权相关业务，并通过重点作者作品的整体运营，进行影视、游戏、漫画等小说衍生内容的开发，打造基于文学版权的泛娱乐生态圈。

（一）深耕网络文学核心业务（2008~2012年）

2008年9月，纵横中文网正式成立并迅速崛起，网站整体签约量、用户数成倍增长，成为国内最大的网络文学平台之一。

时值网络文学行业萌芽期，纵横中文网上线仅一年时间就吸引了数百万忠实读者和众多一流原创作者，并迅速完成了网站商业化的转变，随后领先于全行业推出了包含作者低保计划、全勤计划、新人激励计划、造"神"计划等一系列完善而周全的激励措施，切实保障作者利益，竭力为作者营建一个安心的创作环境。

纵横中文网早期能够吸引大量一线原创作者和粉丝的重要原因在于，首先，网站尊重作者自己的创作理念，鼓励特色和个性化的写作，不会要求作者为了迎合读者口味去写一些同质化的题材。其次，则是纵横中文网出于自身"扶助并引导大师级作者与史诗级作品的产生，推动中华文化软力量的崛兴"的理念，更看重作者的作品质量，而不是苛求作者每天都必须码出多少字来。

为了与其他强劲对手竞争，纵横中文网提出了"三个开放"和"两个体验"的发展策略，即把平台开放给更多的有志创作的作家，开放给需要作品来改编成游戏、影视剧的同仁，把更多的收入分给作家、无线运营商、出版企业，以及提供更好的写作体验和更好的阅读体验。

在这段生根的时期里，纵横中文网深耕网络文学核心业务，杀入中国网络文学网站前五强，并在网络文学圈中树立了"精品作品多、含金量高"的口碑。

（二）百度与完美强强联合，资源加持（2013~2017年）

2013年12月，百度斥资约2亿元人民币收购纵横中文网，彼时百度已收购了91熊猫看书以及多酷书城。随即，纵横中文网与百度系资源全面整合，打造了"纵横中文网""熊猫看书""百度书城"三个平台，实现用户数和内容量的高速增长。2013年，纵横书库存量超过10万部，日独立IP过260万，PV超6000万，移动阅读发展更快，移动阅读量占比超过1/3，年移动阅读用户数大约有50%的增长。

除了网络文学业务整合，纵横与百度系业务线，如百度搜索、百度贴吧、百度音乐、Hao123等，也发生了更深刻的化学反应。

2016年，纵横开始布局泛娱乐生态，响应百度"航母计划"，再次与完美世界合作共同加持资源，推进更多内容产业的深耕和布局，公司实现全面盈利。而完美世界与百度双方以纵横文学为连接点，利用各自的产业资源，在文学业务、版权业务、影游投资开发、影游联动产业链上展开深度合作。

其中，完美世界出品的《神犬小七》《灵魂摆渡》《香蜜沉沉烬如霜》等多部影视作品也与纵横中文网进行了不同形式的深入合作。同年，纵横文学趁势启动了影视版权的销售及开发业务，在销售文学作品版权基础上，通过版权占比、投资出品等方式与影视公司建立联合开发合作，参与影视项目的策划出品。

(三)纵横文学独立融资,重装起航(2018年至今)

2018年,纵横文学完成由百度、红杉资本中国基金、完美世界控股集团领投,盛景基金、分享投资、国宏兄弟等数家机构跟投的总计8亿元人民币投资,估值达40亿元人民币。而后又得到北京市文投集团旗下基金的战略投资。目前公司由百度控股运营。

在独立融资、运营业务后,纵横文学的业务重点主要放在了内容采买、产品提升、海外扩张,及影视、动漫、有声、出版等衍生业务的推进。

2018年纵横文学成立海外站"熊猫阅读"(Panda Reader),并上线超过50本网络小说,看重的是中国网络文学产业在国外市场的巨大潜力,要凭借自身的优势给全球内容产业带来新的可能。

2018年,纵横文学与蜻蜓FM签订战略合作协议,双方达成文字及音频版权互授、联合打造文学IP等计划,纵横文学将为蜻蜓FM每年独家开放1000本作品的优先选书权,作品由蜻蜓FM旗下成员央广之声制成有声书,在蜻蜓FM及纵横文学旗下熊猫看书App播出。

与此同时,纵横文学通过领先的影视合作模式,直接策划出品了旗下多部小说的影视改编项目,如《摸金祖师》《青衣道师》《山寨小萌主》《约定期间爱上你》《五龙镇棺传》等影视作品,并获取了优异的成绩。

二 不断拓展的业务体系

纵横以原创网络文学、小说阅读产品、版权衍生运营、漫画等新兴业务拓展为主,致力实现原创网络文学作品输出和全价值开发,打造基于文学版权的泛娱乐生态圈。

(一)十年深耕,只为精品原创

纵横文学旗下男频网文平台纵横中文网成立于2008年9月,以内容签约和运营为核心,致力于培养优秀作者打造精品内容,同时拥有女频网文平台花语女生网,两者共同组成了国内领先的综合性原创文学平台。

纵横文学聚焦精品原创网文,拥有超过十年经验的编辑团队是纵横出产精品网文内容的强有力保障。纵横的编辑团队拥有独到的发掘作家和作品的眼光,扶持新作家,助推老作家,对于已有一定知名度的作家和作品,编辑团队尊重作者,并能提出锦上添花的建议。

这样肥沃的土壤当中,孕育了大量优秀作家和优秀作品,例如烽火戏诸侯的《雪中悍刀行》《剑来》,梦入神机的《点道为止》《龙符》《圣王》,无罪的《剑王朝》《平天策》,更俗的《枭臣》《大荒蛮神》,火星引力的《逆天邪神》,烈焰滔滔的《最强狂兵》,乱世狂刀的《御天神帝》,等等,其中一些作品不仅在小说层面获得了大量的赞誉,也受到了影视制作公司的追捧,成片上线播出后亦获得了较高关注度和较好的口碑。

(二)产品创新,提升阅读体验

纵横文学旗下的小说阅读产品熊猫看书App是中国著名的阅读品牌,移动阅读领域综合排名前三,2013年获评"年度最佳无线阅读App奖"和"最佳在线阅读类应用"。熊猫看书网罗全网知名网络小说,打造更年轻化、更个性化的文学阅读工具,有"方言读书"等众多实用功能,是行业内第一家上线"夜间阅读"模式的小说阅读App,引领了全行业的产品细节体验优化。

每天有200多万的用户通过熊猫看书App进行阅读,日均600多万独立用户通过H5方式访问,是全行业最大的H5小说阅读平台。熊猫看书拥有全网海量内容，每日更新，采用编辑推荐与书架推荐相结合的方式，力求满足用户的多种阅读需求。

纵横引入超过100家的内容提供商，除自有的纵横中文网和花语女生网外，还与诸如塔读文学、逐浪小说、书旗小说、红薯小说网、新星出版社、中信出版社、后浪出版公司、沐川游戏文化等主流内容提供商保持密切合作，平台涵盖出版、网文等全品类内容。

（三）版权衍生，为小说插上翅膀

纵横文学积累了丰富的原创小说内容库，将这些多样化的版权内容开发成为衍生作品，改编成影视游戏等新生态的内容产品，让更多的受众遇见作品、了解作品、爱上作品，是纵横文学版权衍生业务的初心所在。

纵横深度挖掘了签约作者和宣发平台的优势资源，为已有影视、游戏、动漫 IP 按需反向定制网络小说，同时针对作品进行全流程的营销推广，提升作品热度，共同打造 IP。例如，与《神犬小七》电视剧同期发出的由纵横作家月涵撰写的同名小说一经上线就取得了小说排行榜第一的成绩，《谈判官》的影视同期书在市场上收获不俗的反响，游戏《魔域》与纵横知名作家乱世狂刀的跨界合作也为其带来了不错的口碑。

（四）新兴业务，拓宽网文的边界

除了传统的国内原创小说阅读业务和版权衍生业务以外，纵横也在探索开发新业务线，目前致力于推动漫画业务和海外业务线的发展。

纵横文学已经布局漫画阅读业务，并快速迭代新产品熊猫漫画上线，目前已签约众多国内知名漫画，如《非人哉》《末代天师》《零点重生》《魔王的专属甜心》等。纵横文学自建熊猫漫画团队，并收购行业制作公司发展漫画业务，其中根据纵横文学同名热门小说改编的几部漫画已在腾讯动漫、快看漫画、熊猫看书漫画频道上线，阅读量破千万。

纵横秉持文化企业的责任感与使命感，加速对海外市场的拓展与中国优秀网络文学作品的海外传播，成立美国分公司开拓欧美市场。2017年10月纵横文学海外站"熊猫阅读"（PandaReader）在Google Play上线，并上线超过50本网络小说。如同东方大众接受西方的文学作品《哈利·波特》一样，我们相信在未来的30年内，海外的读者也能接受中国的网络文学作品。

早在2015年1月，国家新闻出版广电总局就印发了《关于推动网络文学健康发展的指导意见》，明确提出希望网络文学参与国际市场，加大对优质网文企业在渠道和内容上的支持。实际上海外市场用户对中国网络小说也具有一定的接受度。更为重要的是，一些国外用户已经形成一定的付费习惯，尤其是在纵横文学布局的北美市场上。

三 盈利模式：付费阅读+版权售卖+衍生收入

纵横文学作为网络文学原创小说内容生产平台，与行业企业、小说分发平台、泛娱乐行业上下游企业保持良好的关系，公司的小说在不断地更新发布中，纵横文学的品牌影响力在行业内日益扩大，经营收入愈见提高，体现了市场对优质内容的需求与认可。

目前，纵横以付费阅读、版权售卖、衍生收入为主要收入来源，占比分别为60%、30%、10%，公司正在利用既有资源进一步探索更多衍生收入来源。

（一）坚守原创小说收入阵地：付费阅读

公司签约作者作品，将作品推送到自有平台纵横中文网和熊猫看书；读者可以向纵横中文网和熊猫看书付费订购作品章节并为喜爱的作者作品投票；平台提供数据后台，将作品相关的收入分成结算给作者，作为作者收益。

纵横签约的网文小说内容，通过合作在全网的阅读平台进行销售。对方用户付费后给予纵横收入分成，并针对平台进行内容筛选与运营。纵横覆盖的第三方合作渠道 38 家，占行业平台的 90%，掌阅、QQ 阅读、书旗、七猫小说、网易云阅读、搜狗阅读等均为纵横文学在版权分销领域的合作平台，而纵横文学的原创作品在全行业渠道收入方面一直稳居前三。

除了上述第三方合作渠道，在 2010 年前后纵横还与三大移动运营商在阅读业务方面开始了合作，分别是中国移动的阅读基地（现已变更为咪咕阅读）、中国电信的天翼阅读、中国联通的沃阅读。合作模式为内容分销和渠道合作。

自 2010 年加入中国移动手机阅读基地，纵横成为 CP，并进入前十；2011 年又加入中国电信天翼阅读、中国联通沃阅读，并被评选为优质内容供应商，在 2017 年就实现了纵横的原创作品在运营商平台收益大增，年信息费超 800 万元，入库图书更是超过了 6000 种。

伴随新兴技术和用户触网习惯的发展与改变，自媒体和 SDK 渠道也在为原创小说内容的变现做出贡献。纵横结合自媒体渠道，通过建设自有媒体沉淀和吸纳粉丝，通过内容运营实现收益，并建设基于小说内容的"联盟平台"，以实现任何自媒体账号的运营者都可以自助获取素材和结算收益，达到最好的分发效果，为原创小说变现创造新的通路。

纵横提供的"阅读 SDK"产品中封装了其站内海量正版内容和数字阅读产品的插件，方便合作方快捷接入，为用户提供阅读服务。纵横除了提供支撑的技术团队，也搭建了专业的内容团队为合作方提供运营服务，将频道收入进行分账。

（二）推动 IP 的多元化增值：版权售卖

对于提供小说文学版权的公司来讲，版权售卖收入是营收池的重要组成部分。纵横拥有超过 20 万种的小说储备，是其实现规模化版权售卖业务的强有力保障。

泛娱乐行业业态极为丰富，文学公司的上下游对版权需求旺盛且涉及多种形式，如有声书版权、广播剧版权、漫画版权、动漫版权、电影版权、剧作版权、舞台剧版权、游戏版权等，而文学作品作为"IP 的 IP"，可多元化增值，纵横文学将旗下签约作品的改编权进行包装和销售，获得相应的版权售卖收入；与此同时，促进签约小说在更多的平台上、以更多的表现形式进行开发展示。这种做法可以吸引更多的观众回流到小说，对小说的付费阅读也有推动作用。

（三）开拓未来可期的业务边界：衍生收入

占到纵横文学总收入约 10% 的衍生收入是未来前景可观的收入部分，目前已有的合作形式包括：以小说版权入股的版权合作模式；为已有影视、游戏、动漫 IP，按需要反向定制网络小说的销售定制模式；对重点 IP 改编的影视游戏等作品进行投资、与合作方联合制作出品的投资出品业务模式，等等。

其中销售定制模式已与国内一线影视、游戏公司合作达成了众多成果，如电视剧《神犬小七》《谈判官》，游戏《少年三国志》《魔域》《阴阳师》等。

四 未来规划：发力新市场，打通上下游

伴随网络文学行业的不断发展，巨大的存量和不断增长的新内容成为客观上促进网络文学行业发力新兴市场、加速打通泛娱乐行业上下游 IP 产出新形态的驱动力。在未来的发展中，纵横文学将继续深耕原创网文内

容，并拓展海外市场；同时，也将持续基于小说 IP 进行版权衍生合作，探索新的合作模式，并深化与泛娱乐行业优秀团队的合作。

（一）发力海外市场，将内容与产品推向世界

随着时代发展，移动互联网络技术不断升级，海外市场成为原创内容和阅读产品的新蓝海。纵横文学作为国内最大的原创网文平台之一，未来将依托自身的精品内容和不断优化的阅读产品，精准推送更多海外网友爱看的优质内容，开发迭代更优秀的海外小说阅读产品；与此同时，在效益角度，实现平稳营收。

海外内容合作方面，纵横文学与韩国信元版权公司合作，将旗下签约的《香蜜沉沉烬如霜》等书籍在韩国翻译上架后，引发了广大韩国网友的热烈反响。纵横文学旗下签约小说《逆天邪神》《仙武同修》等作品翻译后在北美知名文学网站 Gravity 和武侠世界（Wuxia World）上发布，作品在网站排行榜中进入前十，获得了北美地区广大网友的肯定。

（二）打通泛娱乐行业上下游，让 IP 多形态发展

纵横文学作为泛娱乐生态中的一员，基于上下游对版权需求旺盛、多元化的现状，致力于在 IP 的基础上，拓展影视、漫画、有声书、图书出版等不同形态产品的开发制作。

纵横文学致力于发掘文学 IP 到网生内容延展的可能，升级小说 IP 改编网生内容的格局。对于已经上映的爆款、口碑 IP 改编作品，尤其是具有伟大家国情怀、富有东方特色的优秀作品，纵横文学未来也将努力拓宽 IP 改编作品品类的范畴，使作品的充沛情感和价值观得以在多种产品形态中再次传播，纵横文学将努力把小说之外的精彩呈现给大众。

例如，纵横文学与郭靖宇工作室合作启动的"郭靖宇编剧特训营"，以

纵横文学为平台,选拔优秀的网络作家参与课程学习与实训,发掘新编剧,发散新故事。训练营中产出的多部作品也将在接下来的一两年内拍成剧作放上荧幕,与大众见面。

五 发掘精品原创,承担社会责任

纵横文学作为一家以原创内容为驱动力的网络文学公司,自成立以来不断探索为用户提供精品内容和优质体验的阅读产品,不断产出新的好作品,积极承担作为文化企业的社会责任。

(一)行业价值:提供精品原创网文作品及衍生作品,推出优秀的小说阅读产品

纵横文学成立以来,产出了超过 20 万部优秀原创网文,诞生了大量优秀作家和优秀作品。纵横平台内的作品题材类型丰富多样,在行业中取得了一定的影响力和成绩,荣获大量行业奖项。

纵横文学旗下的小说阅读产品熊猫看书 App,一直追求打造更年轻化、更个性化的文学阅读工具,开发了"方言读书"等众多实用功能,是行业内第一家上线"夜间阅读"模式的小说阅读 App,引领了全行业的产品细节体验优化趋势,荣获多项行业奖项。

(二)社会价值:积极承担文化企业的责任,讲好"中国故事"

纵横文学结合自身优势,饮水思源,不忘初心,积极承担起社会责任,支持教育扶贫,为中国文化加油,携手乡村产业致富,共同推动网络文化发展提速。

2018年，纵横文学与湖北恩施土家族苗族自治州建始县结合，为学习贯彻党的十九大精神，坚定四个自信，通过网络文学作者的影响力，进行主题为"教育扶贫、文化加油、产业致富、网络提速"的文化交流，开展文化扶贫，着眼乡村文化建设，以文化促旅游，以旅游促发展，以发展促进"三农"建设。

在网络文学"出海"大潮中，纵横文学秉持文化企业的责任感与使命感，加速对海外市场的拓展与中国优秀网络文学作品的海外传播。互联网是一种更为便捷的文化传播载体。纵横文学在美国成立分公司，通过与当地翻译团体合作，把国内精品网络文学内容送出国门，讲好"中国故事"。未来，纵横文学还将继续加大投入，通过吸收当地作家、生产本土内容、继而在本土销售等方式，不断提升网络文学的海外影响力。

六 网络文学行业基本情况及发展趋势

（一）网络文学行业基本情况

根据CNNIC中国互联网络发展状况统计调查数据，截至2019年6月，我国网络文学用户规模达4.55亿人，较2018年底增长2253万人，占网民总数的53.2%（见图1）；手机网络文学用户规模达4.35亿人，较2018年底增长2527万人，占手机网民总数的51.4%（见图2）。

2019年，网络文学发展呈现四大明显特征：一是国家政策对网络文学加大重视、加强引导，促使网络文学品质进一步提升，向精品化迈进。二是网络文学主流价值导向作用日益增强，现实题材渐成潮流，内容创造走向多元化。三是网络文学生态呈现良好格局，产业进一步升级。四是网络文学与社会生活的关系更加密切，"网文出海"已成为中国文化对外交流的重要组成部分。

图1 2016年6月~2019年6月网络文学用户规模及使用率

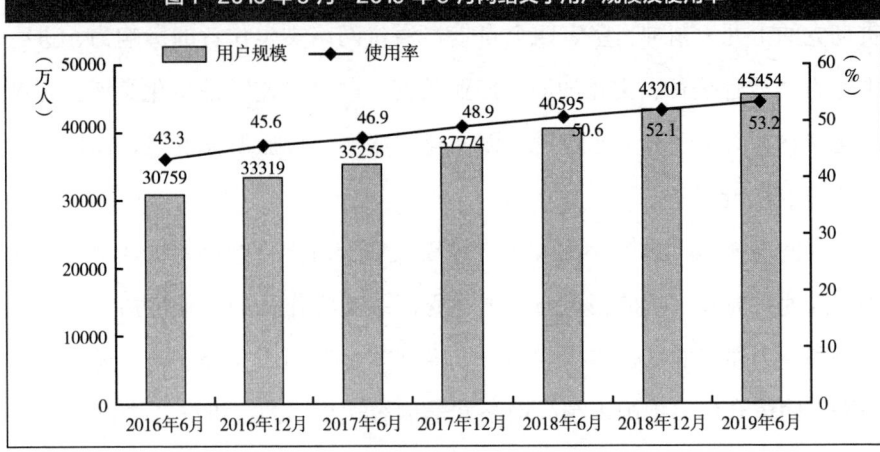

时间	用户规模（万人）	使用率（%）
2016年6月	30759	43.3
2016年12月	33319	45.6
2017年6月	35255	46.9
2017年12月	37774	48.9
2018年6月	40595	50.6
2018年12月	43201	52.1
2019年6月	45454	53.2

资料来源：CNNIC中国互联网络发展状况统计调查。

图2 2016年6月~2019年6月手机网络文学用户规模及使用率

时间	用户规模（万人）	使用率（占手机网民比例）（%）
2016年6月	28118	42.8
2016年12月	30377	43.7
2017年6月	32668	45.1
2017年12月	34352	45.6
2018年6月	38065	48.3
2018年12月	41017	50.2
2019年6月	43544	51.4

资料来源：CNNIC中国互联网络发展状况统计调查。

随着行业规范化进程的持续推进，国内网络文学业务模式更加多元，为业务的可持续发展奠定了良好基础。在产业链上游，年轻作者的涌入为行业内容创作提供了活力，作品题材日渐多元化；在产业链下游，国内网络文学平台的海外影响力不断提高，为行业营收进一步增长提供了空间。

在内容创作方面，题材的多样化和作者的年轻化是主要特点。一是网络文学题材选择范围日渐广阔，热门作品题材不再局限于玄幻和言情两类，对科幻、历史、军事等多元化的垂直品类均有所覆盖；二是越来越多的"90后""95后"年轻作家在网络文学平台崭露头角，为文学内容的创作不断注入新鲜血液。

（二）网络文学行业发展趋势

我国网络文学行业稳健发展，发展路径越发清晰，内容生态日趋繁荣，并凭借明显的内容优势成为 IP 授权和版权多元开发的重要源头。与此同时，网络文学内容消费的粉丝化趋势正成为行业发展的重要推手，全产业链开发的趋势凸显。

网络文学行业还面临着一个新变化，即"Z世代"（"00后"）用户开始崛起，他们的内容付费意愿更强，并对个性化阅读有了更高需求；以"70后"为主的中生代作家开始成为网络文学行业的中坚力量，将不同风格融入作品中；网络文学由阅读场景到影、漫、游场景的延伸，催生出更多的网络文学表达形态。

这种趋势首先表现为题材类型更加丰富，内容越发多元化。统计显示，网络文学作品已涵盖都市、历史、游戏等20余个大类型、200多种小分类，还新增了大量的二次元、体育、科幻题材类型的作品，加之现实类作品崛起，题材类型丰富多样。在写作风格上，作者年轻化的趋势明显，传统网络文学逐渐向温馨幽默的风格转变，进一步推动内容创新。

"破圈化"也成为网络文学发展的新特征。更多的女性读者成为"男频作品"（以男性读者为主要目标受众的作品）的粉丝，优质作品的受众突破了"男频""女频"的界限。而与"破圈化"伴生的是网络文学社交共读、粉丝社群、粉丝共创的粉丝化特征。网络文学的高度互动性在当下进一步演化，比如，网络文学平台开发的文字弹幕"段评、章评"功能让读者可以进行社交评论，"兴趣社交"功能则形成了丰富的用户社区，"角色"功能让粉丝读者有机会直接参与到作品的完善和创作当中。通过正在拓展的粉丝经济与社区生态，作品的世界观和粉丝文化得以凝聚，使IP的力量无缝连接到下游产业。

此外，粉丝力量延伸至IP开发的全产业链，网络文学的"协同化"趋势越发明显。如今，对网络文学IP的开发强调与各方的协同链接，在作品质量得到保障的前提下，通过IP的多元开发和联动，将不同群体的粉丝进行整合，创造出更具价值的作品和文化符号。

在网络文学市场范围变化方面，伴随作品规模日益扩大，精品力作不断涌现，各家平台积极推动网络文学作品输出海外。在内容传播上，网络文学体现出全球的文化普适性和高速发展的态势，网络文学出海也完成了从内容到模式、从区域到全球、从输出到联动的进化，开始进行文化价值和商业价值层面的输出。根据《2018~2019年度文化IP评价报告》，2018~2019年中国IP海外评价TOP20中，网文IP占10席，"中国故事"大有可为。

在网络文学内容生产、内容消费的创新趋势及IP全产业链协同运营下，网络文学行业正在快速接近下一个风口。以纵横文学为代表的网络文学行业企业将继续源源不断提供优质内容，充分放大精品内容价值，进一步完善网络文学全生命周期的商业化运营体系。

鲲池影业：
抓住海外视角打造年轻内容厂牌

一　鲲池影业打造年轻内容厂牌

　　成立于2017年初的鲲池影业是一家从事电影、电视剧集策划、投资、制作、发行、经纪、培训、演出的泛娱乐内容平台公司。其团队早在2016年，就参与了改编自超人气韩国漫画《整容液》的超级网剧、电影《坏蛋必须死》《既然青春留不住》等作品的制作发行。2017年鲲池影业携手完美世界影视、江苏卫视幸福蓝海联合摄制并出品了晋江文学排名前三的古风神话剧《香蜜沉沉烬如霜》。该剧于2018年暑期播出后，连续34天蝉联CSM52城省级卫视黄金剧场收视率第一，且单日最高收视达1.51%，实时收视率最高峰值破2%，强势拿下2018年暑期黄金档收视冠军，网络播放量破150亿次，豆瓣评分7.7分，口碑收视双赢，成为当年最受瞩目的电视剧。作为该剧最早的两家出品方之一，鲲池影业不仅全程参与项目前期开发工作，还在全剧中承担联合开发与摄制的工作。

　　虽成立时间不久，但鲲池影业发展速度惊人：一年之内完成了两轮数千万元融资，投资方分别为重庆盛美文化基金与楠木资本。重庆盛美文化产业基金是由国内领先的母基金平台盛景嘉成和国内最大的影游综合体完美世界联合发起，并联合地方政府和民营资本共同出资，于2016年设立的私募股权文化产业基金。鲲池影业之所以得到重庆盛美的青睐，也是源于此前和完美影视的合作。在此之前，完美世界影视已经和鲲池影业合作了包含《香蜜沉沉烬如霜》并拟在未来继续合作"蜜糖三部曲"，这成为双方合作的契机。

　　鲲池影业的下一部待播剧是大型都市青春行业剧《你好检察官》，该剧是党的十九大以来国内首部展现我国司法体制改革成就和青年检察官群体成长历程的电视剧，由鲲池影业联合阿里影业、中国检察出版社、北京市人民检察院第一分院共同出品，也是一部由鲲池影业自主孵化、全程主导的电视剧。2019 年 8 月 25 日，国家广播电视总局在山东省青岛市隆重举办庆祝中华人民共和国成立 70 周年优秀电视剧"百日展播"活动启动仪式，《你好检察官》也入选 70 周年献礼剧片单。该剧通过对年轻检察官人物群像的刻画，描绘了新时代我国检察事业的新变化、新面貌、新气象，更展现了我国检察官公正执法、执着进取的精神气质，已经提前锁定一线卫视播出。

《冰糖炖雪梨》是鲲池影业与完美世界影视合作的"蜜糖三部曲"的第二部，该剧由《香蜜沉沉烬如霜》原班人马打造，是国内首个以短道速滑、冰球和花滑为主题的青春爱情竞技成长电视剧，北京奥运城市发展促进中心特别授予《冰糖炖雪梨》推荐电视剧项目荣誉。

无论是 IP 打磨，还是整体架构，鲲池影业都有自己的独到之处，其内部工业体系已经形成，整体构架比一般初创公司也更加完善，在行业上下游均有布局。

（一）公司部门设置

鲲池影业 CEO 李鲲曾在韩国学习工作多年，他深谙韩剧受欢迎之道。在他看来，韩剧受欢迎的主要原因在于情感人物关系、故事创意与制作等方面的细节到位，以及背后完整的影视工业体系。

因此，鲲池影业拥有相对完整的影视工业体系，覆盖前期剧本的开发与孵化以及后期拍摄制作，设有国际事业部、版权中心、项目部、制作部、艺人经纪部等部门，协同推进业务。

国际事业部和版权中心发掘新的项目，每两周组织一次全员参加的版权会，对采购 IP 进行表决。而后进行"预发行"，收集电视台、视频平台等发行方的意见，敲定是否购买版权。

随后项目部跟进，筛选匹配编剧，推动剧本开发。

然后版权中心再次进行剧本亮点、受众、IP 开放等方面的分析，辅助项目部进行影视剧深度开发。

剧本、预先发行、商务合作基本落定后，制作部进入正式拍摄、制作阶段。开拍前，制作部也会跟进剧本研发，从成本控制、镜头语言等角度严控预算超支风险。

最后还有艺人经纪部，进行演员培训和养成。

此外，还有IP开发部门，根据影视内容的市场反馈，聚焦在IP链条的衍生开发上，比如影游、影娱、影音联动，以及实体衍生品开发、版权授权等；把影视IP的价值进一步放大。

业务部门之间的工业化协作，能够保证鲲池影业高效运转。但除了提高效率，对鲲池影业而言，最重要的还是对优质内容的甄别、生产能力。

（二）工作模式

对影视剧孵化和制作，鲲池影业有一套自己的方法论。为了能挖掘更多优质的IP和一些原生项目，版权中心在海内外众多漫画、小说、原创剧本中筛选优秀的题材。公司还拥有由数位年轻导演、新锐编剧和资深制片人签约组成的"老中青"主创班底，其中既有20世纪90年代就闯荡好莱坞的成熟韩国导演，也有在海外留学导演专业毕业的"85后"新锐导演。

近年来，国内主流观众在成长，审美在迭代，这些都倒逼影视工业必须进行升级，作为影视作品的灵魂，导演类人才的供不应求导致现有的成熟导演无法全身心投入一个项目中，市场也需要更多元化的题材和内容来打破现在的"审美疲劳"，所以需要给予年轻导演更多的机会，"老中青"混搭的阵容更能真正推陈出新。

为了提高作品的新鲜度，鲲池影业国际事业部与版权中心每两周会开一次版权会，全员对采购IP进行表决；对全员一致通过的IP，在购买版权后，由项目部进行后续剧作开发，而制作部不是直到开拍才接手项目，是在前期内容开发阶段就介入，从成本预算、制作难度、制作周期等角度对项目开发提出建议。

同时在影视剧的制作上，鲲池影业拥有一套内部制片体系。开发每一部项目时各部门都要协同作战，在每个阶段会有明确的主次和分工，通过此种方式避免以往的制作部只负责拍摄相关事宜、无法从前期吃透内容的弊端，从而合理地掌控成本及拍摄周期。

（三）海外人才吸纳

作为一家年轻的影视公司，鲲池影业的员工以"80后""90后"为主，自成立以来吸纳了众多拥有海外留学工作经验的精英，从韩国回来的更是占到40%~50%。鲲池影业超过60%的成员都有海归背景，具有在亚洲各大影视公司，如SHOWBOX、CJ等的从业经验，与Naver、JTBC、Kakaopage等众多亚洲知名影视文化机构有过深度合作，使得鲲池影业无论在海外资源上还是在公司视角上都独树一帜。

鲲池影业CEO李鲲曾担任光线传媒驻韩商务代表，在韩国九年时间内参与过多部日韩重量级影视项目的制作及发行工作，在中日韩文娱市场、版权合作、影视资源整合上有丰富经验。他认为海外背景可以帮助公司获悉最新影视剧市场风向，这种洞察可以前置到影视作品筹备阶段甚至前期孵化阶段，而拥有海外视角可以敏锐地捕捉到题材的大方向，也能获取一些行业趋势进而反向在中国开发一些具有创新性前瞻性的影视作品。

二 打造独特"横纵"影视工业化业务架构

鲲池影业虽然年轻，但独特的海外视角使其得以快速吸收韩国影视工业化成熟经验，进而形成自身独特的中国化"一横一纵"影视工业化雏形。

从纵向来看，鲲池影业已经打造出了"上游孵化 + 中游制作发行 + 下游衍生产品和实景娱乐"的产业链。在上游的 IP 开发中，鲲池影业布局了漫改网剧、精品网络院线、网台联动头部大剧等多个方向，涉及的题材也包括古装神话、行业都市、惊悚、软科幻等多个类型。

在下游的衍生领域，《香蜜沉沉烬如霜》将由完美世界推出同名游戏。除了对合适的项目进行影游联动以外，鲲池影业也会进一步和业内头部公司合作进行线下 IP 转授权和实景娱乐的开发。鲲池影业在线下实景娱乐中主要承担 IP 品牌运营管理的相关工作，二次开发影视剧 IP 的核心元素、角色、场景等，并进行转授权。

（一）横向：剧本开发、影视制作、发行一条龙

鲲池影业团队早期参与了多部院线电影的制作开发。这让团队对国内外影视行业从制作到内容上的差异有了实践上的了解，积累了不少影视制作经验和影视资源。

然而影视行业是一个资源导向型的行业，现在无论是头部剧还是电影，已经很难看到只有一家出品方的情况，合作最终还是基于团队的能力和把握住风口的预判力。所以鲲池影业必须考虑的是重投资、轻资产模式下如何保证生产的持续性和安全性。

为了减轻资金压力及减少政策风险，鲲池影业选择在不同阶段吸引不同的合作方以及与上市公司共同开发影视产品。与此同时，鲲池影业也会通过预发行，征集电视台、视频平台的意见来做前期 IP 的甄选，以保证每部剧集至少在开拍前有一个预发行端口，或者直接以定制的方式生产。

据了解，鲲池影业下阶段的影视剧作品，会选择主控制作的方式参与影视作品的开发，虽然不一定是主控投资，但一定会主控制作和主控发

行；并保证一年至少一部网台剧、两到三部精品剧集，无论是网络院线还是院线电影都会选择好的题材去投资或者制作。

"鲲池影业更期望成为内容平台公司，而不是单纯的制作公司"，李鲲表示，"我们有自己小的工业体系。"从IP甄选到剧本开发、筹备剧组、拍摄、发行，鲲池影业均选择了较为深入的参与方式，以保证产品质量。流水的产品铁打的产品线，影视产品会按照不同的流程进入鲲池影业不同部门，在每一个步骤都按照标准进行细化。

以《你好检察官》举例，在剧本阶段，鲲池影业就投入了大量的精力。本剧以中国十佳公诉人为原型，该剧编剧和主创不仅要去检察院体验生活，还要查阅大量的卷宗并与一线的检察官进行深入沟通。为了把握全剧的调性，鲲池影业邀请了多位检察官担任剧作的编审和顾问，全程跟踪并对剧中涉及的案件以检察官的视角进行架构、梳理、补充、完善，甚至重塑。李鲲透露，他们从2016年底就开始策划这部剧，当时国内行业剧类型还没火，但对标欧美、日韩市场，公司已经看出公检法题材的商业性和可看性。

《你好检察官》《香蜜沉沉烬如霜》都属于网台联动的剧集，公司起步阶段就选择这样规模的剧集，是因为鲲池影业希望能利用其本身的头部效应和合作规模扩大公司知名度。

（二）纵向：海外发行、海外IP、线下实景

在韩国留学工作近十年的李鲲此前与韩国最具票房号召力的导演姜帝圭，金牌编剧金恩淑、苏贤景均有合作，丰富的韩国影视资源使鲲池影业自带国际化特色。鲲池影业已经与SK集团旗下头部内容平台Oksusu、Podotree集团旗下Kakaopage以及多位亚洲金牌编剧、导演建立了良好的合作关系。号称"不看后悔、看了更后悔"的韩国漫画《整容液》曾经在网络上引发热烈反响，李鲲带领团队迅速捕捉到了这一IP的市场价值，在经

过与多家实力强劲的大公司几轮竞争后,凭借诚意及公司的研发能力锁定了《整容液》的开发权,并与完美影视、乐视影业合作完成了对《整容液》的影视化改编。

除了重视 IP 的影视化开发,鲲池影业也一直致力于 IP 的上下游产业链整合,线下实景娱乐也在鲲池影业的规划之中。依托本土影视主题概念、IP 孵化产业链运营与国产文化输出,来打造一个 IP 全娱乐生态王国。鲲池影业将联手业内头部公司共同展开线下实景娱乐,把线上的 IP 转化到线下,介入 IP 的品牌管理,延长 IP 的生命周期,从而达到利益最大化。

在这一板块,鲲池影业团队已有运作经验,在开发《整容液》IP 期间,除了影游联动、音乐剧,还与万娱引力合作开发了大悦城的线下实景体验馆——"整容液"大瓶子,吸引了众多漫画粉丝及年轻人来体验。凭借用心的设计、沉浸式的剧情互动,这一体验馆刷爆微博朋友圈,将一个漫画 IP 真正实现了品牌化、商业化,做到了影游娱 IP 全产业链开发。

三 以海外视野为产业上升开拓路径

鲲池影业一直强调以"年轻人所喜爱的一切"为先。公司下阶段作品涉及都市奇幻、行业都市、悬疑探险等多个种类和方向,此时年轻团队的创造力和审美品位体现出重要作用,主创团队和受众思维喜好同步,才能从本质上挖掘内容潜力,以内容撬动市场,以情感影响观众。

(一)版权引进:与海外头部公司合作

鲲池影业团队成员丰富的海外工作经验,让其拥有一批韩国影视圈头部的资源和人脉。目前基本上韩国的一些头部的视频网站和电视台如 SK

集团旗下的Oksusu、Podotree集团旗下头部内容平台Kakaopage等都和鲲池影业建立了合作,每年的片单也都会互相同步,双方未来将会在内容制作以及海外发行上进一步拓展合作。

鲲池影业认为中韩两国在消费市场和现有的工业体系上都存在较大差异,韩国之前的电影消费偏向现实向剧情片,中国则是爱情喜剧更多。而随着国内观众的不断成长,越来越多的成功案例也已经表明,我们拥有拓展更广泛题材的空间。未来五年的影视市场都处于题材创新的红利期。下一阶段,鲲池影业在内容端也将继续在海外发行和引进上发力。

(二)海外发行:优质华剧出海

鲲池影业具有海外视角,善于挖掘海外资源,并向海外发行我国的优质影视内容。虽然是初创公司,但鲲池影业已涉及海外发行等相关业务,包括与韩国著名文化产业基金签署合作备忘录,与韩国头部内容平台及电视台形成合作,以推动国内影视作品不再廉价出海,而是以口碑和精品文化输出赢得国际市场的认可。

与之前国产影视剧"走出去"的模式不同,鲲池影业与亚洲知名基金签署了五年合作协议,以保证中国优秀的影视剧能够在半年、最长一年时间内播放。同时,为了打破中国影视剧廉价输出海外的现状,鲲池影业会与海外发行平台先拟定价格与宣发方案,能够保证出品方或制片方至少能拿到之前传统版权海外发行2~3倍的价格,影视产品在海外的知名度和影响力也会比以前好。例如,《香蜜沉沉烬如霜》不仅成功销售至海外多个国家,而且播出后获得不错反响,更是作为2018年度最受欢迎的海外电视剧应邀参加2019年第14届首尔国际电视节,并一举拿下海外最具人气奖,同时还在汉江公园、日本大使馆、梨花女子大学多地举行放映,让更多的海外观众从剧中感受到中国古典文化的色彩和魅力。

目前来看，鲲池影业在海外资源发行上偏向古装神话、宫廷剧和历史剧等能体现中国历史韵味的影视作品。鲲池影业在海外发行上，坚持两个原则：一是要体现中国影视剧的价值；二是坚持文化输出，让中国好的影视剧在海外也能赢得好口碑。

（三）从年轻人视角出发，创意内容加持

虽然数据也是参考标准之一，但在 IP 的选择上鲲池影业并不唯数据论，而是一直强调"年轻人所喜爱的一切"。首先要通俗，剧情要根植且忠实于整个故事背景；其次是有共鸣，通过年轻人的视角和喜欢的方式讲故事；最后是年轻化，年轻化不仅仅指演员年龄的年轻化，还体现在题材、语言、文化、思想等方面。

在制作内容的选择标准上，鲲池影业给出的关键词是年轻、正能量与创意。这一方面与鲲池影业团队的构成以"80后""90后"为主有关，更与其擅长抓年轻受众市场有关；另一方面也是考虑到要打破影视行业瓶颈，需要优质的创意内容，新兴影视公司只有不断生产有创意、有生命力的优质作品，才能抢占市场份额。鲲池影业后续会将更多的精力聚焦在内容创作本身，作为年轻的公司和年轻的内容生产者，鲲池影业将通过努力快速提升自身的影视工业化进程，把中国优秀的传统文化传播出去。

当下，影视行业在经历高速发展之后，开始回归内容为王的时代。在新的起跑线，鲲池影业等一批新锐影视公司的涌现为影视行业注入新的力量，而鲲池影业秉承着内容至上、影视年轻化的理念，将在电视剧、电影、电视综艺栏目海外发行、动画电影、游戏、手游、"互联网+"电影、"互联网+"娱乐等方面有更多的发展。

四 战略版图：一切以好的内容为核心

（一）优质精品剧

怎么产出好内容？鲲池影业认为首先要看内容源头是否有受众基础，比如《香蜜沉沉烬如霜》在被改编成电视剧之前，是2009年晋江文学排名前三的小说，豆瓣评分达7.5分，在"必看的古风言情小说"中一直榜上有名。

其次要保持市场敏感度、适时调整内容方向。在市场都追热点的时候，需要团队有敏锐的市场嗅觉，分析同类型的海外影片成功背后的题材、市场动因是否有迹可循，在共同点里找创新点，而不是一味地复制题材。比如《你好检察官》，作为一部反映年轻公诉人群体成长的都市行业剧，既有悬疑成分，又是行业剧，也符合当下社会的价值观。

目前鲲池影业保持着每年一部网台联动的头部剧集、一到两部精品网剧、一到两部院线或网络院线电影的出品速度，显得颇为稳健。囿于剧集的生产周期，鲲池影业在对标剧集的选择上，一直以参考正在筹备当中、几年后播出的剧集为主。同时还在不同阶段不同项目中选择头部合作方，以保证出品质量并减轻压力、规避政策风险。例如，鲲池影业接下来正在开发的网络院线会选择和新片场、映美等网生内容头部公司合作，"让专业的人来做专业的事"。

（二）海外引进和发行

当大多数影视初创公司更趋于项目导向时，鲲池影业在布局上表现出更大的野心，其身影频频出现在海外发行和国际电影展上。

2018年4月，鲲池影业就与"一带一路"文化交流中心签署战略合作，成为国内首家得到"一带一路"文化交流中心支持的民营影视公司。同年7月，鲲池影业作为中方代表公司联合釜山电影节组委会、韩中文化中心、中国电影文学学会、韩国编剧协会等，协办了第二届中韩电影剧本论坛，力求挖掘更多优质的亚洲影视作品，也共同探究亚洲影视的发展之路。

和"一带一路"经济文化发展中心签署战略合作之后，鲲池影业开始筹备在韩国的视频网站上打造中国影视频道。通过跟韩国文化产业基金WinAsia Partners及韩国前五名的视频平台合作，将公司以及周边合作公司的作品放在中国影视频道里，从而既让中国的版权方摆脱以往"低姿态"海外发行的现状，获得更多收益，又可以通过韩国的平台做到"华流出海"，将国内影视作品的影响力辐射到东南亚。

下一阶段，鲲池影业将筹备国际化的论坛，邀请菲律宾、越南、泰国等"一带一路"沿线国家的公司参与。鲲池影业希望打造更多既能体现中国的文化特色也能展现中国发展变化的优质影视剧进行海外发行，同时，鲲池影业的挑选不是仅限于鲲池影业自身出品的影视剧作品，也非常乐于为其他影视公司做海外发行工作。

（三）完善工业模式：参考韩国模式

在电视剧产业价值链中，生产制作环节位于上游位置，占据战略性地位。剧本创作是其上游制作流程中最为重要的一环，因为剧本的质量决定了电视剧的质量。

在中国，电视剧制作机构与编剧无长效合作关系。因此剧本开发主要方式包括：根据名著改编、购买小说或网络文学作品的影视版权并进行改编、向知名编剧购买已成型的剧本或预购其正在创作的剧本、根据初步创意或大纲并组织编剧进行剧本创作等。这便造成了制作机构与编剧创作的断裂。

而韩国电视剧剧本是在策划会结束之后,编剧根据策划大纲定位完成剧本的编写工作。在此过程中,编剧并不需要交出完整剧本,而是完成几集之后由制作公司送达电视台,获得开播许可后再继续撰写。

由此可以看出,中国的电视剧剧本大多是改编,而非原创。将其他形式的文化产品改编为剧本的做法虽然最大限度发挥了该作品的价值,但编剧长期从事改编工作,不需要对市场需求做出研究,因此剧本本身的原创性和与观众的亲近度都大打折扣。

在鲲池影业看来,电视剧更多地依赖好编剧,电影则更多地依赖好的导演,因此电影中经常看到导演也是编剧之一,而电视剧则很少出现这种情况。美国、韩国"编剧中心制"下头部编剧拥有较大话语权的现象,是在影视工业商业化高度成熟且剧本以原创为主的情况下出现的。"编剧中心制"最大的好处是可以量身定制。"并不是说编剧中心制输出就更加稳定,某些情况还要看做的是 IP 改编还是原创。在国内影视生态更加成熟、原创比例上升、题材更多元化之后,原始创意者更趋于核心。"李鲲表示,"未来,鲲池影业很有可能去做一版两拍的影视剧,并和海外同步播放。"

同时,鲲池影业试图在其他影视生产环节发挥其资源的优势,比如与美术团队、服装、化妆、道具团队、特效团队等合作,更为重要的是,利用这一资源布局海外发行市场。考虑到欧美的文化背景和中国不同,鲲池影业首先选择向亚洲其他国家和地区输出内容。

无论产业链条如何延伸,内容始终是不变的核心。年轻的鲲池影业一直将自己定义为"内容平台型公司"而非单纯的"影视制作公司"。

咕咚运动：
在体育产业大发展时代下
开启互联网体育事业

一　企业背景

（一）互联网及体育产业大发展时代下，咕咚开启互联网体育事业

2010年，成都乐动信息科技有限公司响应国家政策，在互联网体育大发展时代下成立，"咕咚"品牌也随之诞生，通过运动数据、AI等技术手段，为用户提供简单、快捷、可靠的互联网泛运动服务。

随着各项法律法规相继出台，互联网法治建设进一步完善，工信部下发《进一步落实网上备案信息真实性工作方案》，国家工商总局《网络商品交易管理行为暂行办法》开始实施，侵权责任法律法规开始生效。2010年6月8日，国务院新闻办公室首次发布《中国互联网状况》白皮书，阐述了中国政府关于互联网的基本政策："积极利用、科学发展、依法管理、确保安全"。

2010年3月，国务院提出加快发展体育产业，对拓展体育发展空间，丰富群众生活，培养体育人才，提高全民身体素质、生活质量和竞技体育水平，促进我国由体育大国向体育强国的转变，促进经济社会协调发展，具有重要意义。国务院办公厅发布《关于加快发展体育产业的指导意见》，提出以科学发展观为统领，坚持以人为本，坚持体育事业产业协调发展，深化改革、开拓创新的基本方针下，加大投融资支持力度、完善税费优惠政策、加强公共体育设施建设和管理、支持和规划职业体育发展、加强体育无形资产开发保护等。其中提出到2020年，培育一批具有国际竞争力的体育骨干企业和企业集团，形成一批有中国特色和国际影响力的体育产品品牌；建立体育服务业为重点、门类齐全、结构合理的体育产业；形成多种所有制并存，各种经济成分竞相参与的格局；体育产业增加值在国内生

产总值中所占比重明显提高；形成体育公共服务与市场服务相互结合、体育事业与体育产业协调发展的良好局面的目标。

（二）在用户积累和技术革新基础下，咕咚与时俱进谋求突破

咕咚的发展随着移动互联网发展进入快车道。2010年中国手机用户突破8亿人，互联网用户将近3亿人，手机上网用户数近3亿人，传统互联网时代正在向移动互联网迈进，内容版权、移动支付、终端发展成为业界普遍关注话题，各种类型的移动互联网应用相继出现。电子商务保持高速发展，1.42亿网民参与网购，中国网络购物市场规模达到世界第一。根据《乐视体育研究报告》，2015年咕咚的行业市场占有率超50%，在运动类App品牌中遥遥领先。

咕咚倡导技术以人为本，目前已获专利20余项。自创立以来，咕咚一直追求技术、产品、服务创新，为用户提供简单、快捷、可靠的互联网泛运动服务。2016年，咕咚正式迈入"全民运动生态系统"时代，从运动数据搜集和管理模式入手，结合视频直播、图文交互、资讯传递，打造高价值运动社交内容平台；开放运动数据平台接口加大跨界合作，持续完善移动支付、智能硬件接入等一系列解决方案，不断提升运动用户体验。

2017年3月，咕咚发布智能运动战略，加大对AI等新技术的投入，将运动装备、训练课程与AI技术结合，研发并推出了咕咚智能跑鞋等系列产品。2018年，随着智能交互技术的高速成长，多维度大数据的高效应用，咕咚通过自主研发植入的智能引擎和芯片等，打造了"数据+服务"的新平台，构建咕咚虚拟AI教练，完善运动商业生态。2019年，咕咚勇于颠覆传统、打破行业壁垒，通过收集自上亿名用户的运动大数据和AI技术，让运动"有数可依、有数可查、有数可用"。同时，第三方硬件产品接入咕咚开放平台Codoon Hub，可获得Codoon V-coach（咕咚智能教练系统）和第三方服务等多项支持。

二 发展历程

（一）平台化运作，开启运动社交+智能硬件新时代

2010年咕咚体育推出健身追踪器产品和咕咚网平台，以硬实力为基础，2011年成功申请了国家20余项硬件专利，产品远销海外次年，即获得了投资方的青睐，天使轮获得盛大投资2200万元。随着互联网快速更新迭代，咕咚开始转型，相继完善平台运营及硬件产品线，走向"软件+硬件"的道路。2013年发布国内首款智能穿戴运动设备"咕咚手环S"和"咕咚手环2"，并在2014年完成A轮、B轮融资约3亿元人民币，分别是深创投及中信资本6000万元人民币的投资，以及SIG和软银中国3000万美元的投资。

2014年底，中国互联网社交红利喷涌而出，咕咚App平台的运动社交服务应运而生。为了充分挖掘运动人群的社交需求，咕咚于2015年全面推出"运动圈"这一功能板块，运动用户可以在这一板块完成关注、点赞、评论、私信、交友、推荐等一系列社交需求。

（二）用户资源优化，打造全民运动生态系统

平台的完善，为提高用户量级带来机遇，咕咚体育2015年发布《2014中国跑步白皮书》，打造全民运动社交平台，提出"约跑上咕咚"，并首创线上马拉松概念。通过与北京马拉松赞助商阿迪达斯合作推出首个线上虚拟马拉松赛事，与中国银联、兴业银行合作发布国内首款可穿戴移动支付解决方案。咕咚体育成功举办了30余场线上马拉松，成为全

球最大线上马拉松和线上自行车赛事服务商,先后开发了 Running Girl、创业跑、城市微马、跑马季、城市领跑者、生肖跑、星座跑等自有 IP 赛事。其中星座跑、生肖跑、节日跑等作为官方超级 IP,从 2017 年运营至 2020 年,单项 IP 赛事的 PV 已高达 2 亿,参与人数 300 万,平均每场赛事至少有超过 3 万名跑友收藏完赛实体奖牌,已然成为站内用户参与度最高的赛事活动。另外,咕咚体育还打造了公益类 IP "月跑一善",希望通过公益主题跑步活动传播 "正能量",让更多人关注公益。到 2020 年, "月跑一善" 已经举办了 36 期,发起超过 1 万场线下活动,线上线下累计近 150 万人次参与,联合怡宝捐赠了公益图书馆与公益小学,获得多项企业公益奖。2015 年 12 月,尼尔森在《中国体育人群研究调查报告》中指出,咕咚 App 已成为运动人群首选运动社交软件,为咕咚体育在 2016 年 5 月 31 日完成 5000 万美元的 C 轮融资提供基础,此次融资由分众传媒与方源资本联合成立的体育基金领投,SIG 和软银中国跟投。

(三)AI 技术投入,推出智能运动设备

2017 年咕咚战略升级为 "智能运动,尽在咕咚",将运动装备、训练课程与 AI 技术结合,研发并推出了咕咚智能跑鞋等系列产品,继续领跑互联网体育行业。随着用户突破 1.5 亿,咕咚通过亿级用户运动大数据分析和智能装备数据分析,针对用户开发了运动能力测试系统,将运动装备、训练课程与 AI 技术结合,研发并推出了更多智能系列产品和 Codoon V - coach(咕咚智能教练系统)等,通过 AI 技术科学实时指导用户运动,升级 "健身 3.0 Alive",正式切入健身领域,推出国内首个智能直播课程 CODOON LIVE,用创新智能化玩法打造在线健身房,实现在线真人私教。

2017 年末,顺应市场及全球体育产业发展,咕咚体育从纯线上运动社交平台转型智能运动数据服务商,利用 "软件 + 智能硬件" 的模式,通过硬件获取更多维度用户数据,并通过软件智能提供高价值的附加增值服

务，打造"智能运动生态圈"，成功完成转型。

随着硬件的全面铺开，咕咚体育获得了更加精准的运动用户数据，并且在 AI 技术的持续加码下，对运动用户在"运动前、运动中、运动后"三个场景下进行全面指导干预，从而深度绑定用户，加强了用户黏性。

截至 2019 年 7 月，咕咚体育用户人数已突破 1.8 亿。为了能给用户提供更多智能服务，同年咕咚体育发布了运动手表 X3、跑步精灵和健康精灵等新智能硬件产品。其中运动手表 X3 更是亮相谷歌开发者大会，在与 WearOS 共同搭建的"极速 60 秒"互动拳击展区上，X3 手表的互动式拳击课程，吸引到了参展观众的热情体验。咕咚体育作为"本土化的 Peloton"已具备雏形，未来将在智能运动领域创造更多能量。

三 业务优势

截至 2020 年，咕咚体育作为深耕互联网运动产业十年的企业，依然在用户量、活跃度、用户价值等方面遥遥领先，并且始终围绕运动用户核心需求，不断拓展新业务和新方向。与行业同伴发展垂直领域的思路不同，咕咚体育坚持平台发展的方向，用品牌的力量、兼容性与行动力，诠释着运动行业的意义。

（一）构建全民运动社区，提供运动数据

咕咚体育致力于用专业的运动软件、硬件、课程与内容，为运动爱好者提供全方位的智能运动服务。截至 2020 年，咕咚用户数量已超过 1.8 亿，每天需要响应来自全球 210 个国家和地区数千万次的运动需求。咕咚 App 为用户提供精准的跑步、健身、骑行、健走等运动大数据，覆盖全国 31 个省份、310 多个城市、10000 多个跑场/路线，致力于打造城市运动地标。

（二）"内容为王"，产出运动圈专属内容资源

咕咚体育主张"分享运动喜悦，记录精彩生活"，为平台内所有运动爱好者提供基于大数据的专业知识、训练攻略、新闻资讯、达人分享、跑友故事、赛评赛记、运动黑科技等数万条运动经验，为平台运动爱好者打造专属的运动内容。

（三）首创线上赛事，还原真实马拉松比赛场景

咕咚体育自首次提出线上马拉松概念后，首创了一站式赛事服务，为运动爱好者提供国内外马拉松、骑行、铁人三项等赛事咨询、报名和参与全过程服务。针对不同主题的线上赛事，咕咚还倾力设计、生成完赛奖牌，每一块奖牌、每一场赛事，都在传承和弘扬传统文化，致力于为用户提供更完善的赛事体验。

2020 年，为了还原真实马拉松比赛场景、激发参赛者的竞赛精神，咕咚体育将马拉松 1.0 升级为马拉松 2.0，在"非实时赛事"的基础上，增加了"实时赛事"功能，要求参赛者同一时间开始、同一时间结束，并包含了赛前检录、赛后排名以及运动数据分析等关键环节。参赛过程中，参赛者可以通过在社交网络上分享跑步实况、运动状态等，对赛事进行实况转播，进行实时排名展示，还原竞技比赛紧张激烈的气氛。实时线上赛不仅高度还原了传统赛事体验的特点，还突破了地域、天气、温度等自然因素的限制，避免了外界的干扰，让跑者们可以全身心地投入到比赛中，创造出更好的成绩。

（四）引领全国跑团，打造运动团运营平台

咕咚体育从 2013 年开始运营运动团，目前已拥有超过 20 万个运动团，

分布于全国 340 个城市，在全国 96.8% 的城市中都能找到咕咚运动团。咕咚运动团每个月都会举办丰富有趣的主题活动，2019 年全年共举办 11 万多场活动，累计吸引超过 140 万人参加。"咕咚，让每个人动起来！Get Everybody Moving！"已不仅仅是一句简单的口号，更是咕咚体育身体力行的实际行动。

（五）建立虚拟教练系统，提供在线服务课程

咕咚体育基于 1.8 亿用户的运动大数据，结合 AI 技术，招募数百位专业教练，为平台运动爱好者提供专业的训练方案，帮助用户掌握运动技巧、提升运动能力，并将训练方案按照运动分类，整理为在线智能课程，由个人的运动历史数据测算运动能力，根据每个人的运动水平，可个性化定制训练方案。咕咚体育更首创健身直播，为家庭运动场景提供了更先进的解决方案，联合全国金牌教练，每日分多个时段开课，满足不同人群需求，只需要一部手机即可参与，配合咕咚硬件还可监测身体数据，帮助平台运动爱好者根据自身需求灵活选择、自由安排，达到智能高效运动的目的。

（六）加大 AI 技术研发力度，推出智能运动设备

随着智能交互技术的高速发展，多维度大数据的高效应用，咕咚智能设备应运而生。咕咚体育致力于成为全球领先的运动大数据和服务平台，自主研发并植入智能引擎和芯片，通过加大对云计算、AI 技术和运动专家团队的投入，打造了"数据＋服务"新平台，通过虚拟 AI 教练，为运动爱好者提供定制化服务。同时，咕咚体育在 AI 技术不断更新情况下，推出高质量智能运动装备，让智能运动装备与咕咚平台的训练课程结合，为平台运动爱好者带来更加便捷的运动体验。咕咚智能运动设备和平台互动直

播等训练课程的结合,打破了运动一定要到健身专属空间的约束,让所有运动爱好者无论身处何地,只要通过咕咚智能运动设备就能享受到如同私人教练在旁的运动体验,真正做到让运动更方便、更高效、更科学。

截至2020年,咕咚体育已经成功研发并推出了咕咚智能跑鞋系列产品、咕咚手环系列、咕咚智能运动手表、心率耳机、跑步精灵等个人运动智能设备,2019年更从个人运动扩展到陪伴性运动领域,推出家庭式运动陪伴设备健康精灵,获得广泛关注。其中咕咚跑鞋系列已经推出到第三代,针对不同距离提供多种选择,所有跑鞋内置咕咚跑步精灵,穿上跑鞋链接咕咚App就可以得到个性化的训练指导;而针对已有专业运动跑鞋的用户,咕咚体育也推出了针对99%系带跑鞋的跑步精灵,戴在鞋上也能体验到私教般的科学指导。为了更好地帮助年轻人关注父母健康问题,咕咚体育延展到了陪伴型运动方面。2019年底推出健康精灵,帮助儿女远程管理父母的运动情况;咕咚体育于2019年上市的智能手表X3,采用了国际一流的硬件设备,一经发售就得到了市场的认可。未来咕咚体育将不断革新技术提供更全面智能系列手表。

(七)平台流量占优,广告营销品效合一

2015年咕咚体育尝试商业化合作,确定了"品牌定制"的品牌互动方针,2016年进一步探索商业化合作模式,创造了Running girl、城市领跑者等跑步IP项目,并与品牌形成了良性合作。2017年咕咚体育正式商业化,同步启动了多个商业化改造项目,包括兼容三方监测平台、开放外链等,广告合作规模突破5000万元,与百家品牌达成深度合作。2018年咕咚体育进一步扩大商业化合作形式,合作广告主领域覆盖金融、快消、体育、汽车等,进一步开放了合作板块,接纳多样化合作形式。通过研发智能运动装备以及拓展智能运动服务,基于真实用户运动/社交数据支撑,让已有的1.8亿注册用户更具黏性,从而实现运动—社交—电商—服务的销售

变现。2019 年，互联网广告投放回归理性，咕咚针对着重品牌传播和公关营销的广告主，打造由浅入深、软硬结合的品牌定制传播策略，在定制品牌传播策略的同时，无缝链接商品购买转化，达成品效合一。

四　行业趋势及战略布局

（一）线下运动场馆的"生"与"活"

2016 年，国务院发布了《关于加快发展健身休闲产业的指导意见》，提出发挥体育场馆资源，扶持健身俱乐部发展，支持符合条件的健身休闲企业上市，引导群众参与健身休闲活动。而据前瞻产业研究院的一份数据预测，到 2022 年，我国健身俱乐部市场规模将达到 300 亿元。

特别是在"996 工作制"与新冠肺炎疫情双重夹击下，健身虽然已经成为现代社会共同认可的活动。但是在"宅在家就是为抗击疫情做贡献"的大环境下，比起封闭、沉闷的商业健身房等公共健身环境，以及团课、健身课，用户自觉开始"云健身"模式。

新冠肺炎疫情下，足不出户成了所有人迫不得已的选择，而一款名为《健身环大冒险》的 Switch 游戏也突然间风靡全国。这个神似普拉提圈的圆环，价格从 1000 多元跃升至数千元，甚至一些经销商表示，不仅有价格上升的趋势，且还可能买不到。而疫情被认为是推动健身环涨价的一个主要原因。

不同于线下健身门店的垂死挣扎，巨大的线上健身需求开始带动健身产品的营收翻番，甚至于一些精准狙击"线上健身市场"的品牌抓住机会开始选择用直播等形式维护用户、宣传品牌。打开最热门的短视频平台可见，不管是首页推荐还是用户检索，浏览量最高的永远是"健身课程"，可见"云健身"已经成为 2020 年的行业年度关键词。

（二）短期目标：新冠肺炎疫情下，咕咚体育如何突破重围

因为新冠肺炎疫情以及冬季气候原因，虽然咕咚体育户外用户活跃度有一些下降，但是由于室内运动数据的暴增，也带来了整体的活跃增长。而在家运动的多样化、趣味化、亲子化，也越来越被广大家庭用户接受和喜爱。

疫情期间，咕咚体育更是利用自身丰富的运动资源，迅速响应，持续整合创新，陆续推出在线运动系统、"宅家抗疫"直播健身课程，从运动指南到与多品牌联动发起的宅家运动计划，从免费直播健身课，再到室内线上挑战赛，咕咚体育都最大程度发挥"互联网+体育"领军企业的作用，将专业健身运动融入对抗疫情第一线中，积极履行一个企业的社会责任。

突如其来的新冠肺炎疫情让2019年原本就进入洗牌期的健身行业雪上加霜，优胜劣汰加速与行业格局重塑已是定局，如何抓住机会实现突出行业重围，咕咚已然胸有成竹。2020年初春，咕咚体育开始全面复工，加快线上互动及直播课程的内容完善以及室内场景智能运动设备的布局是首要任务。未来咕咚体育除了继续在专业运动领域智能穿戴设备上的深耕，不排除也会扩大领域试水以家庭场景为主的娱乐+健身模式的智能设备。

（三）长期目标：新冠肺炎疫情过后，与行业同质化品牌实现差异化发展

早在2015年，美国健身协会IHRSA数据显示，中国健身人群的数量仅390万，健身房渗透率仅为0.4%，而根据《2018中国健身行业数据报告》，该群体数量已达到了4327万，直追美国的6648万，健身房渗透率达到3.1%，实现了三年十余倍的爆发式增长。尽管健身人数低于美国，但毋庸置疑的是中国健身人数呈现逐年上升的走势。且相比美国超过20.3%

的健身人口，中国不足 3.1% 的健身渗透率依然很低，仍具备巨大的潜力。

健身行业真正的领头羊、成立于 2012 年的美国互动健身平台 Peloton，号称"健身领域的网飞""健身界的苹果"，在激烈的美国健身市场中杀出重围，于 2019 年 9 月登陆纳斯达克成功上市，且市值一度突破百亿美元大关。其主打产品——动感单车，配备有一块 22 英寸触摸屏，该系统平台上有超过 1 万个课程，同样会实时显示运动强度等等指数。此外，Peloton 还提供月付费直播课程服务，目前已拥有 140 万用户、51 万付费会员。2019 年 10 月，胡润研究院发布的《2019 胡润全球独角兽榜》中 Peloton 排名第 57 位。Baird 分析师乔纳森·科姆普（Jonathan Komp）给予该公司以"跑赢大盘"的评级，并称这家数字健身公司"创造了一种更好的健身模式，通过垂直整合的数字平台提供优质内容"。

虽然 Peloton 的成功与美国成熟的健身文化密不可分，但其巨大的市场潜力也让国内众多模仿者看到了希望。这当中野小兽（yesoul）直接复制 Peloton 的模式，从动感单车切入线上课程服务，不同的是，野小兽洞察到动感单车由于占地较大、国内健身观念普及率远不及美国等差异，将在家的健身场景切换到商城、SOHO 等公共空间。

此外，小米、华为等厂商作为早期的功能手环厂商代表，也在逐渐迭代产品，叠加心跳、运动检测等功能，逐步探索硬件与运动课程结合的可能。虽然它们在功能上具备一定的优势，但在健身运动的专业领域仍有不少欠缺。

而咕咚体育在最开始就明白 Peloton 的商业模式并不完全适合目前中国的健身市场。一方面，国内一线城市居住空间有限，没有足够大的空间放置一台跑步机；另一方面中国健身单车用户数量有限，相比之下，跑鞋、运动手表更加普遍。因此，咕咚想要打造属于自己的"智能硬件 + 内容 + 课程"模式，着重关注"软硬一体"的精髓，因地制宜选用从跑鞋、手表等运动硬件等更便捷的硬件作为切入口，打造一体化的智能运动体验，在此基础上联合第三方合作伙伴，共同打造线上内容。

早在2017年9月，在健身硬件同质化的格局下，咕咚体育率先提出智能运动战略，在发布智能运动硬件的同时，也在不断强化在线课程和内容体系，加大对AI等新技术的投入，布局线下新零售，打造消费级品牌，探索适合中国国情的"硬件+课程"Peloton新模式。目前咕咚已经上线了上千节在线互动课程和直播课程，与Peloton不同的是，咕咚并没有局限于一种运动器材或设备，而是从国内有更大使用量的大众化运动智能硬件出发，通过将运动装备、训练课程与AI技术结合，根据运动大数据分析，对用户提出安全而科学的指导，从而构建更加全面、更加立体的硬件基础设施，实现智能硬件与课程服务的有效创新。从目前市面上的销售情况来看，跑步精灵和运动手表X3都拥有极为优秀的智能体验，覆盖人群也更加广泛，表现出咕咚成为"中国版Peloton"的巨大潜力。

（四）不忘初心，深耕专业课程内容，抓住核心用户需求

运动本质还是身体的"自觉"，单纯依靠屏幕前教练的示范依葫芦画瓢般地练习，并不能适合于所有用户的身体情况，也不能满足其个性化需求，最终的结果很容易与灌输式教育一样引起反弹，甚至压抑了用户主动学习的欲望。这也是付费录播课程在"千人一面"的教学中，难以真正满足用户需求的病灶所在。

咕咚体育希望探索适合中国国情的"硬件+课程"Peloton新模式，目前已经建立了硬件+课程的模式。教练通过咕咚直播为学员提供课程，并通过硬件从后台监测所有学员的运动数据来进行指导。同时，咕咚体育也是一个在线运动基础设施服务商，第三方的健身房和教练产生内容，咕咚体育为他们提供硬件和课程，并分发内容。在智能运动手环的先发优势上，围绕用户不同的健身场景持续推出智能体脂秤、智能跑鞋等多款产品，以日益完整的硬件生态与其健身内容深层结合。

随着国内健身观念的流行，市场的逐步饱和挤压着线上品牌及线下场

馆的存活空间。如超级猩猩品牌化健身工作室，自己具备内容能力，可以服务大量用户。另外一些小众品牌线下工作室、运动达人以及私教教练在特殊时期，苦于成本和营收的压力，按照付费分成的方式开启线上合作引流，作为提高抗风险能力的不可或缺的手段。咕咚体育作为自带流量的大数据服务平台，提供直播服务，一方面使课程内容多元化，另一方面对有私教需求的用户来说，也是很好的内容补充。

除了与线下场馆的合作，咕咚也注重开发线下智能运动场景。2019年9月与成都市政府合作的咕咚绿道智能运动系统，实现了企业与政府的共赢。在"健康中国"的大背景下，咕咚通过绿道智能运动系统切入全民健身领域，将智能硬件、互动服务与公共运动空间进行有机联动，推动了智能运动的全面拓展，为实现体育强国贡献自己的力量。

作业帮：
学习的变革——以科技驱动在线教育新供给

一　在线教育流量侧产品优势

作业帮公司创立于2015年，是中国最大的K12在线教育平台。公司以"让优质教育触手可及"为使命，致力于以技术力量解决教育领域"痛点"，业务涵盖学科教育、素质教育、教育信息化、家庭教育等多个板块，自主研发了作业帮App、作业帮直播课App、作业帮口算App等多款学习产品及家庭教育产品。

截至2020年3月，作业帮旗下产品总日活跃用户数超过5000万，月活跃用户数超过1.7亿人，累计激活用户超过8亿人，占据K12教育流量侧绝对优势地位。作业帮App是中国唯一一款月活跃用户过亿的教育类App，是唯一进入中国Top30的教育类App，在App Store K12教育类长年排名第一。2020年春季作业帮直播课正价班招生量超过130万人，已累计服务学员超过4900万人，付费学员超过1200万人。

1. 拍照搜题

作业帮正式成立后，创始团队通过分析我国教育领域现状，以及大多数用户真实需求，从自身技术和产品实力出发，迅速推出了"拍照搜题"产品。这一产品推出后，立刻深受用户好评和市场认可。拍照搜题是作业帮的核心产品之一，市场占有率超过75%。

该功能从真实教学场景出发，用户通过拍照、语音等方式快速获取疑难问题的解答步骤、知识点解析，同时还配合有知识点串讲、视频讲解、人工答疑和举一反三练习。借助人工智能与2.5亿海量智能题库的结合，学生可完成"发现自身薄弱环节""及时查漏补缺""系统强化知识体系"的正向循环，最终建立符合自身特点的学习习惯。

2. 长期跟踪练习

作业帮还为学生提供"一练""同步练习"等长期跟踪练习服务。这些服务结合了作业帮2.5亿题量的智能题库系统,会根据学生学习情况,动态地推荐难度逐渐增加的练习。这样既能逐渐强化学生对知识的掌握情况,加深学习效果,又能不断提升学生的自信心,进一步激发学习动力。

2020年1月,国内权威数据公司QuestMobile发布中国互联网2019年度荣誉榜单,在"2019中国移动互联网Top 30赛道No.1 App"评选中,作业帮App以月活跃用户过亿的规模拿下在线教育赛道第一。

3. 作业帮直播课

从拍照搜题入手,作业帮持续完善产品矩阵,转型为综合平台,先后试过答疑、一对一、艺术素养课、在线班课等多种业务模式。通过大数据洞悉行业,作业帮团队快速作出决策,将业务重点聚焦于"作业帮直播课",也就是在线班课业务。

作业帮直播课是作业帮旗下领先的在线双师直播课,定位为"名师直播课在家学",覆盖小、初、高各学段全学科,紧贴教学政策和大纲自主研发,基于作业帮海量学习数据,打造教、学、测、练、评闭环学习系统,助力学生高效学习。在双师直播课堂,由主讲老师、辅导老师共同服务每一名学生。对比传统线下教培,可以节省学生和家长路上的时间;对比录播课程,老师可以与学生进行互动,从而调动学生学习积极性,保证学习效果。并且作业帮直播课程结束后,三年内可反复观看。

截至2020年3月,作业帮直播课累计服务学员超过4900万名,付费用户超过1200万人,已上线超过190000门在线直播班课,学员覆盖全国所有省区市,好评率达95%。

4. 作业帮口算

"作业帮口算"是作业帮旗下专为小学家长、老师用户打造的一站式数学作业辅导App,是"辅导作业好帮手"。作业帮口算依托作业帮大数据库,结合AI技术,上线了拍照检查、口算练习、创建班级、布置作业等功能。

通过"口算批改"功能,家长或老师只需用手机扫描学生作业,就能迅速显示批改结果,并给出相应的题目更正和讲解,从而大大节省家长或老师检查和辅导作业的时间。

口算批改小学数学作业可实现四则混合运算、竖式计算、脱式计算、解方程等计算类题型全批改,批改整体准确率达98%。平常家长给孩子批改一篇数学作业用时至少5分钟,老师需要1~3分钟,而使用"口算批改"最快1秒出结果。

二 优质直播课新供给

作业帮直播课依据在线教育特点和用户需求,形成了一整套教研教学及服务运营体系,并特意把教研、教学和辅导老师体系分开,各自独立运作,互相分工配合,用数据化提升组织管理,实现在线教育的精细化运营。

作业帮教师团队均为全职教师,其中教研教学老师约800人,国内重点大学、国外留学毕业教师占比九成以上,教学经验平均在5年以上,远超行业平均水平。作业帮形成了一套优秀教师队伍建设长效机制——"三严"体系,在"选拔""培训""考核"三大核心环节严格把关,确保教师团队的高水平和稳定性。

在教研教学环节,教研老师根据最新的考纲和政策等进行课程设计,再由产品经理根据课程逻辑设定激励体系、学习路径、交互方式,形成整体课程方案;教学老师根据统一规划,通过多轮备课,保证所有老师的授课水平在同一基准线之上。

在服务辅导环节,作业帮直播课拥有专职辅导老师超过5000名,每人跟踪300多名学生的学情,日常跟踪课程各环节学情,提供上课提醒、一对一答疑辅导、家访等，通过数据化工具和专用产品进行学生端管理，提升效率，尽量做到每个辅导老师跟踪同一位学生同一学段三年。

经过多年探索，作业帮直播课总结出，一门课程要让学生愿意学、喜欢学、学得懂、学得快，至少需要具备以下特点。

第一，课程难度适当。这是吸引学生的前提。作业帮直播课面向全国中小学生开发，在同步的基础上进行适当拔高和思维扩展。根据学生学情的不同，划分为不同梯度班型，有针对性地进行教学。

作业帮非一线城市用户占70%以上，对于这部分学生用户，同步和提升而非培优是主要需求，这也是作业帮直播课与市面上其他以培优为主的在线教育公司的一大差异。

第二，课程和服务优质。作业帮直播课保证课程和服务质量的关键，一靠"筹备"，二靠"标准化"，三靠"技术"。

不同于线下辅导，在线直播班课可以容纳两三千人甚至更多，对课程质量要求更高。在这个场景下，从教研、备课、授课都要尽量做到标准化，每节课都产生于一个完整的流程体系。

作业帮直播课的集体备课环节，会进行3~5轮彩排，保证所有老师在同一基准线之上；授课环节，平台用人工＋技术手段进行质检；授课后，所有老师立即进行复盘。

技术部门则持续帮助课程实现"更好的直播体验"，加强网络稳定，降低延迟，提升容量。同时教学行为数据化，让在线教育"因材施教"成为可能。当一个学生在作业帮直播课学习，其所有行为就会逐渐描绘出自身的学情画像，包括知识结构、薄弱环节、易错点。大数据加持，使得教研教学团队和辅导老师团队在教学内容、习题编排、辅导答疑等都有数据支撑，更加适应学生需求。

第三，主讲老师适应在线特点。在线下受欢迎的老师在线上不一定还会受欢迎，有幽默感、亲和力强的老师更容易脱颖而出。老师如何出镜能让学生感到舒服亲切，从而将学生吸引在屏幕前，这背后有一系列注意事项，包括妆发、着装、上课背景、语言和体态的注意要点等。

第四，课程有足够互动场景。作业帮直播课堂上有丰富的教学工具，例如在线视频连麦；互动式的提问工具：选项卡、是否卡、语音弹幕、互动题目等；及时的作答反馈，多维度的表扬激励：正误反馈、签到、红包、表扬榜、一对一表扬等。此外，6人小组直播教室、数学画板、iLab教学系统等"黑科技"陆续投入应用。这些多样的互动场景都极大激发了学生的积极性。

第五，课程有足够激励机制。如何让学生学习不枯燥、对课程感兴趣，更是从产品层面就需要设计的。

学生尤其是小学生在学习过程中，需要一种"被陪伴感"。2019年作业帮直播课针对小学阶段上线了学习伙伴"雪球"，这是一个虚拟的北极熊动漫形象，类似宠物，当学生完成了平台上的各项学习任务，就可以获得奖励来喂养它，然后解锁各种场景。雪球外表是虚拟宠物书童，但实际是一个跟踪记录学习数据的AI伴学系统。

"雪球"一经推出，受到了学生极大欢迎。随后作业帮直播课推出线下实体玩偶，只有全勤、按时按量完成每一次作业，才能够领取。团队本以为这个要求"很苛刻"，没想到玩偶推出之后，立刻供不应求，完课率、到课率等学习指标显著提升。

第六，辅导老师是督促孩子学习的关键。在K12在线教育领域，一个主讲老师可以面对数千名学生，但在课后，还需要有老师实时跟踪学生的课前预习、课中维持秩序、课后作业、日常答疑辅导、家访等个性化需求，这些工作统一由辅导老师承接。辅导老师是非常考验细致和耐心的工作，全国各地的学生理解力和视野不同，很多时候辅导老师都是手把手地教。

三 在行业激战洗牌中快速提升

教育是非常复杂庞大的行业，K12 领域又是其中最复杂庞大的一部分。中国中小学生从小学一年级到高三 12 个年级有 1.94 亿人，超过 70% 分布在三线城市等地区。

过去十年，中国的中小学线下教培市场是发展最快的部分，有自己的稳定特色。

第一，格局分散，CR10 不到 6%，即这个行业最顶尖的 10 家公司，市场占有率加在一起不到 10%。

第二，经过 20 年的发展，中国教育行业的巨头公司只有 2 家。

第三，这两家公司在过去十年里，年化增速保持 30% 以上，非常稳定。

所以这是一个增长不够快又很分散的传统市场，这个市场已经保持了 20 年的格局，依然很稳定。

但是在这个被称为慢行业的教育行业，最近 3 年发生了翻天覆地的变化。

这里面有三个关键变量——技术、资本、政策，其中最核心的变量是技术。整个教育行业被在线教育的新形态所冲击、影响、搅动。

对于在线教育行业，2019 年是行业大洗牌的一年。此前两三年，资本密集涌入行业，将大量人才、资源、基础建设能力带入，这直接导致在线教育行业井喷式发展。

2019 年以来，作业帮直播课实现了规模的快速增长。2019 年暑期付费学员达 198 万人，秋季学期正价课学员超过 97 万，寒假正价课招生量超过 110 万人，2020 年春季正价课招生人数超过 130 万。

在线教育普遍面临高获客成本难题。不过，几乎零获客成本的自有流量已经成为作业帮直播课增长最核心的用户来源。2019年暑期198万总服务人数中，有超过60%的用户来自自有流量；2019年秋季新增（相比2019年春季学期）人数中，则有超过70%来自自有流量。

二线城市之外的地区，成为作业帮直播课增长最快的地区。秋季近100万的服务人数中，有超过60%来自这些地区。

这个增速、增量，也是在线教育行业大发展的一个缩影。K12在线教育正处于行业增速最快的阶段，以学科教育领域行业TOP 5为例，秋季班课人数总规模共约600万，在线部分占比已接近50%；秋季学期的年度人数增量约300万，在线部分则贡献了至少60%。

经过2019年的行业激烈竞争，K12在线教育头部阵营已更加聚焦。

第一，流量侧市场不再分散。中国K12在线教育在流量侧，作业帮已经占据75%以上的市场份额，移动端产品矩阵总月活跃超过1.7亿，行业集中度变得越来越高。

第二，课程侧市场也不再分散。中国K12在线班课部分，截至2019年秋天，CR3的市场占有率超过70%，行业集中度相比线下非常之高。

第三，行业增速非常之快。2019年暑假K12在线班课用户总规模超过1000万人，1.94亿中小学生参培率按照40%～50%计算，这意味着有约10%的目标用户已经是在线教育的用户。作业帮直播课在2019年秋季学期就实现了400%以上年同比增长率。

通过这几组数据，可以发现，在线教育对拥有慢、传统、极其分散三个特点的教育行业冲击是很大的。

经过2019年暑、秋、寒多轮多维历练，作业帮的师资、教研教学、服务、技术、组织等综合实力得到了极大提升。

2019年，作业帮直播课教研教学师资团队扩充了三倍；辅导老师队伍突破5000人，在郑州、合肥等多个城市开设分校，从两个分站扩展到8个分站，完成了全国性布局。

业务大发展的背后是技术不断升级迭代。2018年下半年开始，作业帮加大人才引进和技术投入,在水平扩展性、容灾能力和稳定性上提出更高要求,互联网产研人员已经超过1000名。经历2019年大考,作业帮技术实力进一步夯实,直播稳定性也得到了提高。

同时,在2019年大考中经受锤炼提升的,还有企业组织能力。作业帮CEO侯建彬曾在接受媒体采访时称,对公司的整体期待之一就是打造一个强壮的组织,"因为只有一个强壮的组织,才能为用户释放和传递真正的产品价值"。

2020年1月,"作业帮一课"正式更名为"作业帮直播课"。表面上,这是一次产品品牌升级;背后,是作业帮业务和组织能力重新调整——一切以直播课为核心。

可以说,作为典型的长链条行业,上述教研、教学、服务、技术和组织能力等环环相扣,共同构成了在线教育企业的护城河。

四 做有初心、有温度的教育

近年来,作业帮始终以"让优质教育触手可及"为使命,积极履行社会责任,力争弥合地域、城乡、学校之间的教育差距。

中国1.94亿名中小学生群体中,一二线城市只占30%,绝大多数孩子都在三线城市及以下,他们缺乏好老师、好内容、好环境,对于优质的教育资源有非常强烈的渴求。

以作业帮为代表的在线教育公司正致力于解决这一社会痛点,助力国家教育均衡发展。

以技术赋能教育,弥补地方教育资源不足。作业帮始终坚持教育普惠,在深耕一二线城市的同时,不断加大在三四线及以外地区持续投入,促进了优质教育资源向更广阔地区覆盖和渗透。

从2016年到2018年,作业帮三线及以下城市用户占比发生了显著提升。截至 2019 年 9 月，三线及以下城市的激活用户占比从 2016 年的 65% 上升到 75.8%。作业帮人均使用时长 TOP10 的省份依次为云南、宁夏、青海、江西、山东、甘肃、安徽、新疆、海南、山西，中西部省份占 8 席。

在使用时长前 20 地区排名中，海南定安县、新疆图木舒克市、江西九江市、江西鹰潭市、青海海西蒙古族藏族自治州、新疆五家渠市、海南保亭黎族苗族自治县、青海海北藏族自治州、西藏那曲市、海南万宁市、海南琼中黎族苗族自治县、安徽铜陵市、江西景德镇市、青海海南藏族自治州、新疆哈密市、海南屯昌县 16 个地区均为中西部地区，占比 80%，这其中还有少数民族地区 9 个，占比 45%。

在国家深度扶贫的"三区三州"地区，2016 年 9 月到 2018 年底，月活跃增长速度均超过 120%。其中西藏自治区增长 124.3%，四川藏区增长 152.5%，云南怒江傈僳族自治州增长 157.7%，四川凉山彝族自治州增长 180.0%，新疆南疆四地州增长 194.1%，甘肃临夏回族自治州增长 218.4%。另外，玉树藏族自治州、黄南藏族自治州等重点地区增长率均在 200% 以上。

与此同时，也有越来越多的边远地区老师群体，借助作业帮 2.5 亿智能题库、超过千万知识点讲解，进行自身知识与教学的迭代优化，作业帮产品已成为当地扶贫扶智、阻断贫困代际传递的中坚力量。

以上数据展现出在线教育强大的下沉与普惠能力。借助互联网"广"的优势，作业帮能将好的教学内容扩散到全国各个地方；借助大数据的"准"，能生成精准的用户学习画像，告诉学生真正的难点、薄弱点及提供应对之策，高效地解决问题。

除了通过在线教育业务助力教育普惠，作业帮还积极参与教育公益，为贫困地区孩子输送紧缺而优质的教育资源。

2018 年 11 月，在第五届世界互联网大会上，作业帮创始人兼 CEO 侯建彬宣布发起"千帆公益计划"，提出与社会各界携手推进教育扶贫，相继和贵州省沿河土家族自治县、河北省赤城县等达成教育帮扶合作。2019

年是"千帆公益计划"落地的一年,从年初开始,作业帮已先后赴内蒙古、甘肃、云南等多地的十余所学校,进行爱心助学活动,捐赠大批图书、优质课程等。

此外,作业帮推出"帮帮公益"平台。用户通过这一平台,可以把在作业帮 App 中获得的"帮帮币"兑换成书包、文具、书籍等物品,直接捐献给贫困和边远地区有需要的少年儿童。截至 2019 年底,作业帮捐赠的帮帮币已超过 3300 万个,相当于捐献了超过 5500 本书籍,或者超过 25000 支钢笔。

帮帮公益还和米公益、幕天公益等公益机构合作,推出了多期公益项目,内容涉及帮助留守儿童、残障儿童,以及提供足球、绘画等公益体验课程。累计开展了超过 13 期公益项目,覆盖全国十余省区市,受益儿童过万名。

"作业帮诵读计划"则为贫困和边远地区学生提供基于中文诵读的各类课程;并携手清华大学推进"梦想学校"公益行活动,为有需要学校赠送包括智能手机、电话卡、数据流量等硬件设备,改善学校信息化教学环境,让"作业帮诵读计划"及后续各类公益课顺利落地,让更多学生享受到优质教育资源。

五 疫情对行业的"压力测试"

新冠肺炎疫情的爆发牵动人心。疫情之下,整个在线教育行业快速反应,各平台陆续推出免费直播课程,尽己所能,帮助延迟开学的全国中小学生"停课不停学"。教育行业虽非抗疫最前线,但也力所能及地为抗击疫情做出了贡献。

除了传统在线教育机构新东方、好未来、作业帮、猿辅导、网易有道等,一些新平台也积极行动:哔哩哔哩网站推出了"B 站不停学",抖音上线了清华北大直播课，快手上线了"停课不停学"专区，爱奇艺发起了"停课不停学"计划。

作业帮于2020年1月25日（大年初一），率先面向全国用户推出免费直播课，覆盖小、初、高所有年级主要学科。报名免费直播课人数突破3100万，为行业最高，且直播流畅，实现零宕机、无事故。这次免费课项目中，作业帮为全国孩子们提供了优秀的老师、课程，提供了稳定的技术支持等。

作业帮免费直播课针对特殊学情定制内容，主要为校内基础知识点的巩固复习。课程安排合理丰富，有贴合校内基础知识点巩固学习的学科培训，小学还有诗词、美术、习字、科学这些素质教育课程，初中还安排了名著赏析、理化实验。作业帮还特意安排了英语和语文早读、课间眼保健操以及室内体育课，希望孩子们在空中课堂既能巩固积累知识，又能养成良好的作息习惯，度过一个充实、快乐的假期。

除了为学生提供免费直播课外，作业帮还开设了家庭教育课以及疫情防护知识直播课，线上直播课这种方式能够让更多的人受益。

此外，作业帮推出了"作业帮名家讲堂"，邀请惠若琪、薛兆丰、蒙曼、纪连海等名人大咖做客直播，希望不断拓展形式多样、丰富多彩的在线精品课程，让学生在课堂内外都能得到全面的身心发展。

2020年3月31日，全国高考延期的消息一经公布，作业帮直播课又在第一时间推出"高考加油站"，为高考学子提供包括高中课程重难点、名师解题大招、高考冲刺建议等在内的免费直播课。此外，作业帮直播课还计划邀请教育、心理等领域专家，在备考期以及高考后一段时间内，为高考学生提供政策解读、心理辅导、志愿填报等免费公益课程。

疫情期间，直播课用户激增十几倍，确实给作业帮带来一定挑战，最主要的就是技术方面。对于直播课场景来说，老师讲课需要极强的逻辑和连贯性，环环相扣，对直播稳定性要求极高，如果出现卡顿、黑屏等技术问题，学生有几秒钟没听懂，可能接下来的课时就达不到预期效果了。

面对千万级高并发直播，在技术上别掉链子，是作业帮直播课技术团队最关注的问题。当流量增长数倍，并不是服务器数量增长几倍就能应付，量变冲击下系统必须完成质变，架构需要进行大改造甚至推倒重来。从除夕启动项目开始，140名产研工程师组成的研发团队就开始每天做扩容等技术储备，并投入数百台服务器、大量带宽，以保障课程的稳定性。

正如行业人士分析，因为用户可以在各大平台免费课之间自由选择，用脚投票，所以疫情期间为全国中小学生提供免费课，其实是对各家企业的组织能力、技术支撑、流量运营、教学服务等多维度综合实力的一次大考和压力测试。

此外，针对全国各地学校老师初次接触网课、经验不足的问题，作业帮直播课还推出网课上课指南，从基础硬件、备课准备、课堂设计、上课技巧等四个方面提供操作指南，希望能为初次接触在线直播授课的教育工作者提供相关帮助。

六 在线教育进入持久战

2020年初的超长寒假将是在线教育的一个重要转折点。虽然面临诸多挑战，但疫情对行业未来整体发展仍有一些推动。

第一，家长、学生会更充分认识到直播课的价值，认知转变会更快，大家对这个新事物的接受程度一定会变得更高。仅作业帮的免费直播课就有3100万名独立用户，疫情之后行业前景应该是更好的，对中国教育发展也是利好的。

第二，整个教育生态不只由家长和学生组成，还有老师、学校、教委等各级主管部门，他们对在线教育的认知也会有一个大的改变，大家的思路会重新梳理，希望行业内有技术实力的公司更多支持在线教育，这种需求比以往变得更紧迫。

第三，教育行业会加速线上化转型，一些大的线下机构会被迫转型线上。

有行业人士预测，在线教育原本渗透率不足10%，经此疫情，将可能很快达到20%甚至更高。

优质教育新供给将引发一场学习的革命，以下趋势将不可逆转：

（1）技术驱动将扭转优质教育资源不均等分布现状；

（2）优质教育对于县城乡村孩子们来说将变得触手可及；

（3）在线学习或将是未来工作生活方式的预演，并助推数字化变革在中国的发展。

过去5年，作业帮的发展经历了两个阶段，第一个阶段已经结束，第二个阶段还在路上。

第一阶段采用了速胜的战略，以技术为驱动取得在线流量侧的竞争优势，作业帮App用2年时间做到了业界第一，如今公司拥有1.7亿月活跃用户的产品矩阵。

第二阶段即与中国K12在线教育课程的同步发展，这一阶段是不可能速胜的，而是持久战。相比速胜，持久战更比拼耐心、筹划和长远的奋斗精神。在线教育行业普遍认知是，智慧教育的基础设施，取决于两个基础能力，一是优质的课程体系和教学服务能力，二是优质教育的普惠能力。前者比拼教育内容和服务，后者比拼技术产品。

纵向来看，需要教研的投入，形成特色鲜明的课程体系，这是线上教育质量保证；需要优秀的师资，能驾驭课程，这是线上教育的学习体验保证；需要辅导老师解决学习过程中的问题，包括进度、难点、消化、反馈，这是学习效果的保证。

形势与环境剧变，但行业的本质没变，课程和服务品质依然是在线教育企业的核心竞争力，企业要继续聚焦课程品质、组织打造和技术实力等。

相对于财务指标，客户价值更应受到关注。客户价值，就是学习效果。作为一家教育公司，作业帮面对的是父母的期许、孩子的未来、家庭的希望，需继续修炼内功、提升品质，在规模提升的同时持续保障学习效果。

相对于短期规模，组织效率更应受到关注。以什么成本获客，以什么人效服务，以什么代价留存，都是组织效率的范畴，是公司内部运营中最重要的指标。增速和规模固然重要，但只有效率的提升才能带来健康、持续的增长。

不断提升教研教学、服务、技术等硬实力，为学生和家长提供更好的价值和体验，并提升企业的效率成本比，是线下线上教育机构共同持续面临的课题。

教育是一件美好的事情，值得全力以赴。

投资企业篇

北京银行： 文化金融 "排头兵" ／319

敦鸿资产： 在大科技时代，做好文化科技投资 ／329

盛景嘉成： 追求安全前提下的中长期复利回报 ／347

北京银行：
文化金融"排头兵"

北京银行成立以来,紧贴首都发展脉搏,打造文化金融特色品牌、建设"文创企业最佳服务银行",在中国银行业率先探索文化金融,开创多项第一,累计为超过 8000 家文创企业提供贷款支持超过 2800 亿元,自北京有文化金融分类统计以来市场份额始终位居第一,成为中国银行业推出产品最早、小微贷款最多、支持项目最全的文化金融"排头兵"。截至 2019 年末,北京银行的文化金融贷款余额 640 亿元,市场份额始终位居北京市首位。

一 着力打造文化金融标杆银行

1. 开创国内文化金融领域多项第一

一是实践探索早。2006 年,北京银行向北京市委市政府提交《构建北京文化创意产业发展的金融支持体系研究》课题报告,就此开启金融支持文化产业探索之路。二是战略定位高。北京银行早在 2009 年已树立全行文化金融战略定位,将文化金融写入全行发展规划,并由总行小企业事业部牵头全行文化金融工作。三是市场份额大。北京银行自推出创意贷品牌以来,年均增速保持在 30% 以上,自有文化金融分类统计以来市场份额始终位居第一,在第一届和第二届"首都文化企业 30 强、30 佳"入围的 120 家企业中,近 70% 的企业是由北京银行支持的。四是支持领域广。北京银行文化金融覆盖内容创作生产、文化娱乐休闲服务、文化投资运营、文化辅助生产和中介服务、文化传播渠道、新闻信息服务、文化装备生产、创意设计服务、文化消费终端生产 9 大领域。五是小微服务多。北京银行累计支持的小微文创企业占全部文化金融户数的 90% 以上,为同业中小微文创金融服务最多、下沉客户最小的金融服务机构。

2. 支持首都文创产业打造精品力作

北京银行支持了一批优质影视剧出品上映,为中国票房冠军《战狼 2》

的出品方、发行方提供融资支持,贷款支持《烈火英雄》《决胜时刻》《中国机长》"中国骄傲三部曲"拍摄。此外,支持博纳影业、新丽传媒、华录百纳、光线传媒、光环传媒、儒意欣欣、盟将威影视等高成长影视传媒企业,打造出《红海行动》《建军大业》《人民的名义》《湄公河行动》《那年花开月正圆》《军师联盟》《天才枪手》《摔跤吧爸爸》《智取威虎山》《让子弹飞》《功夫瑜伽》等热门影片,以及《北平无战事》《步步惊心》等热播电视剧。同时,为万达电影院线、耀莱院线提供一揽子金融服务,支持其院线建设。服务了凯撒旅游、众信旅游、中青旅等旅游企业,支持古北水镇等旅游项目。支持了完美世界、昆仑万维、掌趣科技、每日视界等动漫游戏企业。为开心麻花剧场演出、春秋永乐演唱会筹办、微影时代线上票务系统提供融资服务。支持了新华书店、北京出版社、时尚杂志、雨枫书馆等出版行业企业转型升级。为保利艺术中心、保利国际拍卖提供一揽子艺术品交易服务。为国家游泳中心、探路者户外用品、三夫户外用品等提供了融资支持。另外,北京银行还全力支持中视东升、莱锦创意、尚8等园区建设发展。

3. 树立首都文化金融亮丽品牌

北京银行荣获中国人民银行授予的"文化金融服务先进单位""文化金融产品创新先进单位""信贷政策导向效果评估一等奖"等荣誉。获得北京市新闻出版广电局"北京影视出版产业最佳服务银行"荣誉称号。"创意贷"荣获中国银行业协会颁发的"服务中小企业及三农双十佳特优产品奖"和北京银保监局颁发的"小企业金融服务特色产品奖"。

二 探索文化金融服务特色模式

1. 专营机构"驱动",增强文化金融服务专业性和普惠性

总行层面,成立了文化金融领导小组,组长由董事长担任,主管公司业务的行领导担任工作小组组长；并在小企业事业部牵头全行文化金融推动的基础上，进一步成立文创金融事业总部，负责文化金融创新机制搭建、创新模式的探索及创新服务的落地，围绕文化金融形成全行业务推动与重点创新落地相结合的管理模式。分行层面，成立由一把手牵头的文化金融小组，并组建文化金融服务团队。支行层面，成立21家文创特色支行，成立雍和、大望路两家文创专营支行，形成专营组织架构、专项指标考核、专属业务范围、专职人员配备和单独绩效考核、单独权限设立、单独审批通道、单独额度匹配的"四专四单"配套支持政策。同时，成立国内首家"文创信贷工厂"，借鉴工厂流水线操作，按照"批量化营销、标准化操作、差异化贷后、特色化激励"要求，缩短审批时间，提高审批效率。此外，设立国内银行业首家创客中心，实现文创企业"创业孵化+股权投资+债权融资"的一体化服务。

2. 特色产品"驱动"，打通文化金融服务"最后一公里"

点面结合，强化文化金融产品创新。一是针对成长阶段及行业特质提供"点对点"金融创新。为初创期企业提供"文创普惠贷"等标准化普惠制产品；为成长期企业提供"智权贷""书香贷""农旅贷""创意设计贷"等特色产品。二是围绕产业特性进行"产业链"服务方案创新。在业内率先推出"文化IP通"金融服务方案，下设IP融资通、投资通、服务通三大系列。针对影视、文旅等重点产业，先后推出"影视贷"全产业链金融服务方案，发布"文旅贷"金融服务行动计划，描绘"文旅+金融"发展蓝图。同时，强化前沿金融科技应用，打造"京管+"企业手机银行，为小微企业提供移动办公、财务审批、融资申请等全方位服务；推出小微企业"网速贷"线上融资产品，网银随借随还；推出线上供应链产品"京信链"等，推动业务向线上化、智能化、场景化发展。

3. 联动合作"驱动"，构建首都文化金融服务生态圈

2007年，北京银行与北京市文化创意产业促进中心签订战略合作协议，约定向后者每年提供50亿元专项授信额度。2010年，作为唯一一家股份制商业银行参与文化部牵头的文化产业投融资公共服务平台建设。2014年，北京银行与北京市文资办签署战略合作协议，约定三年内为文化企业提供不少于800亿元意向性授信。2015年，作为唯一一家金融机构，与国家文化产业创新实验区签署战略合作协议，向后者支持的企业授信1000亿元并推出"1+1+10+N"文化创新投融资模式。北京银行分别在2010年和2017年，与北京市新闻出版广电局签订两轮战略合作协议，授信金额从最初的100亿元提高到500亿元。2017年，为加大在文化与金融合作示范区方面的合作，北京银行提供100亿元专项额度，支持示范区发展。2019年7月，北京银行与北京市文化和旅游局签署《支持文化和旅游产业高质量发展全面战略合作协议》，计划在此后5年内为北京市文化和旅游企业提供200亿元人民币意向性表内外授信额度，共同开启文化和旅游高质量融合新篇章。

三 积极扶持文化企业健康可持续发展

为进一步减轻新冠肺炎疫情对文化企业生产经营的影响，促进文化企业健康可持续发展，全国各省市都陆续出台了一些支持文化和旅游企业共渡难关的"救市"措施。北京银行在特殊时期积极发挥文化金融"排头兵"的先锋作用，与文化小微企业同舟共济、共渡难关，第一时间研究制定6项、16条举措，为打好疫情防控阻击战、强化小微企业金融服务供给提供了坚实金融保障，与小微企业携手并肩，共克时艰。

6项举措，一是增加小微企业信贷投放，二是研发推出专项对接产品，三是提升银企服务对接效率，四是加大科技文化企业支持，五是提升银担合作服务质效，六是汇聚多方协调联动合力。特别围绕支持科技文化企业，北京银行提出针对受疫情影响的科技文化类小微企业，加大信贷支持力度，确保科技金融、文化金融增速不低于全行贷款平均增速。在具体举措上，北京银行充分发挥长期以来服务文化企业的优势，主动出击，专项支持，资源倾斜，提供优惠利率，为小微文化企业提供最专业、最贴心的服务。

1. 主动出击，专项产品提供服务保障

北京银行在春节期间推出的"京诚贷"小微信贷产品，为受困行业和企业提供了延期、续期等多项紧急方案。"京诚贷"专门服务于受新冠肺炎疫情影响临时停业、资金周转困难的小微企业，其中就包括重点支持文化企业。北京银行以续贷、延期等创新方式提供信贷资金的无缝衔接，下调受困企业贷款利率，降低成本。

受2020年初新冠肺炎疫情影响，A公司文娱品牌"超乐场"整体处于停业状态超过1个月时间，往年春节期间企业1个月能有近2亿元收入，2020年春节却无收入进账，且复工时间暂时无法确定。针对A公司面临的资金周转压力，北京银行北京分行主动给企业增加"京诚贷"续贷业务品种，额度600万元，分别给企业旗下3家子公司使用，每家各200万元。该笔新增授信已审批通过，并第一时间落实了抵押放款手续。

2. 银担对接，打造小微文化服务平台

特别围绕广大小微文创企业，结合其有效担保不足现状，北京银行联合首创担保、中关村科技担保、国华文创担保等多家担保公司快速行动，强强联合，主要从精准服务对象、优惠费（利）率安排、快速审批通道、专项额度保障、高效服务机制等多方面，在疫情防控期间匹配专项措施，形成深度合作，支持企业渡过难关。

B公司主营业务是博物馆整体展陈设计实施。受新冠肺炎疫情影响，目前企业所有进入施工的项目均处于停工状态，企业回款账期变长，对资金流造成一定影响。北京银行城市副中心分行立即联合北京国华文科融资担保有限公司对该公司给予1000万元综合授信，并成功放款600万元，支持企业渡过疫情难关。

C公司是一家从事智能乐器的研发以及智能音乐教育架构搭建的企业，

受新冠肺炎疫情影响，企业自身无法正常营业，销售收入出现下滑；企业上游及代工厂无法正常复工，供应链出现断层；企业下游贸易公司、实体店面受疫情冲击，产品无法正常销售；企业经营场所为租赁物业，租金、人员工资、银行欠款利息等企业支出仍在持续，现金流日趋紧张。北京银行深圳分行和深圳高新投融资担保有限公司第一时间联系 C 公司，并为其提供流动资金贷款 100 万元，期限 1 年，贷款发放后次月起每月还本 5 万元，余额到期一次性结清。最终企业于 2020 年 2 月 17 日提款 100 万元，由于企业为受疫情影响的文化类企业，为与企业共克时艰，北京银行在绿色通道的基础上给予其基准利率放款优惠，结合配套贴息，进一步降低了企业融资成本。

3. 灵活定制，重点锁定科技文化融合

新冠肺炎疫情促使文化科技深度融合，加快了新兴文化业态的发展，文化科技融合，正在成为推动文化产业高质量发展的核心动能。

D 公司针对现阶段疫情防控需要，为应对即将到来的复工潮，避免因接触导致的交叉感染，研发出智能测温设备防控系统，通过自主知识产权的"彩虹"AI 引擎，采用非接触测量方式，同时对多人进行体温检测，通过大屏和双摄像头分立方案，光学摄像头运用人工智能进行人像识别、红外摄像头利用热成像技术，精准检测到行人额头温度，做到快速识别、精准防范，助力复工。为了保证 D 公司智能设备的及时生产，在返工大潮来临前投入使用，北京银行南京分行第一时间为 D 公司制定授信方案，加班加点，多部门密切配合，通过线上沟通、线上申报、线上审批，1 天内为 D 公司新增 500 万元信用贷款。该款项已经用于企业生产智能测温设备的原材料采购，为防疫建设提供了金融保障。

4. 锁定重点，延展文旅金融服务触角

北京银行作为文化金融的服务者、创新者、先行者，多年来持续加大文化旅游领域支持力度，目前已累计发放相关贷款超 400 亿元，支持文艺演出、景区开发、艺术品画廊以及动漫游戏等文化旅游产业发展。围绕文旅等重点行业，北京银行主动行动、关爱企业。

E公司属于旅游行业企业，因受新冠肺炎疫情影响，企业需要将春节期间所有订房、订餐的收入全额退回，同时还需支付员工工资和银行贷款利息，春节期间直接损失逾5000万元，现金流较为紧张。针对此情况，北京银行长沙分行积极与E公司对接，为其发放贷款100余万元，缓解企业资金紧张问题。贷款采用在建工程抵押、公司股权质押、项目收费权质押等方式进行担保。

F公司是临潼国家旅游休闲景区建设和文化旅游商业开发经营的中坚力量。疫情发生以来，由于临潼度假区客流阻断，景区日常经营停滞，项目建设暂停，企业日常资金周转出现暂时困难。同时，按照西安市启动的重大突发公共卫生事件一级响应要求及相关统一部署，企业下属的两家酒店被指定为疫情防控留观人员定点接待酒店。企业急需部分流动资金用于疫情防控工作。北京银行西安分行得知客户出现资金周转问题后，多部门全力协调配合，客户经理当天完成资料搜集等各项前期调查工作，审批人员同时参与，克服办公条件限制，完成各项审查工作，并通过远程连线完成业务审批。该笔业务从上报到审批完成仅用时1日，西安分行以高效服务给予企业2500万元授信支持，免除了企业资金的后顾之忧，助力企业全力做好疫情防控工作。

敦鸿资产：
在大科技时代，
做好文化科技投资

一 技术是决定文化产业新旧变迁的最关键因素

（一）按照互联网深度理解的新旧文化产业

以互联网为基础的新技术是决定文化产业新旧变迁的最重要因素，这种新技术是指基于互联网的各种影响信息生产、传输、消费的新技术的总称，包括5G、云、AR、VR、AI、大数据等。为简便起见，本文用互联网深度这一概念来表示文化产业（或其细分板块）被互联网改造或者渗透的程度（见图1）。

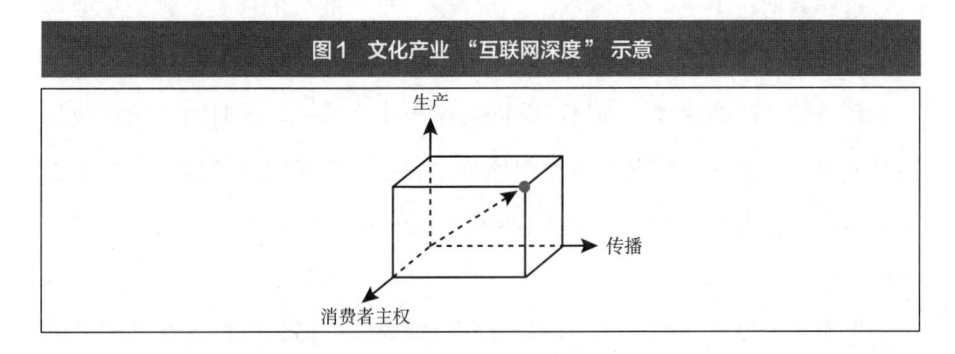

图1 文化产业"互联网深度"示意

任何产业都是围绕产品（商品）的生产、流通和消费展开的，文化产业也如此。按照这三个维度的互联网深度，我们可以大体刻画出文化产业的互联网深度。

其中，生产维度的互联网深度是指生产者进入的难易，包括文化生产的自然门槛和规制准入（包括各种正式非正式的准入许可）。其中自然门槛主要有技术要求、最低资本门槛、产业链长短等因素。生产者越容易进入，互联网深度越高。

流通（传播）维度的互联网深度是指文化信息的传播是单向还是双向

互动,是长通道还是短通道,其核心是各种形式的去中介化。决定传播环节互联网深度的因素主要有:准入管制、互联网社交发达程度、信息传播技术和费用等因素。

消费维度的互联网深度是指消费者主权,包括消费者对消费时间的选择、对消费时段碎片化的选择、对内容和内容的碎片化的选择、对消费场景的选择、消费者隐私保护等。核心是文化消费从"我被允许消费什么"到"我想要消费什么"。

由文化产品的生产、流通、消费三个环节共同合成的互联网深度,决定了该细分文化产业的"新"与"旧"。需要指出的是,对文化产业的这种"新"与"旧"理解是基于投资的目的,没有任何价值判断,类似经济增长中的新兴产业与传统产业。我们认为一种文化产业越"新",则其蕴含的投资机会越大。

这样就构建了一个分析文化产业"新"与"旧"的框架。这个框架包括三个要素:文化内容的生产、文化内容的传播、文化内容的消费。任何一个环节的互联网深度,都将影响该文化产业的新旧。同时由文化产业自身性质决定,有些变化发生在生产环节,有些发生在传播环节,有些发生在消费环节。大多数时候三个环节的变化是同时发生的,且彼此之间相互影响。

按照这个分析框架,我们很容易看到纸媒、广播、电影、缺乏交互的电视频道、出版等,都属于传统文化产业。大量在传统状态下有很高制作难度和门槛的专业生产内容(PGC)内容也属于传统文化产业的产品。

(二)人口不是影响文化产业的关键因素

技术对文化产业的决定性影响经常被人口因素所冲淡,人口因素不是影响文化产业发展的关键因素。可以观察到在生产力没有突变的很多年代,一辈又一辈的年轻人在消费着和祖辈同样的文化产品。那时候的年轻人也是年轻人，但是他们为什么没有发展出我们现在所熟知的二次元文化、偶像文化呢？

这是因为背后的生产力条件不一样。借助于以互联网为核心的新技术，不同年龄段的消费者可以更精准、更小众地生产和消费属于自己的文化内容。小众人群的文化需求越来越容易被满足，背后实质是需求信息的精准传导以及依赖于社会高度垂直化分工带来的生产效率的提高，否则很多小批量的产品根本无法生产，因为规模不经济。

因此人口和人口结构对文化产业有重要影响，但这种影响主要都是基于互联网的新技术发生的，没有这些新技术，新一代的年轻人和上一代的年轻人并没有什么区别。

基于以上理解，下面从"基于5G的大视频投资""智慧大屏：家庭互联的第一入口""网络信息安全：保障互联网和大数据应用的关键基础设施"三个领域来具体分析敦鸿资产对文化科技产业投资三个具体赛道的理解。

二 基于5G的大视频投资

（一）底层技术的变革会产生应用场景变化，出现新的机会，5G时代视频会是最先爆发的领域

过去几年，随着移动通信网络的完善，移动智能终端普及，互联网视频正以各种应用形态如雨后春笋般出现，如网络视频、现场直播、在线教育、游戏直播、移动直播、视频通信等。目前占领用户时间第一位的是视频，中国约90%的带宽被互联网视频占据。人类信息传播方式，正由图文传播向视频传播快速转变。而随着5G的普及，将会进一步推动大视频时代的全面到来。

在3G时代以前,实际上还是以PC互联网为主导。而在3G图片时代,移动互联网开始崛起,用户在智能终端上能完成过去无法实现的功能。进入4G时代后,硬件和应用持续发展,衍生出了过去不可想象的市场空间和商业形态。这一切变化的根源在于,底层技术变革导致的应用场景变化,出现了新的流量分配机会。而5G强大的新特性必将带来新的技术和应用变革,从而产生新的机会(见图2)。

ITU定义了5G三大应用场景:增强型移动宽带(eMBB)、海量机器通信(mMTC)和低时延高可靠通信(uRLLC)。其中,eMBB场景主要提升以"人"为中心的娱乐、社交等个人消费业务的通信体验,适用于高速率、大带宽的移动宽带业务,典型应用包括超高清视频、VR/AR视频等。mMTC和uRLLC则主要面向物物连接的物联网应用场景。视频领域对于带宽和速度的要求最高,距离普通消费者又最近,因此将会成为首先爆发的5G应用。

(二)互联网应用的全面视频化

视频领域的爆发已经显而易见。我们认为,接下来互联网应用几乎都会视频化,即和视频流媒体化深度融合。这里以目前互联网各个板块和应用分类为例。

第一类是本身就以视频为主的应用,如以爱奇艺、腾讯视频、优酷土豆为代表的长视频平台和以抖音、快手为代表的短视频平台。长视频平台的视频内容目前正在向超高清视频方向发展,可以看到越来越多的4K内容出现,来满足用户更高的观赏需求。而短视频平台,则在视频交互、直播互动上做深入,逐渐延伸出一定的视频社交、电商的需求。

第二类是已经开始视频化的应用。譬如电商,可以看到从过去以图文为主到增加短视频内容,再到目前开始发力视频直播。因为随着图文到短视频再到直播,用户信息获取丰富度和交互性在增强,使得转化率在不断

图 2 从 1G 到 5G

	1G语音时代	2G文本时代	3G图片时代	4G视频时代	5G时代
信息基础设施	专线+LAN	专线+LAN向ADSL高速发展	专线+LAN向ADSL高速发展		
	<2M	<2M	2M~20M	>20M	>100M
硬件	2.4K	64K	2M	100M	20G
	摩托罗拉、爱立信	诺基亚7110			
特点	1G是第一代无线蜂窝技术仅支持语音呼叫，最高速度为2.4 Kbps	支持短信和彩信技术，初步支持上网浏览文本信息。	拥有更高频宽和更稳定传输、电话短信→数据通信，以功能为主→以应用软件为主	具备速度更快、通信灵活、高/高质量通信的特点，高智能性、费用便宜的特点，移动互联网达到了一个全新的高度	具备低时延、高可靠性、低功耗的特点，应用领域广泛超高清视频直播、云游戏、VR/AR、无人驾驶、智能家居、智慧城市、物联网等
应用		PC端互联网时代，门户网站兴起	移动互联网开端，巨头大战社交领域	移动互联网时代，O2O、短视频+直播、手游兴起	
	20世纪80年代	20世纪90年代初	20世纪90年代末	2000~2008 2009 2010 2011 2012 2013 2014	2015 2016 2017 2018 2019 2020 2021

提升。游戏方面，云游戏是游戏和视频流媒体技术融合最典型的代表，目前也正在快速发展。本地生活服务方面，可以看到像美团、大众点评已经出现了大量用户分享的视频内容，平台也引导商家做探店等视频内容展示。

第三类是还未视频化的应用形态。譬如在线阅读，目前还是以文字为主，虽然也有引入图片甚至互动，但应用形态本身并未视频化。譬如信息搜索，在大视频时代，过去以百度为代表的传统信息检索并不适合，所以未来可能会出现新的形态。譬如社区，以豆瓣为代表的传统社区，大部分还停留在图文时代，而类似B站这种以特定群体用户生产内容（UGC）视频为主，形成了特有文化的视频社区，代表了大视频时代社区的一种发展方向。还未视频化的应用存在新的机会，甚至会诞生新一代的垂直平台。

（三）大视频市场驱动因素

5G等技术驱动的大视频市场具有巨大机会，其驱动因素如下。

（1）基础设施建设完善。各类智能终端普及，视频传输网络完善，特别是未来5G网络的普及，将给视频产业带来进一步腾飞的契机。

（2）用户视频需求爆发式增长，要求不断提升。各种应用形态不断出现，如超清视频、短视频、在线教育、移动直播等。同时，人们对于视频的质量要求在提高，从高清到超高清，未来结合5G应用场景将出现更多的应用形态。

（3）产业政策支持。不断利好的产业政策出台，2019年3月，工信部印发《超高清视频产业发展行动计划（2019～2022）》，超高清视频产业的发展具有"促进我国信息产业和文化产业整体实力提升"的双重意义。按照"4K先行、兼顾8K"的总体技术路线，大力推进超高清视频产业发展和相关领域的应用。到2022年，我国超高清视频产业总体规模超过4万亿元人民币，4K产业生态体系基本完善，8K关键技术产品研发和产业化取得突破，形成一批具有国际竞争力的企业；在文教娱乐、安防监控、医疗健康、智能交通、工业制造等领域实现超高清视频的规模化应用。

基于以上几点，我们认为视频产业未来将迎来系统性机会，整个视频产业链都将有大发展。

（四）大视频市场投资机会分析

大视频产业将蓬勃发展，那么大视频时代的投资机会在哪里？我们将大视频产业分为3个层面，各自都具有相应的投资机会。

1. 应用层/2C 消费级产品

首先是应用层面，这个层面最贴近普通用户。具体应用包括长视频平台、直播平台、图文/视频编辑工具、云视频会议、VR/AR 等。以新冠肺炎疫情期间需求暴涨的云视频会议为例，视频会议从过去的传统硬件方案在向云视频转移，5G 时代趋势会更明显，海外 Zoom 的成功上市就是例证，而国内则有小鱼易连等同类公司也在快速发展。敦鸿资产投资的芒果 TV 是视频平台的代表公司；投资的花椒直播则是移动直播的代表公司；投资的小影则是视频工具的代表公司；投资的美篇是中老年人图文视频社区的代表公司；投资的当红齐天则是 VR 领域的代表公司。

2. 中间层/技术解决方案

其次是中间层，这一层主要以 2B 类公司为主。在整个视频产业中，从内容采集、生产制作、存储传输、智能分发、管理运营到终端应用（包括文教娱乐、安防监控等垂直行业应用）整个产业环节中，都需要有专业技术公司为 B 端提供相应的技术解决方案和服务。这些公司往往在行业耕耘多年，积累了深厚的技术和客户资源。敦鸿资产投资的虹软科技是计算机视觉算法领域的领先公司，技术主要应用在手机多摄像头成像和图像增强方面；投资的当虹科技则是超高清视频技术方面的领先公司，为传媒文化和公共安全等行业提供智能视频解决方案和视频云服务。虹软科技和当虹科技都已在科创板上市，两家的技术能力在各自领域都处在全球领先位置。

3. 视频装备及核心零部件

这一层面主要是为视频产业提供必要的硬件支撑。视频装备主要为视频产业终端装备如 VR/AR 硬件，或者重要功能性硬件产品，譬如当虹科技的智能全交互直播导播设备。核心零部件则主要指相关硬件产品中的核心零部件。整个产业链中不同的产品附加值不同，盈利情况也不同。因为涉及相关硬件的研发制造，敦鸿资产只选择技术含量高、毛利率高、有市场门槛或者有战略价值的硬件产品。例如，敦鸿资产投资的新思考是手机摄像头音圈马达领导厂商。

三 智慧大屏：家庭互联的第一入口

彩电是中国人的必备家用电器，中国人平均每天花超过 100 分钟在客厅里的这块大屏上，毫无疑问这块大屏承载着中国家庭厚重的幸福感和家庭文化。大屏是家庭场景下信息触达用户的主要通道，用户通过这块屏在家庭场景下获取生活、娱乐、服务等信息，但长久以来这条信息通路是单向且被动的。近年来，随着技术的不断进步，互联网深度在大屏上不断提升，更智慧、更懂用户的大屏逐渐走进千家万户，成为家庭互联的第一入口。

（一）技术进步驱动大屏稳居客厅"C 位"

2019 年 6 月，工信部正式发布 4 张 5G 商用牌照，移动、联通、电信和广电各获一张。值得注意的是，广电的此次获牌预示着在 5G 时代，大屏作为家庭场景中智能化最高的设备，将成为高清、高质、高度联网化的内容、服务与用户交互的重要窗口。具体来说，5G 广接入、低延时、大流量的带宽速率将从根本上改变用户消费内容的方式和位置。5G更加灵活的微型基站部署使UHD/HDR、4K/8K等超高清的内容传输突破以往特定地域的限制，成为更加普适化的文娱场景。而更加高效的传输效率对内容制作和发行端而言同样极具吸引力，因为这将进一步丰富内容制作的形式和主体。从用户体验而言，4K/8K内容的物理属性以及人眼的视觉极限决定了小屏不会是其最佳的输出端口，而大屏则是承载4K/8K视频的最佳载体。因此，5G时代是信息流全面视频化，高质高清内容爆发的时代，5G带来的内容升级和互联网基础设施升级激活了大屏的巨大潜力。

技术升级同样体现在硬件端，相较于2015年，国内在面板材料、高清解码、语音交互、AI控制、算法推荐以及芯片处理器等领域均有了长足的发展，国内各电视厂商也纷纷将各自产品进行全面的功能升级，目前出厂的智能电视4K屏已成标配，8K屏在逐步推广，强化沉浸式高清体验和感官升级。在交互上，长期以来以五向键为指令逻辑的电视遥控器承担着大屏和用户的所有交互。而目前新一代的智能电视（以2019年下半年华为智慧屏发布为代表）在交互上不断升级，语音交互、手机触屏控制、手机遥控控制、影音多屏切换以及方便的多屏闪投功能不断推出，极大提升了用户使用大屏的交互体验，降低了大屏的"启动成本"，同时也打通用户在不同屏幕间的内容体验。未来，随着新技术带来的硬件升级，包括影音画质、AI、手势、体感、语音等感官升级和交互升级，大屏作为家庭场景的最优终端，其智能化趋势会使得客厅逐渐开始承担更多的应用场景，例如娱乐、购物、教育、健身等。加上大屏是家庭场景中固定的、集成度最高且最智能化的设备，在未来全屋智能AIOT场景下有机会成为"中控枢纽"。

（二）互联网深度释放新的大屏商业模式

和整体网民相比，目前大屏用户画像多为"三高家庭"，即高学历、高收入和高消费。从学历上来说,大屏用户相比整体网民学历更高,大学专科及以上学历占比69.8%;除了高学历,智能大屏用户还呈现高收入和高消费的人群特征。企业高管、科技、教育、通信、金融、建筑业等人群占比突出,具有较充裕的时间,且拥有比较强的购买力和对新鲜事物的尝试心;从地域分布来看,智能电视用户在一二线城市的占比较为集中,占比59%,三线及以下城市智能电视用户占比低于移动网民的分布,未来三线以下城市智能电视市场的拓展潜力大;从用户年龄来说,中青年(18~45岁)用户当属中流砥柱,占比高达72.8%。高价值的用户对应着更高的商业价值。但在过去,由于硬件、互联网基础设施的不完善等因素限制,传统大屏只是一个信息输出的"水龙头",对用户属性、场景以及偏好基本无感知。而随着大屏的互联网深度不断提升,更智慧,更懂用户的大屏上将承载更多的商业模式,内容、服务将通过智慧大屏个性化地、精准地触达用户。

2013年是智能电视出货量超过传统电视的第一年,在智能电视上开始出现安卓系统开机广告产品形态雏形,开机、屏保等初期产品逐渐被开发。随后的5年中,智慧大屏广告投放迅速增长,一方面,内容贴片、桌面、菜单、换肤等更多广告方案被开发出来。另一方面,AI互动广告、场景化营销(如"边看边买")等创新形式也投入市场。2019年至今,视频媒体不断拓展会员体量,通过内容布局进行会员深耕。与此同时,应用、游戏、教育等增值服务持续扩张,为智慧大屏提供了愈加丰富的内容资源和商业化基础。未来,我们认为5G、智能家居和物联网的不断发展将为各类服务接入智慧大屏提供可能性,不断延伸智慧大屏的使用和营销场景。

(三)多屏共生,内容跨屏无缝流动是行业发展趋势

互联网的本质是工具,用户通过不同的屏连接互联网以获取信息、内容及服务。在开放的互联网时代,每一个联网屏都是用户触达互联网的入口。换句话说,所有屏的存在价值和终极目的都是在特定场景下完成用户

与互联网的对接，是信息输出、交互的载体设备。未来内容即入口，用户只关心内容，不关心内容来自哪块屏。因此，场景和体验是用户决策用哪块屏获取内容的最终决策因素。

值得注意的是，内容—场景—屏并非封闭的对应关系，同一场景中为服务用户的不同需求经常需要多个屏共同完成（跨屏，见图3）。例如，在家庭大屏场景下，用户使用社交媒体（如微信、微博等）搜索正在看的节目相关信息，用户使用电商网站（如淘宝、京东等）搜索节目中感兴趣的产品，以及用户使用搜索引擎（如百度）搜索节目相关信息等是非常常见的场景。显然，屏与屏之间的关系是协同共生而非竞争互斥的，只有协同共生才能满足一个人在各场景下的所有需求。

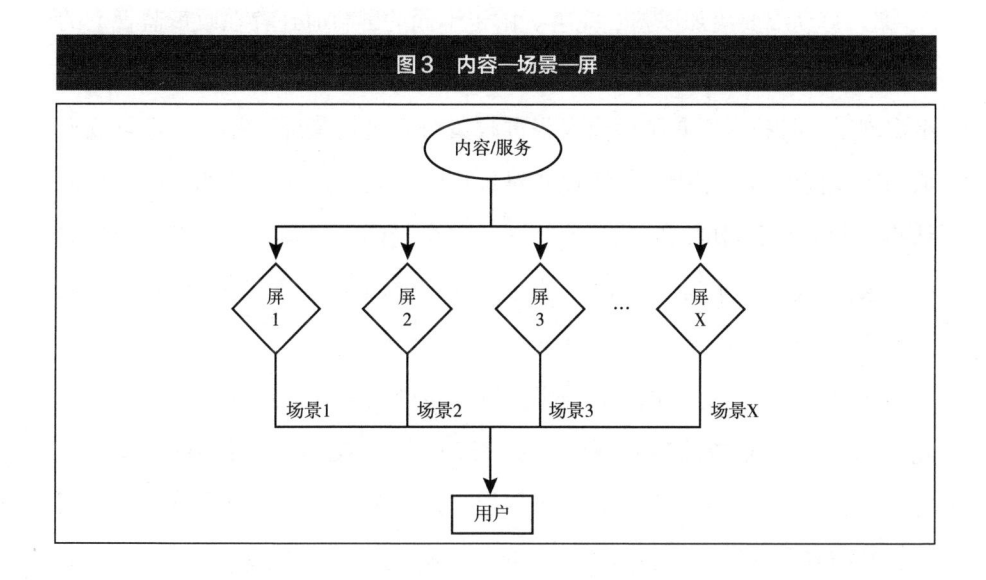

图3 内容—场景—屏

未来开放的互联网时代，我们认为屏与屏之间一定是打通的，在不同场景下用户只需要根据情况选择最优体验的那块屏获取内容即可；同时屏与屏之间又是协同共生的，用户的多任务行为可以通过同一场景下多个屏同时处理完成。在终极状态下，所有屏都是完全互联网化的屏，内容将能跨屏无缝流动，这里无缝流动指的是无障碍、无成本的跨屏。

（四）智慧大屏产业链的投资机会

从长期来看，我们看好任何能帮助智慧大屏提升互联网深度、能帮助内容降低跨屏成本的技术服务公司，提供如引擎、算法、工具等产品或服务，同时也包括平台、渠道等，本质上是智慧大屏这个终端背后的"新基建"。

值得注意的是，在分辨具体标的是否为智慧大屏产业链中的"新基建"时，我们要分析该标的解决的问题是绕开政策监管还是破除技术限制。众所周知大屏在长期以来都是社会主流传播媒体，其监管规范相较于 PC 端、移动端要更加成熟、完善。由于不同的屏暂时还存在政策监管上的不均衡，导致内容资源目前在不同的屏上也分布不均，进而我们看到市场上出现了一批技术工具帮助内容绕过政策监管进行跨屏，并在一定阶段形成颇具规模的用户基础。敦鸿资产对这样的工具类产品持谨慎态度，我们认为长期来看不同屏之间的政策监管一定会趋同，内容资源在不同的屏之间不会因为政策监管而不均衡，此类技术工具本质上立足于封闭的市场，其核心竞争力将随着大屏的互联网深度提升而降低。

相反，我们看好真正破除技术限制、帮助内容降低跨屏成本的"新基建"，敦鸿资产投资的当虹科技（688039）即此类标的。当虹科技是一家专业智能视频解决方案与视频云服务提供商，公司编转码技术支撑的视频直播及内容生产等产品能够帮助视频处理做到"多快好省"。以公司产品服务与支撑的中华人民共和国 70 周年国庆大阅兵直播为例，"多"需要做到手机、平板电脑、电视、电脑等多终端多格式的收看；"快"需要做到实时处理并超低延迟；"好"需要做到最好的画质呈现，从大到超过 200 平方米的户外巨屏，小到每个人手中的手机，都能有良好的观看体验；"省"需要做到尽可能节省流量，处理或者播放同样画质的一段视频，能够将耗费的流量降低一半左右。当虹科技目前是中央电视台及全国大多数卫视频道的技术服务商,是智慧大屏产业链中典型的技术新基建,公司已于 2019 年 12 月科创板上市。

四 网络信息安全:以国产化为机遇,以技术驱动为导向

(一)网络信息安全:互联网和大数据时代的关键基础设施

网络信息安全是繁荣的互联网和大数据应用的基础保障,是数字经济和数字文化的"水电煤",重要性不言而喻。

2013 年"斯诺登棱镜门"事件发生后,各国政府对网络信息安全的重视提高到前所未有的高度。世界各国逐步明确在网络空间的核心利益,国家级的网络冲突风险不断加大,已有 46 个国家组建了网络战部队。发展自主可控的网络信息安全技术是所有国家的一致需求。

(二)国产化替代引发全行业高景气

中国的网络信息安全技术起步较晚,长期以来核心技术受制于国外厂商,给国家安全带来极大隐患。但这一局面在过去十年间发生改观,启明星辰、绿盟科技、天融信、深信服等一批优秀国产安全厂商逐步崛起,与国外厂商并存。

2014 年起,中国密集出台网络信息安全相关政策法规。2017 年《网络安全法》的正式实施这一里程碑事件,标志着国家对该领域的政策支持力度达到高峰;此外,《密码法》《数据安全法》《个人信息保护法》《网络安全等级保护 2.0》等多部重要法律法规陆续出台,新的政策指引为市

场注入新的活力。"维护网络信息安全"被首次列入政府工作报告,政府推行各行业网络安全审查制度,同时在政府采购中要求采购"自主可控的国产安全产品"。网络信息安全被提升到国家战略高度,国产化替代引发全行业高景气,催生出新一批不同细分领域的龙头企业。

根据业内权威媒体"安全牛"的调研报告,2018年国内网络安全行业收入总额约为530亿元,2019年这个数字上升到近700亿元,同比增长超过30%,预计未来五年仍将保持高速增长。

(三)技术升级、场景延展不断催生新兴的细分市场

国内网络信息安全产业的特点是细分程度高、专业度强。经历了从第一代被动防御的边界性硬件(防火墙、VPN、安全网关),到第二代主动防御硬件(IPS、IDS),以及面向特定对象/场景的漏扫、威胁情报、取证、抗DDOS/APT、身份认证/上网管理、内容安全、数据库安全、移动安全、业务安全、工控安全,再到第三代面向客户的系统级安全平台(SOC、态势感知),以及新一代部署在"云端"的云安全等。

IT基础设施和应用环境的快速升级,使得各种新兴技术在安全机制尚未完善前就被大规模应用,诸多假想的安全问题也随之成为现实。技术在演进,攻防在升级,场景在增多,安全需求的广度和深度都在延展,防御策略不断迭代。安全需求在多个维度的增长催生了众多新兴的细分市场,带来网络安全市场的整体高速增长。在此以目前比较流行的几个方向来举例。

1. 业务安全

自2013年起,随着互联网业务的深化、移动互联网技术的发展,互联网金融服务和O2O服务如雨后春笋般出现,这些企业大量运用如红包、优惠券、返利券等手段吸引用户和抢占市场。由于这种手段背后蕴含着巨大的商业补贴利益,以及相关监管法规的缺失,导致一部分人开始利用社群社区有组织、有计划地"薅羊毛",骗取补贴,更有甚者利用业务欺诈牟

利，形成了黑灰色产业链。业务安全就是为了防范企业业务流程中出现的各种欺诈或风险行为而产生。主流的业务安全产品一般基于大数据建模的深度学习技术，以反欺诈和风控作为场景入口，通过系统、策略、数据的产品矩阵帮助企业建立风控中台。国内知名的业务安全厂商有邦盛科技、顶象科技、观安信息等，均在过去两年内完成金额过亿元的融资。

2. 工控安全

工控系统广泛应用于能源、轨道交通、水利、工业等国家重要行业领域，是事关国家命脉的关键基础设施。针对工业控制系统的攻击可以引发灾难性事故，工控系统也逐渐成为物理打击的新兴攻击目标。2015年乌克兰电网被攻击瘫痪事件，以及2019年委内瑞拉电网被攻击造成全国大停电事件，令工控系统网络安全防护问题成为社会关注的热点。国内该领域的安全厂商也备受关注，科来软件、威努特、博智安全、天地合兴均在过去两年内完成金额过亿元的融资。

3. 数据安全

2015年以来，全球各地数据泄露和数据滥用事件频发，各国纷纷出台数据安全和隐私保护法规。2018年5月，欧盟《通用数据保护法》正式生效。2019年5月，国内《数据安全管理办法（征求意见稿）》出台，数据安全逐步被纳入合规性需求市场，大数据安全时代已经来临。国内该领域的知名厂商，有从事数据库安全方向的安华金和、中安威士，也有从事数据防泄露方向的天空卫士，以及从事数据加密方向的亿赛通、华图软件等。

（四）网络信息安全投资机会分析

随着国家持续加大投入，网络信息安全产业的成熟度不断提升，一批细分赛道的"隐形冠军"成长壮大，有望快速完成资本化。巨大的投资机会吸引了资本市场的关注，2015年以来国内网络安全企业的资本活跃程度明显上升。2019年国内网络安全市场资本交易总额达到225.6亿元，创历史新高。

国内龙头安全厂商从业务特征来看，可分为两类。第一类是在独立赛道做到极致，通过少数产品品类控制了该赛道内大多数行业客户和市场份额，如科来软件、梆梆安全。第二类是打造产品矩阵、多点开花，横跨多个赛道，利用市场能力抓住客户，利用品牌和服务黏住客户，卖更多品类的产品，"一鱼多吃"，如启明星辰、安恒信息、观安信息。从发展道路看，由于安全行业的分散性，龙头安全厂商在发展壮大中，特别是从"5亿营收俱乐部"向"10亿营收俱乐部"迈进时，一般要经历从第一类向第二类的转变。

随着龙头安全厂商横跨多个细分赛道，覆盖更广的客群，"平台化""管道化"的趋势变得明显。大型政企客户往往习惯与大型安全厂商合作，将其纳入供应商"白名单"，而小型安全企业难以迈入准入门槛，即使它在某个技术方向有创新性和领先性。小型安全企业生存空间被压缩，被迫沦为大厂商的供应商，好的结局可能是被最终并购，坏的结局不排除被直接挖空骨干团队。我们判断，未来国内安全厂商的市场集中度将快速提高，真正能够从容实现资本化的投资标的并不多。

敦鸿资产力求全面覆盖网络安全的各个细分赛道，从中挑选出技术领先、客户反馈佳、市场能力强的"三好学生"。技术是最根本的"护城河"，但安全技术迭代快，企业不能仅凭"炫技"求生，还要从客户实际需求场景出发，提高产品效能，真正解决问题。良好的客群基础能够复制单个产品的成功，帮企业以"产品矩阵"方式抢占更多市场份额。从这个标准出发，敦鸿资产投资了拥有全球一流"全流量分析"技术、在某些行业客户中占有垄断地位的科来软件，以及以大数据建模分析见长、为大型政企客户搭建智能化安全态势感知平台的观安信息。两家企业的业务量自2017年起均以每年50%以上的速度增长，拥有良好的资本化预期。

执笔人：袁国良、俞文超、刘子豪、杨哲

盛景嘉成：
追求安全前提下的
中长期复利回报

一 盛景嘉成发展历程

北京盛景嘉成投资管理有限公司成立于2011年，由中国创新领军人物彭志强携手20位全球合伙人共同创办，由达晨、汉能、分享投资等著名创投共同投资。创始人彭志强先生是知名投资人、科技创新与产业互联网研究专家，著有《商业模式的力量》《低成本创新》等创新专著。盛景嘉成自创立伊始，就投资天使阶段的企业，覆盖行业包括文娱消费、科技创新、企业服务、产业升级、医疗健康等。截至目前，北京盛景嘉成投资管理有限公司旗下管理基金已完成投资总规模超过120亿元。其中直投基金已完成投资规模超过20亿元。截至2019年底，盛景嘉成投资的项目中已有89个项目上市或过会（部分已上市项目见表1），其中2019年IPO企业已经达到了31家，其中6家为直投项目企业。

表1 盛景母基金/直投基金覆盖的部分已上市项目

项目简称	上市时间	交易所
贝瑞基因	2016-12-5	深交所主板
药明生物	2017-1-4	港交所
维业股份	2017-3-16	深交所创业板
星云股份	2017-4-25	深交所创业板
华大基因	2017-7-14	深交所创业板
赛意信息	2017-8-3	深交所创业板
金域医学	2017-9-8	上交所主板
华米科技	2018-2-8	纽交所
三六零	2018-2-28	上交所主板
润建通信	2018-3-1	深交所中小板
欣锐科技	2018-5-23	深交所创业板
宁德时代	2018-6-11	深交所创业板
映客	2018-7-12	港交所
美团点评	2018-9-20	港交所
金力永磁	2018-9-21	深交所创业板

续表

项目简称	上市时间	交易所
迈瑞医疗	2018-10-16	深交所创业板
小牛电动	2018-10-19	纳斯达克
药明康德（A+H）	2018-12-13	上交所主板
君实生物	2018-12-24	港交所
康龙化成	2018-12-31	深交所创业板
微盟	2019-1-15	港交所
永冠新材	2019-3-26	上交所主板
康希诺	2019-3-28	港交所
德方纳米	2019-4-15	深交所创业板
云集	2019-5-3	纳斯达克
Uber	2019-5-10	纽交所
泉峰汽车	2019-5-22	上交所主板
Crows Strike	2019-6-13	纳斯达克
国茂股份	2019-6-14	上交所主板
Slack	2019-6-20	纽交所

盛景嘉成一直通过对新经济领域的投资，占领全球创新领域价值的制高点。自成立以来先后出资了君联资本、高瓴资本、经纬中国、红杉中国、达晨创投、顺为资本、金沙江创投、东方富海、高榕资本、华兴资本、嘉御基金、真格基金等几乎所有中国顶尖基金。同时，盛景嘉成也已成为多只硅谷顶尖 VC 的第一个且唯一的中国出资人。旗下普通合伙人（GP）包括美国 Accel Partners、美国 KPCB、美国 Menlo Ventures、美国 IVP 基金、美国 Foundation Capital、以色列 JVP 基金等全球数十家一线投资机构。

盛景嘉成一直坚守独创的"四全"（全球化、全阶段、全行业、全明星）、"四分散"（行业分散、阶段分散、地域分散、管理人分散）的投资策略，并从顶层设计入手，多年以来坚持全球最低管理费、最高自有资金投资比例，倒逼自己克制资金管理规模，牺牲短期利益，"追求安全前提下的中长期复利回报"成为盛景嘉成的投资哲学。

盛景嘉成的母公司盛景网联是中国最大的创新创业服务平台，目前盛景网联已有超过 3 万家高成长的中小企业学员，咨询服务学员超过 600 家。超过 1500 家盛景学员企业已经在新三板挂牌。依托于盛景网联的平台资源，盛景嘉成通过创始人高端培训和社群第一时间发现优秀项目的优势非常明显，之后，通过系统化的培训咨询、深度赋能，为被投企业创造价值，这也增大了对优质项目的吸引力。

"A 轮领投，成为优秀企业的第一个机构投资人"，这是全球顶尖 VC 的典型投资逻辑。盛景嘉成直接投资、间接参投了超 2000 家优质企业，投资覆盖的京东金融、美团大众点评、饿了么、依图科技、喜马拉雅 FM、汇通达、优客工厂、长城华冠、猫眼微影、宝宝树、找钢网、链家等一众项目正在以超出预期的速度快速成长。

通过与盛景嘉成母基金所投资的顶尖基金合投，即"优中选优"策略，盛景嘉成收获了直投的高命中率。盛景嘉成母基金目前是中国全球化策略最成功的股权投资母基金。由于投资本身就是要面对未来巨大不确定性，从整体来看，优秀风险投资机构投中的成功项目的回报倍数要比一般的投资机构高出很多。盛景嘉成通过和全球一线 GP 的深度合作，构建了一个全球化的创新生态系统。这个系统中有能够思考未来，或者站在未来思考现在的优秀投资机构，也有众多具有创新精神的创业项目，他们过往已经借助资本的力量发展壮大，并给投资人带来几十倍、几百倍，甚至上千倍的投资回报。通过系统的不断升级，自身思考和判断未来行业趋势的能力得以锻炼，例如在 2015 年，盛景嘉成就在早期投资中提出了"大智移云物"的投资方向，并参与了诸如国联股份、海云数据、长亭科技、和创科技等诸多优秀项目的早期投资过程。

盛景嘉成直投通过独特的投资策略组合形成了独特的竞争优势，"A 轮领投强赋能"策略带来了所投项目的高回报倍数，而"母基金合投"策略带来了高命中率，两者相得益彰、相互助力。面向未来 5~10 年，盛景嘉成看到了两大机会：一是以科创板为支撑、基于新经济和科技创新的投资机会。二是以产业路由器模式切入的产业互联网机会。

二 盛景嘉成文化基金：文化投资的精品化和科技化

作为21世纪极具潜力的朝阳产业，文化产业成为转变经济发展方式的重要引擎，已成为国内外许多城市竞争的重要砝码。"十三五"时期，是我国经济社会发展的重要机遇期，更是文化产业的黄金发展期。文化产业是当今服务业的重要组成部分，既为生活服务，又为生产服务，是产业结构、经济结构调整的切入点。我国转变经济发展方式，就要使产业结构从低端制造业转向高端制造业，从制造业为主逐渐转向高端服务业，以实现由中国制造变为中国创造，这必然要靠文化产业的蓬勃发展以及科技创新的支撑。

盛景嘉成文化基金在成立之初，就围绕着两方面进行投资，一是精品文化内容，二是文化与科技相结合的新业态。首先盛景嘉成认为，文化产业的核心产品一定是内容。在这样一个消费升级的时代，只有精品化的内容才会有长久的生命力，才会一直打动观众的心。在精品化的同时，结合国内的实际情况，对价值观进行正确引导，才有可能获得内容上的成功。比如盛景嘉成文化基金覆盖的《战狼2》《香蜜沉沉烬如霜》等，这些作品从内容制作方面和传播正能量方面均有了明显的升级，也得到了观众的口碑认可。以52TOYS为代表的精品手办，在2019年开始逐渐得到了广大消费者的认可并已经出口海外。

关注精品化的同时，盛景嘉成文化基金还持续关注项目的国际化，与完美世界一起投资了好莱坞环球影业5年50部片单，其中2018年的《魅影缝匠》《至暗时刻》等三部影片获得了奥斯卡9项提名，拿到了3座奥斯卡金像奖。通过海外的投资，盛景嘉成深刻认识到好莱坞影视工业化的先进性和工业化对文娱内容的强力支撑，这也促使投资团队更多地搜寻具备国际化眼光的公司，以国际化视野打造更多更优质的内容。

其次，随着人们的生活水平逐步提高，科学技术越来越进步，人们会有更多的时间享受精神层面的服务，文化产业也就成了科技最好的赋能载体。历史上，每一轮科技大潮进行创新更替的时候，都会对文化内容和文化生活产生巨大的影响。第一次科技革命促进了印刷业的发展，实现了知识的快速传播。第二次科技革命诞生了电影、电视等一系列活跃至今的娱乐形式。第三次科技革命则促进了互联网媒体等一系列产业的快速发展。从平面媒体过渡到传统互联网时代，再过渡到移动互联网时代，后面，随着5G、人工智能、超高清视频等技术快速落地，将会围绕着这些技术领域诞生出新的文化娱乐场景，会让我们内容的表达形式、传播形式以及制作形式产生很大的变化。同时伴随着互联网的网生群体的扩大，传统互联网平台作为文化内容的分销渠道越来越重要。新兴的B站、快手、抖音等平台对"90后""00后"等人群的渗透力也非常高，所以盛景嘉成在精品化、国际化之上，伴随着内容分销渠道的改变，提出了文化内容的科技化属性。希望这些有科技能力的人可以赋能这些内容的创作者和制作者，从而为大家提供精品化的内容。未来随着技术的进步，随着人群的更进一步的细分，这种针对不同人群的不同平台，不同的传播渠道也会慢慢地有更好的表现，盛景嘉成也持续关注这些新领域的投资机会。

乔布斯曾经说过，"Everything is marketing."——每一件事情都是营销。而营销想要精准触达受众，想要更广泛的传播，它的载体一定是文化行业，所以说"Every marketing is entertainment"。最后我们会发现"Everything is entertainment"——每一件事情都是娱乐。既然如此，娱乐今后会有更广阔的空间，随着科学技术的进步和消费的升级，我们会看到更多更好的文娱创业者和文娱企业。盛景嘉成希望能够陪伴这些企业一路成长，为大家提供更多更好的文化消费产品。

三 盛景嘉成文化传媒产业投资案例

（一）乐自天成

1. 梦想是做中国的万代

乐自天成（52TOYS）创立于2012年，是国内知名的IP衍生品品牌，核心团队拥有超过十年的衍生品从业经验，公司拥有全面的产品规划、设计、生产和销售能力。52TOYS自有原创IP产品在市场上不断形成爆款。包括但不限于"猛兽匣BEASTBOX""KIMMY&MIKI""超活化"等多个产品系列的形象，均已被大众所熟知，成为市场畅销产品。在原创的同时，公司与国内以及日本、北美诸多知名IP版权方，如迪士尼、蜡笔小新、樱桃小丸子、吾皇巴扎黑、泡面猫等有着紧密的合作关系，开发了众多影视、动漫、游戏经典IP衍生产品。

52TOYS旗下的社交型电商平台"蛋趣"首创线上扭蛋机，突破传统电商，为用户打造互动娱乐式的消费体验，自2017年上线至今，平台SKU过万，用户增长迅速，玩法也在不断更新，受到大量玩家的欢迎。

2. 服务现有消费者与培养市场齐头并进

作为国内知名的影视周边衍生品公司，52TOYS拥有从设计、生产到最终销售的完整产业链条，可以针对不同IP，利用多个品类进行衍生品的开发设计和生产。在文娱产业较为成熟的日本和美国市场中，一部电影或动漫在衍生品方面的收入，能占到总收入的70%甚至更多，远远超过了直接的票房收益。而在中国，之前衍生品产业发展最好的部分，是在儿童玩具方面。如"喜羊羊""熊出没"等。但大部分电影电视作品，在衍生品方面都乏善可陈。随着"90后"和"00后"这一代人的成长，他们更愿意为自己的爱好付费，同时购买正版的意识也逐渐增强。再加上近年来我国的文化产业不断发展成熟，电影、动漫等方面都涌现出大量的优质 IP，可以作为下游衍生品行业的"源头活水"。以泡泡玛特为代表的衍生品公司在 2019 年的快速成长证明了中国衍生品行业已经迎来了等待已久的系统性机会。

新一批消费者的成熟和 IP 产业的整体发展让衍生品在 C 端和 B 端都受到了前所未有的关注。新一代的中国衍生品公司不再只承担简单的代工工作，而是要走到产业的最上游，成为真正的设计者和创造者，以更专业和更深入的姿态与 IP 产生联结，并打造属于自己的品牌影响力。52TOYS 有着极强的原创设计能力。除了自有的设计团队之外，还和数十家不同的工作室保持合作，来保证衍生品设计的多样化。在生产端则选择了几十家体量超过千人、长年承接迪士尼和万代订单的大型代工厂进行合作，产品的生产质量、使用材料的安全性都有保证。52TOYS 正是靠独具匠心的设计和过硬的产品质量，获得 IP 方的青睐，签下了《复仇者联盟》《变形金刚》《异形》《王者荣耀》《盖塔机器人》在内的多种中外知名 IP。同时每年还通过主办"设计师原型创作大赛"发掘和孵化更多的优秀人才和作品，以平台形式与众多原型师、设计师保持着紧密的合作关系，使得 52TOYS 在多个品类都保持着极强的原创能力。

3. 新消费品牌引领文化出海

文化出海正在成为一个时代话题。中国文化和中国品牌需要更主动地走出国门，以更切合的方式和世界文化相连接，IP 所具有的全球效应和文化输出特征决定了衍生品一定是一桩全球性的生意。对于新一代的中国文创公司而言，只有拥有更强综合能力的公司才有可能更多地赢得国内外 IP 的心，进而同时链接着消费和文化两个行业，突破文化壁垒，在世界范围内建立起属于自己的品牌影响力。在成熟的海外衍生品市场，52TOYS 能够与发展数十年的国际竞争者站在同一市场舞台，足以证明其拥有的产品开发和销售能力。52TOYS 正在积极地走向国际化，完整的产业链条和在国内市场中整合锻炼出的综合能力为其提供了强有力的保障。同时，52TOYS持续储备国内外优秀IP，完善产业链条，力求进一步打通国际销售渠道。

（二）迈吉客科技

迈吉客科技是一家专注于人工智能技术应用于计算机三维实时混合现实领域的成长型"CulTech"公司，在实现虚拟和现实的仿真融合与交互控制方面有深厚的积累，以核心技术赋能内容和营销产业升级。公司聚集了一批心怀梦想、勇于创新的精英人才，以科技改变世界为信仰，目前经过五年的沉淀，已完成B轮融资并形成独特的增长模式，在经济形势严峻的2019年仍保持倍速增长，实现近亿元营收。通过原创Magics核心技术引擎在仿真融合、表情/动作捕捉与实时交互控制等方面的技术创新和应用，迈吉客科技开创了混合现实融合体验的全新内容生产、分发和互动营销模式，现有产品线合作覆盖短视频/直播平台、手机和OTT智能设备厂商、品牌/4A广告商、流量媒体和动漫IP/KOL等相关领域。公司通过Magics引擎衍生的SDK和工具等产品与各相关领域开放探索商业合作，使广大合作伙伴及其用户能够打破虚拟和现实间的次元壁，使用丰富逼真的三维和动画元素充分表达自我，感受源于现实并超越现实的实时智能互动体验。Magics致力于创造对用户零干扰、软性植入、智能互动的创意内容和营销体验，实现高效低成本的创意智能化生产和分发能力，帮助品牌理念和产品更立体化、视觉化的传播，并在营销过程中不断增强可循环的商业价值转化，协助媒体平台实现创新的用户体验与增量的商业化价值，共同在数字媒体创意营销领域探索和挖掘蓝海。

迈吉客科技旗下子公司次元文化已成为快手平台上Top1游戏主播MCN公司，拥有3000多名线上主播，覆盖近5亿用户。全资子公司魔法互娱基于自研混合现实内容生产及直播工具，专注于以虚拟形象为载体的创意内容制作及运营、品牌 IP 化及创意营销服务、IP/KOL 虚拟形象及内容矩阵等文化传媒业务，2019 年已在多个创新领域进行应用实践：为海信全新智能社交电视提供技术和产品授权，包含 AVATAR 梦幻小屋（普通摄像头实时表情和动作捕捉）及在线虚拟形象 K 歌系统等；开创 IP 形象虚拟直播的先河，孵化和赋能众多 IP，比如抖音/快手平台情感类 IP "狗哥杰克苏"，四个月时间粉丝数量增长至千万，目前全网累计过 3000 万粉丝；美食类 IP "我是不白吃"，通过虚拟直播单场实现粉丝涨幅 12 万，累计超过 600 万，已开始尝试虚拟直播带货模式；B 站 UP 主 "乐喵"，三个月进入直播热门 TOP10。上海子公司迈极科思已与 50 多个直客品牌、4A 广告代理和媒体方达成战略业务伙伴及创新营销服务合作伙伴关系。

迈吉客科技在 AI 方面的能力是独辟蹊径的，是将人工智能算法应用于 CG（计算机图形）数字媒体内容和营销领域的创新公司之一。其核心算法通过获取现实中的关键数据来实时控制 CG 构建的数字化虚拟形象，使其能够精准地传达人类的表情和神态并融入虚拟场景中，实现混合现实中的智能化物理模拟。目前应用于 2B 领域，未来亦可能成为每个人进入三维数字世界的载体，以动态视觉化的沟通模式（升维的语言），释放更多的创意和想象，让思想及情感交流的能力和体验全面增强。迈吉客科技有望结合子公司裂变、优质深度战略合作伙伴的资源和自身核心技术、运营及管理能力、设计资源、人力/财务/行政体系的支撑，实现指数级增长，以技术驱动的裂变式扩张实现公司的集团化和规模化，打造真正的科技创新企业，加速成为人工智能创新技术应用于文化创意泛娱乐领域的高潜力独角兽企业。

附 录

2019年中国文化消费行业大事记　／361

2019 年中国文化消费行业大事记

1月

1月1日,"学习强国"学习平台上线仪式在京举行。PC端有"学习新思想""学习文化""环球视野"等17个板块180多个一级栏目,手机端有"学习""视频学习"两大板块38个频道。

1月1日起,中宣部印发的《图书出版单位社会效益评价考核试行办法》开始施行,"社会效益评价"进入可量化、可核查阶段。"把社会效益放在首位、实现社会效益和经济效益相统一",引导出版业实现高质量发展。2019首次社会效益评价考核,中央在京出版单位平均分87.31分,地方出版单位平均分87.83分,科技类、少儿类图书出版单位表现较为突出,全国科技出版社平均分90.73分,少儿类出版社平均分90.35分。

1月9日,中国网络视听节目服务协会发布《网络短视频内容审核标准细则》,规定未来短视频内容将先审后播。总共包括100条具体细则,除了看齐大众都熟知的红线外,还对颠覆名著重要人设、宣扬和炒作非主流婚恋观、恶搞革命历史等内容做了更为严格的管控。

1月13日,中央广播电视总台联合中国移动、华为公司在广东深圳成功开展了5G网络4K电视传输测试。本次传输测试工作,通过中国移动的5G试验网络,成功将央视春晚深圳分会场4K超高清信号回传至中央广播电视总台北京机房,同时将总台4K超高清北京景观信号传送至位于深圳分会场的总台4K超高清转播车展现实时信号,从而为2019年春晚5G技术的应用做好技术验证和准备。

1月15日,中宣部、国家广播电视总局联合发布《县级融媒体中心建设规范》。同日,国家广电总局发布广播电视行业标准《县级融媒体中心省级技术平台规范要求》。

1月22日,自2018年10月开展规范影视行业税收秩序工作以来,影视行业纳税人认真开展了自查自纠。截至2018年底,国家税务总局自查申报税款117.47亿元，入库115.53亿元。目前自查自纠阶段已经结束，转入督促纠正阶段。

1月25日，中共中央政治局在人民日报社就全媒体时代和媒体融合发展举行第十二次集体学习。中共中央总书记习近平在主持学习时强调，推动媒体融合发展、建设全媒体成为我们面临的一项紧迫课题。

2月

2月1日，北京市印发《关于推动北京影视业繁荣发展的实施意见》。意见指出，推动金融机构开设影视企业融资绿色通道，研究设立面向影视园区和企业的产业引导基金。加大影视企业上市奖励扶持力度，探索建立影视企业上市孵化平台，引导本市影视企业有针对性地在各类资本市场融资，形成影视企业上市的北京板块。

3月

3月1日，工业和信息化部、国家广播电视总局、中央广播电视总台印发《超高清视频产业发展行动计划（2019～2022年）》。

3月3日，新华社推出的全球首个AI合成女主播"新小萌"正式上岗。由科大讯飞打造的央视AI记者助理"小白"也现身"两会"新闻中心。一款语音转写工具成为《人民日报》上会记者的宝贝。许多媒体也开始更多新的报道尝试。

3月5日，国务院政府工作报告强调："倡导全民阅读，推进学习型社会建设。"这是政府工作报告连续第六次对全民阅读进行"倡导"，显示了全民阅读已进入一个新的发展阶段。2019年，中宣部和全国各地都召开了全民阅读工作会议，推动全国各地读书活动高质量开展、实体书店转型升级、阅读空间不断扩展……各地加大扶持力度，出台有效举措，进一步织密公共文化服务网。

3月11日，由中央全面深化改革委员会审议通过的《关于加强和改进出版工作的意见》（以下简称《意见》）印发实施，《意见》强调，加强和改进出版工作，要坚持中国特色社会主义文化发展道路，坚持为人民服务、为社会主义服务，坚持百花齐放、百家争鸣，加强内容建设，深化改革创新，完善出版管理，着力构建把社会效益放在首位、社会效益和经济效益相统一的出版体制机制，努力为人民群众提供更加丰富、更加优质的出版产品和服务。

4月

4月3日，国家广播电视总局发布《未成年人节目管理规定》，要求：未成年人节目管理工作应当坚持正确导向，注重保护尊重未成年人的隐私和人格尊严等合法权益，坚持教育保护并重，实行社会共治，防止未成年人节目出现商业化、成人化和过度娱乐化倾向。

4月22日，国家广播电视总局发布了《关于认真做好庆祝新中国成立70周年广播电视公益广告创作播出工作的通知》，要求：各级广播电视播出机构要高度重视公益广告的播出，严格落实有关规定，确保每套节目每天播出公益广告时长不得少于其商业广告时长的3%，其中广播频率在11：00至13：00之间、电视频道在19：00至21：00之间，播出数量不得少于4条（次）。

4月22日，上海市版权局约谈东方IC、摄图网、包图网、我图网、上海微图等5家知名图片类互联网企业，要求企业加强自查自纠，全面深入查找问题并及时作出整改。相关企业已经下架五万张"问题"图片。2019年，上海市版权局将加大对影视作品的版权保护力度，通过建立白名单制度，对上海地区重点影视剧作品实施重点保护，并积极向国家版权局申请纳入版权保护预警名单。

4月23日，"一带一路"新闻合作联盟（以下简称"联盟"）首届理事会议在北京举行。中共中央政治局委员、中宣部部长黄坤明出席开幕式，宣读习近平主席贺信并致辞。联盟首届理事会由来自25个国家的40家主流媒体组成。会议就推进联盟有关工作达成广泛共识，并发表联合宣言。截至当日，已有来自全球86国的182家媒体加入联盟，人民日报社是联盟理事长单位。

5月

5月5日，国家广播电视总局发布了《广播电视卫星应用总体规划（2018~2022年）》，要求：到2022年，电视节目基本实现全高清化，对于已实现高标清同播的电视频道，逐步关闭其标清电视信号，4K超高清电视频道达到20套传输能力，8K超高清电视卫星传输试验得到开展。

5月17日，2019年海南省文化产业项目推介会暨签约仪式在深圳举行。仪式上，海南日报报业集团推介了两个项目，同时，海南日报报业集团与大唐网络有限公司签订战略合作协议，并参与签订海南媒体融合发展投资基金项目。该基金属政府引导基金，由海南省财政厅、广东佛山创意产业园投资管理有限公司、东信资本、上海堇色如枫影业有限公司、海南日报报业集团旗下海南日报文化投资管理有限公司共同发起，基金总规模为10亿元。其中，首期规模5亿元已募集到位，第二期5亿元也已达成意向。

5月19日，中共中央办公厅、国务院办公厅印发了《关于隆重庆祝中华人民共和国成立70周年广泛组织开展"我和我的祖国"群众性主题宣传教育活动的通知》，要求：从发布之日起到2019年底，每天早上7时，各级广播电台、电视台在主频率、主频道整点播放国歌。

6月

6月6日，工业和信息化部发放5G商用牌照，中国正式进入5G商用元年。6月26日，中央广播电视总台成功实现我国首次8K超高清内容的5G远程传输。

6月11日，网络文学平台阅文集团与新兴市场智能终端企业传音控股达成合作。阅文集团公关部相关人士向北京商报记者独家透露，阅文集团将面向非洲市场推出新阅读App"Ficool"，首期推出近3万部英文作品，该App将预装在非洲发售的传音控股全品牌系列手机上。

6月13日，公安部在京召开新闻发布会，通报全国公安机关"净网2019"专项行动典型案例。公安部网络安全保卫局巡视员、副局长张宏业表示，北京、浙江、福建公安机关重拳出击，迅速打掉一利用非法软件抢占医院公共资源的犯罪团伙，及时预警上百起网约暴力刑事犯罪案件，成功摧毁一为网络赌博团伙提供支付通道的非法"第四方支付"平台，取得了突出成效。

6月27日，为了更好地保护未成年人，人民网起草了《游戏适龄提示草案》，并联合10余家知名游戏企业，共同发起《游戏适龄提示倡议》。人民网表示："游戏行业作为重要的思想文化阵地，理应切实贯彻落实中央要求，更好地展现主流价值，切实增强文化责任感、使命感，更好地满足人民群众美好生活需要。"

8月

8月1日，国家广播电视总局电视剧司发布《关于做好庆祝新中国成立70周年电视剧展播工作的通知》。通知要求，8月起不得播出娱乐性较强的古装剧、偶像剧，确保编排播出剧目与宣传期整体氛围相协调，圆满完成"百日展播"活动。

8月3日，在ChinaJoy活动上，网易游戏总裁丁迎峰宣布，网易计划投资50多亿元，在上海市青浦区打造一个网易电竞生态园区，产品研发、竞技场馆、战队发展、人才建设、用户体验、电竞配套空间等都将在这里全面落地，规划中涵盖了全国第一座大型电竞专业比赛场馆。据了解，第一期项目已经正式投入规划建设当中。

8月21日，融创文化集团官方宣布将对国内动漫IP孵化及商业化运营公司梦之城文化独家投资，实现对梦之城文化的战略控股。梦之城及其下属控股公司拥有阿狸、小鹿杏仁儿、罗小黑、皮揣子等多个动漫形象。融创文化此次战略控股投资完成后，将拥有梦之城旗下的动漫IP矩阵，未来将对这些IP进行从动画、电影、绘本、短视频、游戏开发、艺术展览、衍生品开发、商品授权到线下实景娱乐的全产业链运营，并将持续进行原创动漫IP的孵化。

8月24日，《新闻联播》正式入驻短视频平台抖音、快手。在快手的粉丝数瞬间涨到1210.9万；在抖音上发布四条视频后，粉丝便超过1637.9万。截至2019年11月，人民日报抖音粉丝数超过5000万，央视新闻快手粉丝数达2791万、西瓜视频粉丝数达7264万、好看粉丝数达759万，人民网微视粉丝数达317万，在媒体中名列第一。

9月

9月6日，网易公司宣部网易云音乐获阿里巴巴、云锋基金等共计7亿美元融资。此次融资为网易云音乐B2轮融资，融资后网易公司仍单独享有对网易云音乐的控制权。这是网易云音乐继百度之后，再一次拿到巨头的投资。

9月18日，新三板挂牌渝企熊猫传媒发布公告称，重庆文化产业投资集团有限公司拟斥资1387万元认购挂牌公司发行的新股。交易完成后，重庆文投将持有熊猫传媒34.14%的股份，成为挂牌公司第一大股东。熊猫传媒实际控制人将由原来的自然人蒋理，变更为重庆市财政局。

9月19日，新华网与弘毅投资就子公司增资扩股举行签约仪式。新华网股份有限公司与弘毅投资签署投资协议，弘毅投资投资3亿元，助力新华网客户端打造行业领先的移动传播价值平台。

10月

10月25日，国家新闻出版署印发《图书、期刊、音像制品、电子出版物重大选题备案办法》，对涉及国家安全、社会稳定等12个方面的重大选题备案提出明确要求；明确出版单位落实"三审三校"制度的基本要求，要求从制度落实、人员资质、主管主办职责落实、新媒体内容把关等方面进行自查自纠。两个文件对提高出版物质量，保障出版单位正确"航向"具有重要意义。国家新闻出版署开展"出版物质量管理2019专项行动"，重点围绕文艺、教材、教辅和科普类图书展开，并于11月公布了编校质量不合格图书名单，总体合格率为87%。

11月

11月18日，国家互联网信息办公室、文化和旅游部、国家广播电视总局联合印发了《网络音视频信息服务管理规定》，自2020年1月1日起施行。旨在促进网络音视频信息服务健康有序发展，保护公民、法人和其他组织的合法权益，维护国家安全和公共利益。

11月20日，我国首个国家级5G新媒体平台——中央广播电视总台"央视频"正式上线。这是中央广播电视总台基于"5G + 4K/8K + AI"等新技术全新打造的综合性视听新媒体旗舰。它的建成是落实习近平总书记"守正创新，把新媒体新平台建设好运用好"指示精神的重要战略举措，标志着中央广播电视总台媒体融合迈出了关键性步伐。

11月20日，咨询公司R3最新的报告显示，2019年上半年，字节跳动已经超越百度，成为中国第二大数字广告商，占数字媒体支出市场份额的23%,折合500亿元。报告显示,阿里巴巴摘得数字广告商首位,占据33%的市场份额,折合为721亿元。百度和腾讯则分别占据了17%和14%的市场份额,分别折合369亿元和298亿元。从数字媒体整体市场情况来看,R3预计2019年全年,数字媒体广告将占据中国广告市场支出63%的份额,同比增长2.2%。而电视广告的支出市场份额将下降至23%。

12月

12月4日,国家网络与信息安全信息通报中心在官方微信公众号披露称,公安机关开展App违法采集个人信息集中整治,下架整改100款违法违规App,其中不乏知名的App,如樊登读书、糖豆、更美、房天下等,整改重点针对无隐私协议、收集使用个人信息范围描述不清、超范围采集个人信息和非必要采集个人信息等情形。2019年以来,公安部组织开展"净网2019"专项行动,已依法查处违法违规采集个人信息的App共683款。2019年开始,互联网金融行业进入大整顿,作为现金贷风控的关键一环,提供数据支撑的第三方公司成为三季度以来的监管重点。

12月23日,慈文传媒公司股东股份转让暨控股权转让完成,本次交易完成后,华章投资成为公司单一拥有表决权份额最大的股东,即公司的控股股东,江西省人民政府将成为慈文传媒的实际控制人。

12月24日,媒体称腾讯将领投快手上市前的最后一轮融资。总计投资30亿美元,腾讯出20亿美元。此外,博裕资本、云锋基金、淡马锡、红杉也参与了本轮融资。投后快手估值286亿美元,腾讯占股20%左右。快手即将完成新一轮(F轮)融资,总金额达到30亿美元,这极有可能是快手上市前最后一轮融资,投后估值达到286亿美元。

2019年12月31日,腾讯音乐娱乐集团(下称"TME")宣布,将通过其旗下一家全资子公司，加入腾讯控股牵头的财团（下称"财团"），参与收购 Vivendi SA 旗下企业价值 300 亿欧元的环球音乐集团（下称"UMG"）的少数股权。财团拟收购 UMG 10% 的股权，TME 将在财团的股权中最高投资占比 10%。根据交易文件的条款，财团还可以选择以与该交易中相同的企业价值购买 UMG 额外 10% 的股权。

图书在版编目（CIP）数据

中国文化消费投资发展报告.2020/建投华文投资有限责任公司，中国人民大学创意产业技术研究院主编.--北京：社会科学文献出版社，2020.7
（中国建投研究丛书.报告系列）
ISBN 978-7-5201-6864-9

Ⅰ.①中… Ⅱ.①建…②中… Ⅲ.①文化传播-投资-研究报告-中国-2020②消费市场-投资-研究报告-中国-2020 Ⅳ.①G219.2②F723.8③F832.48

中国版本图书馆 CIP 数据核字（2020）第 121558 号

中国建投研究丛书·报告系列
中国文化消费投资发展报告（2020）

主　　编 / 建投华文投资有限责任公司　中国人民大学创意产业技术研究院

出 版 人 / 谢寿光
组稿编辑 / 恽　薇
责任编辑 / 王楠楠　孔庆梅
文稿编辑 / 武广汉

出　　版 / 社会科学文献出版社·经济与管理分社（010）59367226
　　　　　　地址：北京市北三环中路甲29号院华龙大厦　邮编：100029
　　　　　　网址：www.ssap.com.cn

发　　行 / 市场营销中心（010）59367081　59367083
印　　装 / 三河市尚艺印装有限公司

规　　格 / 开　本：787mm×1092mm　1/16
　　　　　　印　张：24.25　字　数：316千字

版　　次 / 2020年7月第1版　2020年7月第1次印刷

书　　号 / ISBN 978-7-5201-6864-9
定　　价 / 158.00元

本书如有印装质量问题，请与读者服务中心（010-59367028）联系

▲ 版权所有 翻印必究